广西人文社会科学发展研究中心·科学研究工程（YQTD2015006）

陈友庚　张才圣／著

中国和欧盟对非洲援助比较研究

A COMPARATIVE STUDY OF CHINA-EU 'S FOREIGN AID TO AFRICA

中国政法大学出版社

2017·北京

声　明　1. 版权所有，侵权必究。
　　　　2. 如有缺页、倒装问题，由出版社负责退换。

图书在版编目（CIP）数据

中国和欧盟对非洲援助比较研究/陈友庚，张才圣著. —北京：中国政法大学出版社，2017.8
ISBN 978-7-5620-7675-9

Ⅰ.①中… Ⅱ.①陈… ②张… Ⅲ.①中外关系－对外援助－研究－非洲②欧洲国家联盟－对外援助－非洲－研究 Ⅳ.①D822.24②D850.2③D74

中国版本图书馆CIP数据核字(2017)第199803号

出 版 者	中国政法大学出版社
地　　址	北京市海淀区西土城路25号
邮寄地址	北京 100088 信箱 8034 分箱　邮编 100088
网　　址	http://www.cuplpress.com（网络实名：中国政法大学出版社）
电　　话	010-58908524（编辑部）　58908334（邮购部）
承　　印	北京九州迅驰传媒文化有限公司
开　　本	880mm×1230mm　1/32
印　　张	8.75
字　　数	220千字
版　　次	2017年8月第1版
印　　次	2020年6月第2次印刷
定　　价	32.00元

内容摘要

援助是当前较为普遍的国际现象,深刻影响着国际发展的进程。国际社会在对外援助过程中逐渐出现两种迥然相异的援助范式:一种是西方传统援助者即西方发达国家或国家集团所进行的对外援助,另一种是新兴援助者即新兴发展中国家所进行的对外援助。在西方传统援助者中,欧盟是一个引人瞩目的角色,无论是在援助的理念倡导还是政策设计上都深刻地影响了其成员国并进而左右了整个西方世界的对外援助模式;而中国则无论在影响力大小还是援助模式上都成为新兴援助者中的代表。这两种范式在理论和实践中都出现了碰撞,双方的"援助范式"之争在很大程度上决定着国际发展援助领域的发展方向。本书拟通过对中国和欧盟这两个典型援助者对非洲这一国际社会头号受援地区援助的比较,概括中欧援助模式各自的特点和优劣,在比较中寻求取长补短的可能性,从而为探索国际发展援助的理想模式提供一家之言。

援助包含的内容丰富,本书拟从援助历史、理念、政策、管理、成效等几个方面,对中欧援非进行比较。中欧援非模式的历史发展特点不同,中国援非模式的形成过程较为稳定,而欧盟则在冷战前后出现较大变化;中国援非模式的变迁模式更多来自内部战略的调整,而欧盟的变化则更多受国际政治格局的影响。援助的目标、动机和原则是构成援助理念的要素,比较也从这三点进行。中国和欧盟在援非的目标选择上有所不同,前者主张非洲的未来应是自主发展,而后者认为应是减贫,然而这种差别并非截然对立,存在融通的可能性。中欧在援非动机上同样是为了维护自身的利益，但中国援非动机侧重国家经济利益而欧盟侧重欧洲共同安全和文化利益。中欧在援非原则上的对立性较强，是否在援助中附加政治条件成为中欧援非理念的最大分歧。

援助政策模式由援助的地区分布、领域分布、政策一致性、政策协调性等要素构成，比较也从这四点进行。中国援非的地区分布是中国援助者实现本国发展需要和非洲发展需要之间平衡的结果，而欧盟则更多地是内部权力博弈的输出结果。中国援助集中在非洲的经济和社会领域，而欧盟则侧重非洲的社会和政治领域。中国的援非政策一致性主要发生于援助与经贸之间，而欧盟则在援助与安全、移民等广泛的政策之间建立起一致性。中国的援非政策协调主要体现在对多边援助的参与，欧盟则从与成员国的协调之中积累了更为丰富的经验。援助管理模式包括管理机构与管理体制等内容，中欧援非机构同样是一个部门主管、多个部门参与的格局，而机构规模则大小不一；欧盟管理的民主化、法治化更为成熟。以促进非洲发展程度为标准考量援助成效，中国在经济基础设施和人力资源两个方面促进了非洲生产力进步，促进了非洲医疗和教育水平提高；欧盟在医疗、教育方面推动非洲向千年发展目标迈进，在非洲政治领域带来了消极的影响。

中欧对非援助同异并存，各有长短。在比较的基础上实现两种援助模式的取长补短和相互借鉴才能形成援助的理想模式。

目　录

内容摘要 …………………………………………………………… I
导　论 ……………………………………………………………… 1
　第一节　问题的提出 …………………………………………… 1
　　一、选题背景 ………………………………………………… 1
　　二、研究意义 ………………………………………………… 3
　第二节　研究现状 ……………………………………………… 6
　　一、关于中国援非的国内外研究现状 ……………………… 6
　　二、关于欧盟援非的国内外研究现状 ……………………… 25
　　三、关于中欧援非比较的研究现状 ………………………… 41
　第三节　本书的研究方法和难点 ……………………………… 44
　　一、研究方法 ………………………………………………… 44
　　二、研究难点 ………………………………………………… 45

第一章　概念界定及相关理论问题 ……………………………… 46
　第一节　概念的界定 …………………………………………… 46
　　一、援助的概念界定 ………………………………………… 46
　　二、欧盟的概念界定 ………………………………………… 49
　第二节　援助的动机问题 ……………………………………… 51
　　一、国家利益动机 …………………………………………… 51
　　二、国家权力动机 …………………………………………… 53
　第三节　援助的方式问题 ……………………………………… 55

一、援助的方法 …………………………………… 55
　　二、援助的领域 …………………………………… 59

第二章　中欧援非历史比较 …………………………… 63
第一节　中国援非的历史 ………………………………… 63
　　一、中国援非的初始发展时期 …………………… 64
　　二、中国援非的改革起步时期 …………………… 67
　　三、中国援非的改革深化时期 …………………… 69
　　四、中国援非的全面发展时期 …………………… 71
第二节　欧盟援非的历史 ………………………………… 75
　　一、后殖民时期 …………………………………… 75
　　二、平等援助时期 ………………………………… 79
　　三、附加经济条件时期 …………………………… 85
　　四、附加政治条件时期 …………………………… 88
第三节　中欧援非历史比较 ……………………………… 89
　　一、中欧援非历史稳定性比较 …………………… 89
　　二、中欧援非历史变革的动因比较 ……………… 93

第三章　中欧援非理念比较 …………………………… 96
第一节　中国援非理念 …………………………………… 96
　　一、援助理念的概念辨析 ………………………… 97
　　二、援助目标：自主发展 ………………………… 98
　　三、援助动机：国家利益 ………………………… 102
　　四、援助原则：不附加政治条件与实事求是 …… 105
第二节　欧盟援非理念 …………………………………… 114
　　一、援非目标：减贫 ……………………………… 114
　　二、援非动机：欧洲共同利益 …………………… 118

三、援非原则：政治标准 …………………………… 125
　第三节　中欧援非理念比较 ………………………………… 129
　　　一、中欧援非目标的比较 …………………………… 129
　　　二、中欧援非动机的比较 …………………………… 131
　　　三、中欧援非原则的比较 …………………………… 136

第四章　中欧援非政策比较 ……………………………………… 138
　第一节　中国援非政策 ……………………………………… 138
　　　一、中国对非援助的地区分布 ……………………… 138
　　　二、中国对非援助的领域分布 ……………………… 144
　　　三、中国对非援助的政策一致性
　　　　　——以援非促进我国境外经贸合作区发展为例 … 157
　　　四、中国对非援助的政策协调 ……………………… 162
　第二节　欧盟援非政策 ……………………………………… 165
　　　一、欧盟对非援助的地区分布 ……………………… 166
　　　二、欧盟对非援助的领域分布 ……………………… 170
　　　三、欧盟对非援助的政策一致性 …………………… 177
　　　四、欧盟对非援助的政策协调 ……………………… 180
　第三节　中欧援非政策的比较 ……………………………… 184
　　　一、中欧援非的地区分布比较 ……………………… 184
　　　二、中欧援非的领域分布比较 ……………………… 186
　　　三、中欧援非政策一致性比较 ……………………… 188
　　　四、中欧援非政策协调性比较 ……………………… 191

第五章　中欧援非管理比较 ……………………………………… 193
　第一节　中国援非管理 ……………………………………… 193
　　　一、援非行政管理机构 ……………………………… 193

二、中国援非行政管理体制 …………………………… 199
　　三、中国援非管理方式 ………………………………… 201
第二节　欧盟援非管理 …………………………………… 205
　　一、欧盟援非管理主要机构 …………………………… 205
　　二、欧盟援非管理体制 ………………………………… 209
　　三、欧盟援非管理方式 ………………………………… 217
第三节　中欧援非管理比较 ……………………………… 224
　　一、中欧援非管理机构的比较 ………………………… 225
　　二、中欧援非管理体制的比较 ………………………… 226
　　三、中欧援非管理方式的比较 ………………………… 229

第六章　中欧援非成效比较 ……………………………… 231
第一节　中国援非的成效 ………………………………… 231
　　一、中国援非模式对非洲经济发展的成效 …………… 232
　　二、中国援非模式对非洲社会发展的成效 …………… 238
第二节　欧盟援非的成效 ………………………………… 241
　　一、欧盟援助模式对非洲社会发展的成效 …………… 241
　　二、欧盟援助模式对非洲政治发展的成效 …………… 245
第三节　中欧援非成效比较 ……………………………… 249
　　一、中欧援非的经济成效比较 ………………………… 249
　　二、中欧援非的社会成效比较 ………………………… 250
　　三、中欧援非的政治成效比较 ………………………… 250

结　　语 …………………………………………………… 252

参考文献 …………………………………………………… 257

导　论

第一节　问题的提出

一、选题背景

二战的硝烟散去之后,国际社会出现了一个新现象:发展援助的涌现。虽然对外援助是一个古老的现象,但一直是零星出现且大多是军事援助,而发展援助的大量出现,则是在二战结束之后。发展援助以促进发展中国家的发展为目标,是对发展干预的新手段。发展援助的大量涌现给人类社会开辟了新的交往维度。发展援助出现之前,在发展的道路上,国家是孤独的自助者。发展被认为是各国自己的事务,对于发展的规划、发展资源的筹集、发展进程的控制等问题完全由各国人民及其政府独立承担。而发展援助的大量出现与普遍开展,则改变了在发展问题上的这种情势。发达国家的人们及其政府不仅要管好自己的事,还有义务帮助欠发达地区的人们实现发展。而那些在实现自身发展面临困难的人们,则有权利要求发达国家提供发展资源。这不仅仅是发达国家和欠发达国家之间的事情,不少顺利步入发展轨道的发展中国家也在对其他更为落后的欠发达地区提供帮助。发展援助的浪潮席卷了世界,几乎所有国家都参与进来，发达国家在援助，不发达国家在接受援助，部分国家既接受援助又给予援助。总之，人类社会开始在一个新的领域建立联系。

援助者非常多，而且不同的援助者在给予援助时都会自觉或不自觉地带有其特殊性，因而我们可以看到风格各异的援助者活跃在世界舞台上。可以大致地将援助者们区分为两种角色：传统援助者和新兴援助者。传统援助者主要是被称为"富国俱乐部"的经合组织成员，既包括经合组织发展援助委员会的成员，也包括一部分尚未加入发展援助委员会的经合组织成员。而新兴援助者主要是中国、印度等已走上发展轨道、经济实力较强的发展中大国。传统援助者长期以来是发展援助领域的主角，主导着发展援助的"范式"，而新兴援助者的出现则带来了一定程度的挑战，可以说，发展援助正在经历一场"范式之争"。双方争论的焦点可以归结为一个问题：什么是援助的理想模式？

本书选择欧盟和中国作为比较研究的对象，是因为欧盟和中国分别是传统援助者和新兴援助者中最有影响力、最为典型的代表。从主观上来看，欧盟自冷战结束后在援助领域回归西方主流，并努力从西方主流的附和者向主导者转变，新世纪以后的欧盟更加雄心勃勃，在各类发展援助文件中提出要主导国际援助的议程。从客观上来看，作为欧洲整体利益的集中代表，欧盟在援助领域具有得天独厚的优势。首先，欧盟本身就是经合组织发展援助委员会的成员之一，代表欧盟各成员国的整体利益，在发展援助委员会中影响国际援助的走向。其次，在发展援助委员会 29 个成员国中，有 20 个是欧盟成员国，虽然这 20 个成员国都有本国独立的援助体系，但因为欧盟化的趋势，不可避免地受到来自欧盟共同体层面的影响。欧盟通过对这 20 个成员国的影响，在发展援助委员会中控制议程的能力是其他援助者无法相较的。而中国是世界最大的发展中国家,中国模式的成就也得到了世界的公认,中国的援助模式同样在国际援助领域起到了其他新兴援助者无法比拟的影响力,中国模式是研究新兴援助者的典型。因而,选择中国和欧盟进行援助模式的比较研究、探讨"援助的理想模式"是合适的。

无论是中国还是欧盟的对外援助,非洲都是援助重点。这主要是由非洲近年来的发展状况所决定的。在二战以后的国际发展进程中,非洲取得了一些成就,但相对其他国家而言,非洲的发展状况是落后的。联合国千年发展计划的主持者杰弗里·萨克斯在其《贫穷的终结》一书中认为,非洲至少一半人口生活在绝对贫困中,并且至今没有走上发展的轨道,仍在贫困的泥潭之中挣扎。[1] 非洲的发展状况引起了国际社会的广泛关注,成了国际援助的重点,同样也成了中国和欧盟对外援助的重点地区。

二、研究意义

(一)研究的理论意义

第一,本书提出了新问题:什么是援助的理想模式。在当前的援助研究中,对援助的研究可分为理论研究和国别研究两类。在关于援助理论的研究中,国际关系学派侧重讨论援助的实然动机与应然动机及对援助的功用、性质进行研究,发展经济学学派侧重研究援助资源的配置及其成效。在国别研究中,侧重对各国援助行为的描述。无论是理论研究还是国别研究都较少涉及对援助理想模式的探讨。本项研究提出了这一问题,并通过对中欧援非的比较进行回答。

第二,本书试图为援助研究引入跨学科研究方法。顾海良认为,当下中国人文社会科学繁荣发展离不开对人文社会科学跨学科

---

[1] 杰弗里·萨克斯. 贫穷的终结 [M]. 邹光,译. 上海:上海人民出版社,2007:20-23.

研究路径与条件的探索。[1] 周弘认为，我国援外研究滞后的原因之一在于对外援助是跨部门的工作领域，涉及多种专业知识，仅凭少量的国际关系理论话语难以对其进行深入研究。如果我们对中国援外的研究不能涉及社会发展的各个方面，就无法打破西方观点占据主流的国际援助话语体系。[2] 本书对中欧援非模式的比较涉及多个领域，如援非理念与我国的外交理念密切相关，而援非政策则包括了我国的发展战略，援非管理体制即我国管理体制的一部分。本书根据援助主题各部分的内在属性，从不同学科角度进行研究，力图反映援助的全貌。这也属于当前人文社科领域正在发生的跨学科研究转型努力中的一项工作。

第三，有助于构建中国援外理论。虽然我国的对非援助实践形式非常丰富、内容也非常多样，产生了很好的国际影响，但理论的研究，特别是关于中国特色援外理论的构建却较为滞后。有学者认为，中国对外援助已成为国际社会关注的焦点，迫切需要建立有中国特色的对外援助理论体系。[3] 还有学者认为："中国在非洲从理念到实践，从方式到手段都完全不同于西方国家，这些理念和方式本身已经超出了西方模式所能涵盖的广度和深度，因而，其现实演绎方式不能在传统的西方模式和框架下得到合理的诠释。"[4] 本项研究以欧盟这一西方援助的典型为参照系，能更清楚地发现中国援助的特质、提炼中国援助模式，进而在此基础上构建中国援外理论。

---

[1] 顾海良. "斯诺命题"与人文社会科学的跨学科研究 [J]. 中国社会科学, 2010 (6): 13.

[2] 周弘. 中国援外60年的回顾与展望 [J]. 外交评论, 2010 (5): 11.

[3] 潘亚玲. 中国特色对外援助理论建构初探 [J]. 当代亚太, 2013 (5): 92-96.

[4] 胡美. 中国援非五十年与国际援助理论创新 [J]. 社会主义研究, 2011 (1): 145.

（二）研究的现实意义

首先，本项研究有助于改进我国援外政策与援外管理。近年来随着我国援外力度与广度的加大，援外政策迫切需要改进以更好地发挥其功能，援外管理迫切需要改善以保障政策更加高效地实现。欧盟的援外政策设计水平在国际援助领域走在前列，同时欧盟的援外管理也有许多值得我国学习、借鉴的地方。本书通过与欧盟的对非援助比较，可以很好地吸取欧盟援外政策、援外管理的合理之处，进而对我国援外政策、管理予以改进。

其次，本项研究有助于援外在实践层面上更好地应对来自欧盟及其他传统援助者的压力。近年来，随着我国援非力度的加大，在非洲的影响也日益加深。欧盟及其他传统援助者对此提出了激烈的批评，给我国对非援助的工作带来了一定的阻力。中国与欧盟在援助非洲的问题上出现分歧，中国既要充分考虑到欧盟可能对我国造成的不利影响，也要认真比较分析找出中欧在援非领域的合作可能性，还要通过比较分析发现欧盟援助政策的长处并加以吸收。

最后，本书的研究有助于争取国内公众对援非工作的支持。当前，国内有相当多的人不理解援助所具有的战略意义，误以为这是在浪费财政资源。任何一项政策的良好实现都离不开公众的理解与参与，援外政策同样如此。本项研究中有不少内容涉及公众普遍疑虑的问题，比如援助到底是不是一种对原本稀缺的国家资源的浪费、援助能否给本国带来收益、援助是否真的能够帮助其他国家的穷人等。相信本项研究能让更多的人消除对援助的误解，进而主动地支持并参与到援助工作中来。

第二节 研究现状

一、关于中国援非的国内外研究现状

中国对非援助自1956年开始。国外学者自20世纪60年代就开始关注中国的对非援助,而中国国内的研究则从20世纪90年代初才逐渐开始。

(一) 国内关于中国援非的研究现状

整个90年代,我国国内关于中国援非的研究非常之少,这与中国当时对非援助总量较少、所占国民生产总值的比例较低有直接关系。而2005年之后,随着中国援非工作的逐渐加强,国内研究也逐渐升温,关注的问题也逐渐丰富,援助理念与援助政策是其中的重点。

1. 国内关于中国援非历史的研究现状

石林主编的《当代中国的对外经济合作》是国内首部介绍当代中国对外经济合作的专著。该书采用史论结合、以史为主的方法对从建国初期到1989年这一时期的中国对外援助历史进行了论述。该书所记载的我国对非援助材料非常丰富详细,对非援助的许多具体项目都清晰可查,是研究我国援非史的重要著作。

还有一部分著作以论述中国外交史、中非关系史为主题,其中包括了不少中国援非的史料:如王泰平主编的《新中国外交五十年》和《中华人民共和国外交史》、谢益显主编的《中国当代外交史(1949-2001)》、陆庭恩和马瑞敏编的《中国与非洲》、吉佩定主编的《中非友好合作五十年》以及艾周昌与沐涛合著的《中非关系史》等。

也有论文对我国的援非史进行研究,如薛琳的《对改革开放前中国援助非洲的战略反思》和《周恩来推动援建坦赞铁路》，蒋华杰的《农技援非（1971 – 1983）：中国援非模式与成效的个案研究》。还有蒋华杰的博士论文《冷战时期中国对非洲援助的研究》、蒋叶的《20 世纪 60 – 70 年代上海对西非部分国家经济援助研究》。

2. 国内关于中国援非理念的研究现状

在实践中，中国对非援助的理念独树一帜，引起了学界的关注。国内学者对中国援非理念的关注各有不同，既有对理念整体的归纳也有对某项理念的专门讨论。

李丹在 2013 年 3 月发表的一篇考察中国国际责任历史的论文中提出，中国历史上对非洲的援助是新中国建国初期践行国际责任的一种表现。[1] 刘弘武、黄梅波等学者于 2013 年 12 月出版的专著中就中国对外援助与中国国际责任之间的关系进行了深入研究。[2]

李安山在其论文中将中非合作的原则归纳为平等相待原则、互相支持原则、自主性原则、共同发展原则。作者在文中论述中非合作同时也包括了中国对非援助这一重要的中非合作形式。因此，其所提出的这些原则同样是对中国援非原则的一种概括。[3] 李安山在他的另外一篇论文中也论及中国对非援助的原则和理念，认为中国援非的原则主要有两点，即坚持国家民族之间的互相平等和强调援助是双向的，关于援助即互利这一点，又包括了援助不是单方面的赐予而是相互帮助、援助不附加任何条件、突出考虑对受援国优惠条件的考虑等三点。作为比较，作者还认为，西方援助之所以失

---

[1] 李丹. 新中国成立以来承担国际责任的历史考察 [J]. 中共贵州省委党校学报，2013（3）：108.

[2] 刘弘武，黄梅波. 中国对外援助与国际责任的战略研究 [M]. 北京：中国社会科学出版社，2013.

[3] 李安山. 论中非合作的原则与面临的困境 [J]. 上海师范大学学报，2011（1）：111 – 117.

败,正是在于西方援非的理念中缺少中国这样的不将援助视为赐予的内容。[1]

李丹在其论文中指出,西方的援助,特别是对非洲的援助是失败的,并认为中国对非援助的成功之处在于坚持帮助非洲受援国提高自主发展的能力,最后得出结论:只有自主发展才是国际发展路径的坦途。[2]

国内有学者对不附加政治条件的援助进行论述。张浚从梳理中国对非援助政策的历史出发,剖析了我国对非援助政策中不附加政治条件形成的原因与特点、影响,指出不附加政治条件理念是由我国的社会主义性质所决定的,也是由作为我国处理国际关系的准则即和平共处五项原则所决定的。[3] 有学者重点关注我国援非理念的理论基础,这方面的典型作品是张海冰的专著《发展引导型援助:中国对非洲援助模式研究》。该书将中国对非援助的模式界定为发展引导性援助,其第五章专门研究中国援非模式的理论基础,将其概括为如下四点,即和平发展的世界观、平等相待的国际关系观、互利共赢的合作观、共同发展的目标观。[4] 另外,张海冰在一篇论文中探讨了我国援外政策中不附加政治条件原则的理论基础和现实意义。作者认为,该原则的理论基础主要有主权平等原则、不干涉内政原则、经济发展的内生性要求等,而该原则的意义在于

---

[1] 李安山. 全球化视野中的非洲:发展、援助与合作——兼谈中非合作中的几个问题 [J]. 西亚非洲,2007 (7):9-12.

[2] 李丹. 新理念、新模式:中国参与国际发展的贡献 [J]. 厦门大学学报:哲学社会科学版,2014 (4):59-60.

[3] 张浚. 不附加政治条件的援助:中国对非援助政策的形成 [J]. 外交评论,2010 (5):21-34.

[4] 张海冰. 发展引导型援助:中国对非洲援助模式研究 [M]. 上海:上海人民出版社,2013.

体现了中国作为发展中国家的国际责任。[1] 张郁慧在其博士论文中认为，中国援外的理论渊源与理论基础包括中国传统文化、国际主义原则、统一战线理论、互惠互利和共同发展理念。[2]

有一些学者也对中国援非动机进行了专项研究。针对海外学者舆论认为中国援非以寻求能源为动机的不实指责，张海冰专门撰文进行了反驳，分析了这些指责的根源，指出中国援非的真正动机并非攫取非洲能源而是实现双方共同发展。[3] 魏雪梅认为，我国对非洲的援助提升了自身的软实力，这主要表现在如下几个方面：增进非洲和世界对中国的了解、塑造中国国际形象。[4] 在援非塑造国家形象方面，刘洪洋认为中国在援非过程中实现了如下几个目标：在非洲政治精英中营造了友善中国的氛围，加强了中非民间交往，赢得了非洲民众的支持。[5]

3. 国内关于中国援非政策的研究现状

在20世纪90年代，一些援外领域的官员和参与者对当时正在发生的政策改革进行了介绍和归纳。何晓卫阐述了20世纪90年代改革的三项主要内容：政府贴息优惠贷款、援外项目合资合作方式、适当增加无偿援助并不再提供新的无息贷款。[6] 王成安在其论文中着重讨论了政府贴息优惠贷款和实施援外项目合资合作方式

---

[1] 张海冰. 论中国援外不附加政治条件的原则的理论基础及现实意义 [J]. 当代亚太，2009（6）：98 – 104.

[2] 张郁慧. 中国对外援助研究 [D]. 北京：中央党校，2006：39 – 59.

[3] 张海冰. 关于中国对非洲援助能源导向观点的分析 [J]. 世界经济研究，2007（10）：76 – 80.

[4] 魏雪梅. 对提升中国软实力的思考——以对非援助为视角 [J]. 福建行政学院学报，2010（4）：67 – 68.

[5] 刘洪洋. 浅议中国援非工作中的国家形象塑造 [J]. 人民论坛，2012（10）：236 – 237.

[6] 何晓卫. 深化改革，进一步做好援外工作 [J]. 国际经济合作，1996（2）：5 – 7.

这两项改革措施的益处。[1] 叶继奖和杜海涛选择了中国援津巴布韦的一家公司为案例，分析了援外合资合作这一改革举措的作用。从该公司实施改革后扭亏为盈的事实出发，总结了援外合资合作改革的经验，并对下一步改革提出了建议。[2] 林玫在一篇综述中对采取政府贴息优惠贷款援助方式援非的若干案例进行了分析，并总结了其成功的经验，包括：抓住优惠贷款机遇、选择合适的项目、加强项目管理和组织建设等。[3]

进入新世纪后，对于中国援非政策的研究更为深入，大多选择某个领域的援非政策展开研究。

在对非农业援助政策方面有较多的研究成果。唐正平在其论文中对中国援非农业的历史进行了回顾，归纳了当前中国对非农业援助的特点，总结了中国对非农业援助的经验教训，并展望中国农业援非的前景。[4] 陨文聚通过对我国援外体制改革前后若干农业项目的运作效益进行比较，认为我国目前的对非农业援助政策必须改革，并就如何改革提出了自己的构想。[5] 蒋和平对当前中国农业援非的新形势进行了介绍，并指出了目前存在的问题，包括：缺少国家级的总体规划和政策协调不够、风险高、援助与开发之间联系不够紧密、资金投入不够、体制急需创新等。在此基础上，作者提

---

[1] 王成安. 推行对外援助的新方式促进与发展中国家的友好合作 [J]. 国际经济合作, 1996 (2): 7-9.

[2] 叶继奖, 杜海涛. 从津纳公司扭亏为盈看援外合资合作新方式 [J]. 国际经济合作, 1999 (10): 23-25.

[3] 林玫. 对外援助方式的改革与实践——推行政府贴息优惠贷款援助方式经验交流会综述 [J]. 国际经济合作, 1997 (11): 4-7.

[4] 唐正平. 前景广阔的中非农业合作 [J]. 西亚非洲, 2002 (6): 14-17.

[5] 陨文聚. 从国际援助的发展看中国对非农业援助 [J]. 西亚非洲, 2002 (2): 19-23.

出了改革中国农业援非的建议。[1] 陈燕娟与邓岩对中国对非农业援助的定位进行思考,认为虽然中非农业合作的前景很好,但中国对非农业援助不能解决非洲农业发展的根本问题,并就如何帮助非洲农业走上可持续发展道路提出了自己的见解。[2] 徐继峰、罗江月、贾焰在论文中对中日农业援非进行了比较,其中概括了中国农业援非的目标、原则、模式。该文认为中国农业援非的目标包括配合国家的外交战略、提高非洲粮食生产能力和保障非洲的粮食安全、推动中国农业走出去、促进中国农业产业升级;中国农业援非的原则遵循中国对外援助的总原则;中国农业援非模式由资金援助和项目援助两种方式构成。[3] 徐继峰和秦路撰文对中国援助非洲农业技术示范中心进行了专门研究,该文对援非农业技术示范中心的形成与发展状况进行了介绍,界定了援非农业技术示范中心可持续中心这一概念的内涵,并对农业技术示范中心如何实现可持续发展提出了建议。[4] 赵银于2013年完成的硕士论文中对中国对非粮食援助这一主题进行了较为全面的研究。该文对中国粮食援非的背景和历史进行了介绍;归纳了中国粮食援非的意义,包括:拓宽我国援非的途径、缓解非洲的饥饿与贫困问题、提升中国的国际形象、拓展中国农产品在国际市场上的份额等;研究了中国对非粮食援助的动因、特点、形式;就中国对非粮食援助提出了建议。[5]

---

[1] 蒋和平.新形势下中非农业合作的思路和政策建议[J].世界农业,2010(6):1-4.
[2] 陈燕娟,邓岩.中非农业合作可持续性研究[J].世界农业,2008(1):63-65.
[3] 徐继峰,罗江月,贾焰.中日对非洲农业援助比较[J].世界农业,2014(6):40-42.
[4] 徐继峰,秦路.中国援助非洲农业技术示范中心可持续发展建议[J].世界农业,2011(12):87-88.
[5] 赵银.中国对非粮食援助研究[D].湖南:湘潭大学,2013.

有部分学者对中国医疗援非的政策进行了研究，包括对政策的成效分析、政策设计等内容。卫生部国际合作司在一篇论文中分析了中国援外医疗队所发挥的作用和影响，总结了中国援外医疗队的工作特点与当前工作存在的困难，指出了加强中国援非医疗队建设的重要性与意义，文章最后就如何改进援非医疗工作提出了思路，认为应当从改进机制和提高成效、拓宽合作领域和开发市场、加强管理与政策协调等三个方面进行优化。[1] 李安山在一篇论文中详细介绍了中国对非医疗援助的历史、规模，并以较大篇幅对医疗援非的成效进行了论述。作者从对非洲的卫生贡献、对中国外交的贡献两个方面归纳了医疗援非的成效。[2] 张春在其论文中从医疗外交的角度对中国医疗援非进行了论述。该文论证了中国医疗援非是医疗外交的重要组成部分及其功能、意义；提出了几点政策改进意见：科学安排医疗队的国别分布、优化医疗队的人员结构、完善医疗队的派遣机制。[3] 还有的学者采用案例研究法，或者选择我国对非洲某一国的医疗援助作为研究对象，或者选择我国某一省（市、自治区）对非洲的医疗援助作为研究对象开展研究。周海金就中国对喀麦隆的医疗援助进行了探讨，分析了中国对喀麦隆医疗援助的内容、特点和成效。[4] 王琪与贾守雄基于其医疗援外的实践经验就中国对马达加斯加的医疗援助工作进行了论述，介绍了甘肃省对马达加斯加医疗援助的人员选派流程与困难、援外医疗专家

---

〔1〕 卫生部国际合作司. 加强实施新战略改革援非医疗工作——记中国援外医疗队派出40周年 [J]. 西亚非洲，2003（5）：15-18.

〔2〕 李安山. 中国援外医疗队的历史、规模及影响 [J]. 外交评论，2009（1）：26-40.

〔3〕 张春. 医疗外交与软实力培育——以中国援非医疗队为例 [J]. 现代国际关系，2010（3）：49-53.

〔4〕 周海金. 中国对喀麦隆的医疗援助：内容与成效调研 [J]. 国际论坛，2014（1）：40-45.

的工作状态与生活状态、医疗援外管理的模式等情况。[1] 蒋晓晓就中国对刚果民主共和国的医疗援助进行了分析，在论文中介绍了中国对其医疗援助的项目类型，探讨了中国对其医疗援助的问题与特点，认为中国对外卫生援助存在概念不清、决策机构多而无专门执行机构、资源匹配有待改进、宣传力度不够的问题，具有尊重当地政府并与其共同制定项目、援助与投资相互促进等优点。[2] 符清烨于2013年完成的硕士学位论文探讨了湖南对非医疗援助的问题。该文介绍了湖南对非医疗援助的历史发展脉络，按照发展的特点将其历史分为开始（1973-1985）、扩大（1985-1994）、收缩（1994-2003）、发展（2003-2013）四个阶段。论文将湖南医疗援非人员按照地区、科别、医院、性别四个标准进行了结构分类，介绍了援非的管理机构与流程，并对湖南援塞和援津两支医疗队进行了比较研究。[3]

中国对非经济基础设施的援助也得到了关注。王胜文在其文章中指出了对经济基础设施的援助是中国援非的重点领域；总结了中国对非经济基础设施援助的经验，包括：多种资金并用以扩大资金来源、重视项目建设的质量、关注项目的可持续运行、鼓励企业承担社会责任；还分析了中非经济基础设施建设合作的有利条件和挑战，并就此提出了对策，包括：做好统筹规划用好资金、政府发挥先导作用并鼓励企业和金融机构参与。[4] 张忠祥关注了中非合作

---

[1] 王琪，贾守雄.支援马达加斯加医疗工作实践与思考 [J].中国卫生产业，2013（33）：191、193.

[2] 蒋晓晓.中非卫生合作的特点：基于刚果民主共和国的案例研究 [J].中国卫生政策研究，2014（3）：65-67.

[3] 符清烨.湖南援非医疗研究（1973-2013）[D].湖南：湖南师范大学，2013.

[4] 王胜文.中国援助非洲基础设施建设的经验与展望 [J].国际经济合作，2012（12）：7-9.

论坛建立以来中非在基础设施领域的合作问题,认为这一时期的中非基础设施合作有如下特点:基础设施成为双方合作的重点领域,援助方式上更为灵活、更强调互利互惠。该文还指出了中国在这一领域取得的成就:改善了非洲基础设施落后的状况,提升了非洲相关的管理与技术水平,促进了中非友好。[1]

对非教育援助研究方面也有一些成果。周光宏结合南京农业大学对非洲的教育援助讨论了教育援外与大学国际化之间的联系,总结了南京农业大学对非教育援助的经验,包括:结合大学学科优势以多种形式实施对外教育援助、以援外基地建设提高教育援外水平、发挥教育援外综合效益以推进大学国际化进程。[2] 郑崧在其论文中从援助有效性议程角度探讨了中国对非教育援助问题。该文首先介绍了援助有效性议程的基本情况,认为该问题的提出导致了新的援助范式的出现,并介绍了援助有效性议程给国际教育援助所带来的改变。该文最后分析了中国教育援非提高有效性的路径选择,包括:坚持既有教育援非的理念,结合非洲教育发展的需要并根据非洲教育发展战略提高教育援助,加强与国际社会其他援助者的协调与合作并参与建设和谐、合理的国际发展合作体系。[3] 程伟华在其于2012年完成的博士论文中专门研究了中国对非智力援助。该文对智力援助这一概念进行了分析,并提出了可用于解释中国对非智力援助的三种理论:缺口论、减贫论、结构调整论。该文分析了中国对非智力援助的历史、特点与成效,在成效方面,认为

---

[1] 张忠祥. 中非基础设施建设合作的新特点 [J]. 亚非纵横, 2009 (5): 53 - 57.

[2] 周光宏. 开展教育援外工作推进高校国际化进程 [J]. 中国高等教育, 2013 (11): 52 - 54.

[3] 郑崧. 有效援助议程下的中国对非教育援助 [J]. 比较教育研究, 2011 (12): 48 - 52.

中国对非智力援助有利于培养人才、促进科研、服务社会、加强文化交流。该文对中国智力援非的成效评估进行了实证研究，包括问卷调研、访谈调研和个案研究。在问卷调研方面，选择了 400 名非洲来华参加培训的公民设计调查问卷，并对调查结果进行了详尽的分析。访谈调研分别以非洲来华接受培训的学员和中国相关领域的专家为访谈对象。关于个案研究方面，作者选择了南京农业大学作为案例，介绍了该校对非智力援助的历史，从人才培养、科学研究和服务社会等三个方面总结了该校智力援非的成效。[1]

援助与贸易、投资的政策一致性，也成为部分学者的关注问题。张汉林、袁佳、孔洋就中国对非官方援助与中国对非投资、对非进出口之间的关联度做了实证研究。该项研究根据 1993 年到 2007 年的相关数据建立面板数据计量模型，发现中国对非援助与中国对非投资之间存在互补性，但就当年各自占 GDP 比重而言，两者具有相互替代性，同时发现对非援助可以极大地促进中国对非出口。[2] 周宝根在其论文中论述了将对外援助与对外经贸相结合的必要性，包括：吸取西方援助失败的教训、适应受援国的发展需求、促进我国援外项目可持续发展的需要。作者还在该文中提出，要实现对外援助与对外经贸之间的结合必须处理好援助中政治与经济、中方利益与受援方利益、援助中我国国家利益与企业利益等三方面的关系。[3] 李丹和陈友庚探讨了对外援助与我国境外经贸合作区之间的关系。文章就对外援助服务于境外经贸合作区进行了可

---

[1] 程伟华. 中国对非洲智力援助：理论、成效与对策 [D]. 南京：南京农业大学，2012.

[2] 张汉林，袁佳，孔洋. 中国对非洲 ODA 与 FDI 关联度研究 [J]. 世界经济研究，2010（11）：69 - 73.

[3] 周宝根. 从对外经贸视角看如何提高我国援外项目的有效性 [J]. 红旗文稿，2010（19）：18 - 19.

行性分析，文章认为，我国境外经贸合作区本身就是我国援助改革的产物，援助的功能决定了其在境外经贸合作区中的作用，对外援助能切实解决经贸合作区发展面临的问题等三个因素使得援外服务对于境外经贸合作区具有可行性。文章还就如何更好地发挥援助在境外经贸合作区中的作用提出了建议，包括：加强对境外经贸合作区所在国的宏观政策援助，实施援助本地化战略即加强对合作区所在地区的援助，加强金融援助以解决境外经贸合作区资金紧缺的问题。[1]

4. 国内关于中国援非管理的研究现状

国内关于中国援非管理的研究成果比较少。黄梅波在其论文中对我国援外机制进行了研究，将援外机构分为管理机构与支持机构，并对援外工作的主要管理部门——商务部援外司的主要工作内容进行了介绍，该文还指出了我国当前援外机制存在的问题，如：缺乏理论指导、法制化程度不高、战略不清晰、管理机制不够成熟、NGO 参与不足等。该文还就中国援外管理机制未来的发展提出了建议。[2]

周弘在一篇回顾中国援外改革历程的论文中对我国援外管理进行了探讨。该文论述了我国援外管理体制的改革过程，认为改革开放后，援外体制经历了如下两个阶段：投资包干制、承包责任制。该文还分析了改革开放后我国援外管理机构的改革历程，认为市场因素在其中发挥了重要作用。文章认为，引入市场化改造援外管理体制和机构的改革并不是改革的终点，市场因素的引入同时具有一

---

[1] 李丹，陈友庚. 对外援助与我国境外经贸合作区建设 [J]. 开放导报，2015 (1)：51-52.

[2] 黄梅波. 中国对外援助机制：现状和趋势 [J]. 国际经济合作，2007 (6)：6-11.

定消极性，应该注重行政因素与市场因素之间的平衡。[1]

黄梅波与胡建梅对我国援外管理体系的历程进行了分析。文章论述了我国援外管理机构自建国初期以来的变革过程，认为自新中国成立以来我国援外管理体制经历了总交货人部制、承建部负责制、投资包干制、企业总承包制等四个阶段，并对不同体制的运行状况进行了剖析。文章还对当前中国援外管理机构体系进行了详细的介绍，将该体系分为管理机构和执行机构两类，认为管理机构又可以划分为国家归口管理机构、部门管理机构、地方管理机构和驻外管理机构，而其对执行机构的分类则是以援外项目的类型为标准。文章最后还论述了我国援外管理体系的法制建设状况，考察了援外资金使用、援外项目管理、援外人员管理等三个方面的法制建设进展。[2]

魏建国在其论文中论述了援外队伍建设的问题。该文介绍了我国援外队伍建设的经验，包括：通过加大援外奖励力度，为鼓励优秀援外企业脱颖而出创作了条件，健全援外主体管理制度和积极培育援外骨干企业队伍，引入资格准入以规范援外人力资源项目和优惠贷款项目管理，发挥地方主管部门协调和管理援外企业的优势。[3]

赖钰麟以中国扶贫基金会对非援助为案例探讨了我国民间组织在援外体系中的参与。文章介绍了中国扶贫基金会对非援助的三个

---

[1] 周弘. 中国对外援助与改革开放30年［J］. 世界经济与政治论坛，2008（11）：40-43.

[2] 黄梅波，胡建梅. 中国对外援助管理体系的形成和发展［J］. 国际经济合作，2009（5）：32-39.

[3] 魏建国. 优化主体，健全管理，加强援外骨干队伍建设［J］. 国际经济合作，2007（2）：4-7.

项目的实施过程，由此揭示了民间组织参与对非援助的特点。[1]

5. 国内关于中国援非成效的研究现状

国内没有关于中国援非成效的专门研究，一般在对中国援非的整体论述中附带评价援助成效。

贺文萍在其论文中论述了中国对非援助的成效，认为中国对非洲的援助有力促进了非洲的经济复苏和增长，提高了非洲的国际地位与内聚力。[2] 陈默在其于2014年完成的博士学位论文中论述了中国援非对非洲发展所造成的影响。该文将对非影响分为三类：对非洲经济增长的影响、对非洲政治的影响和对非洲社会方面的影响。在对非洲经济增长的影响方面，该文认为中国对非洲经济基础设施的援助有力地改善了非洲经济基础设施的落后现状；中国打包式的援助方式直接增加了对非贸易、提高了非洲的对外贸易能力、促进了当地企业技术水平的提高和帮助非洲融入全球产业分工体系。在对非洲政治的影响方面，该文认为虽然中国恪守不附加政治条件的援助原则，因而对非洲各国内政影响较小，但中国的援助对非洲的地区和平、非洲一体化有较大贡献。在对非洲社会方面的影响上，该文认为中国的援助缓解了非洲的就业问题、改善了非洲的人权状况与环境问题。[3]

(二) 国外关于中国对非洲援助的研究现状

在中国开展对非援助十年后，国外就有学者开始了对中国援非问题的研究。

---

[1] 赖钰麟. 民间组织从事对外援助：以中国扶贫基金会援助非洲为例 [J]. 国际论坛, 2013 (1)：39-40.

[2] 贺文萍. 中国援助非洲：发展特点、作用以及面临的挑战 [J]. 西亚非洲, 2010 (7)：12-19.

[3] 陈默. 中国援助的非洲模式及其对非洲发展影响的研究 [D]. 上海：上海外国语大学, 2014.

1. 国外关于中国对非洲历史援助的研究现状

艾伦·哈钦以编年史的历史叙述方法研究了从1950年到1970年这一时期内中国对非洲援助的历史。作者梳理了这一时期内中国对非援助政策的变化。在叙述历史的过程中，作者试图通过寻找中国内政与对外援助之间的关系来解释中国对非援助的动机，认为中国对非援助是基于本国的政治和经济利益。[1]

沃尔夫冈·巴特克研究了自1956年到1973这一时期内的中国对外援助问题，其中也包括了中国对非洲的援助。其著作中呈现了关于中国对外援助的决策者、机构和项目的相关数据。[2] 约翰·富兰克林·科柏也运用历史学的研究方法探讨了中国对非援助问题，认为中国的对外援助是外交政策的工具，并分析了影响中国对外援助的相关因素。[3]

援建坦赞铁路是我国援非史上举世瞩目的项目，在该项目实施期间，就有国外学者对其进行研究。理查德·霍尔（Richard Hall）和休·佩曼（Hugh Peynian）认为坦赞铁路是中国在非洲最具代表性的援建项目，[4] 巴尔腾·贝利（Bertin Bailey）则探讨了中国修建坦赞铁路的动机与过程，并给予了正面的评价。[5]

2. 国外关于中国对非洲理念援助的研究现状

中国对非援助的理念是国外学者关注的热门问题。其中，对中

---

[1] Alan Hutchinson China's African Revolution, London: Ebenezer Baylis & Son Ltd, 1975.

[2] Wolfgang Bartle. China's Foreign Aid, New York: Holmes and Meier Publisher, 1975.

[3] John Franklin Copper. China's Foreign Aid : An Instrument of Peking's Foreign Policy, Lexington: DC Heathand company , 1976.

[4] Richard Hall and Hugh Peyman. 77ie Great Uhuru Railway: China's Showpiece in Africa, Victor Gollancz LTD London, 1976.

[5] Martin Bailey. Freedom Railway: China and the Tanzania – Zambia Link, Rex Collings, London, 1976.

国援非动机的分析和对中国援非过程中不附加政治条件的援助原则成为国外学者研究的重点。

对于20世纪改革开放前的中国对非援助，国外学者热衷于讨论中国援非的政治动机。其中一种观点认为中国之所以重视对非援助，是出于制衡苏联的需要。亚历山大·爱克斯坦（Alexander Eckstein）就认为中国以援助为武器与苏联争夺在非洲的势力范围[1]。米尔顿·科夫纳（Milton Kovner）则从当时中国的意识形态出发解释中国的对非援助，并认为中苏之间在意识形态上出现的差异有助于理解中苏在非洲的援助竞争[2]。

国外学者同样地关注了改革开放之后中国对非援助的动机。其中传播较为广泛的观点认为，中国对非援助的动机并非为了帮助非洲发展，而是推行新殖民主义。2006年法国国际关系研究所的瓦蕾丽·尼凯（Valérie）在《外交政策》上发表文章，认为中国对非洲的援助是掠夺性的，其在非洲的真实意图引起了西方世界的疑问[3]。丹尼斯·塔尔（Denis M. Tull）认为中国对非援助的动机并不像中国所宣扬的那么高尚，而是具有明确的利益动机，即促进中国廉价商品的出口占领受援国的市场和攫取受援国的能源与资源[4]。美国国会研究所作的题为《中国在非洲、拉美和东南亚的援助活动》的报告认为，中国对非洲的援助主要是确保石油、矿产

---

[1] Alexander Eckstein. Communist China's Economic Growth and Foreign Trade Implications for US Policy, New York.

[2] Milton Kovner. Communist China's Foreign Aid to Less Developed Countries, See An Economic Profile of Mainland China, ed. by Joint Economic Committee of the US Congress, New York: Frederick A Pradger, Pubiishers, 1968, 609 – 620.

[3] 谁在编织新殖民主义帽子？[EB/OL]. http//: www.chinadai | y.com.cn/jjzg/2006 – | l/06/content_725465.htm.

[4] Denis M. Tull, China's Engagement in Africa: Scope Signifinance and Consequence, Journal of Modern African Studies, Vol. 44, No. 3, 2006: 459 – 479.

的获得以保障本国经济发展的需要。[1]

对于中国援非不附加政治条件的原则,国外学者特别是西方学者不少持否定态度。如 Ngaire Woods 认为援助条件是一个重要的问题,传统援助者无论国际组织还是国家、个人,都在努力推进其实现,而新兴援助者在这方面表现不佳。中国对于津巴布韦和苏丹等国家投放的优惠贷款无视标准与条件,是罔顾世界和地区安全的危险行为。[2] 也有西方学者对这些观点进行了反驳,黛博拉·布罗蒂加姆(Deborah Brotigan)在其于 2012 年出版的著作中专门用一章的篇幅对西方关于中国援非动机和原则的否定进行了反驳。作者以中国对安哥拉的援助为例,证明了中国对非洲的援助并非仅仅为了矿产、石油和资源。该文以中国对津巴布韦的援助为例,证明了中国对非洲不附加政治条件的援助并没有为非洲某些专制政权提供支持。该文还通过考察中国援非资金的运作过程说明中国的援助没有造成非洲政府腐败。[3] 楼于怀(Law Yu Fai)在其论文中研究了从 1950 年到 1982 年的中国对外成套项目援助,并指出中国对外援助中贯彻了帮助受援国自力更生的援助原则。[4]

3. 国外关于中国对非洲援助政策的研究现状

黛博拉·布罗蒂加姆关于中国援非政策有两本重要的著作,一是在 1998 年出版的《中国的援助与非洲的发展:绿色革命的输

---

[1] Thomas Lum, Hannah Fischer, Julissa Gomez – Granger, Anne Leland. China's Foreign Aid Activities in Africa, Latin America, and Southeast Asia, Congressional Research Service Report for Congress, February 25, 2009.

[2] Ngaire Woods. Whose aid? Whose influence? China, emerging donors and the silent revolution in development assistance, International Affairs 84: 6, 2008, 8.

[3] 黛博拉·布罗蒂加姆著,沈晓雷,高明秀,译.龙的礼物[M].北京:社会科学文献出版社,2012.

[4] Law Yu Fai. Chinese Foreign Aid: Study of Its Nature and Goals with Particular Reference to ihr Foreign Policy and World View of the Republic of China, 1950 – 1982, Saarbrucken. Verlag Breitenbach Publisher, 1984.

出》。作者关注了中国对西非的农业援助问题。[1] 二是于 2012 年出版的《龙的礼物》，该著作全面地阐述了中国对非援助政策的内容，包括：中国对非洲农业的援助政策、中国对非洲工业化进程的援助、中国对非洲的医疗援助、中国对非洲的金融援助、中国的志愿者派遣、中国援非政策与中国对非投资、对非贸易之间的协调等。

蒂埃里·班吉在其著作中强调了中国在非洲进行了大规模的基础设施援建，认为这为非洲的经济发展奠定了基础。[2]

南非学者马丁·戴维斯在其论文中评价了中国的援非政策。该文分析了中国对非援助的重点国家与规模，认为当前中国对非援助的趋势是加强援助与经贸之间的相互促进，这表现在如下几点：非洲开发银行会议的召开所具有的重大意义，中国推动在非洲建立经济特区、中非发展基金的建立。[3]

有部分在中国留学的非洲学生在其学位论文中也对中国援非政策进行了研究。来自尼日利亚的艾法姆在其于 2011 年完成的博士论文中，以中国对尼日利亚的基础设施援助为案例研究了中国对非洲的援助。[4] 该文认为，缺乏现代化的基础设施是制约尼日利亚以及非洲其他国家发展的主要障碍，而中国的援助促进了非洲的基础设施建设。该文分析了中国对非洲基础设施援建的形式，并探讨了这些形式与西方援助的异同以及中国为什么要采取这些形式。该文

---

[1] Deborah Brautigam. Chinese Aid and African Development: Exporting Green Revolution, Macmillan Press, London, 1998.

[2] [中非] 蒂埃里·班吉. 中国，非洲新的发展伙伴——欧洲特权在黑色大陆上趋于终结？[M]. 北京：世界知识出版社，2011.

[3] [南非] 马丁·戴维斯. 中国对非洲的援助政策及评价 [J]. 世界经济与政治论坛，2008（9）：38 – 44.

[4] [尼日利亚] 艾法姆. 中国对非洲的援助：中国对尼日利亚基础设施建设援助案例分析 [D]. 吉林：吉林大学，2011.

还讨论了中国对非洲基础设施援建的成效,认为中国的援助不仅巩固了中非之间的友好关系,还为非洲的可持续发展提供了有效的帮助。

来自贝宁的留学生莫里斯在其硕士论文中评价了中国对非洲的援助政策,认为改革开放之后中国的对非援助摆脱了意识形态的影响,更为务实和有效,中国自身的市场经济改革也给中国的援非政策带来了变化。该文认为,与西方的援助相比,中国的援助更符合非洲的实情,因此也更能满足非洲发展的需求。该文认为,中国作为一个发展中国家,自身也急切需要发展,因此非洲不能对中国提出过高的援助要求,非洲最终只有依靠自力更生、自主发展才能真正走上发展之路。[1]

4. 国外关于中国对非洲援助成效的研究现状

Michael A. Glosny 对中国技术援非的效果进行了评价,认为中国虽然强调"授人以鱼,不如授人以渔",但由于在项目建设过程中的主力是中国的工人,而受援国实际上并没有掌握相应的技术,真正的成效仅在于发展了中非之间的外交关系。[2] 美国外交政策理事会亚洲研究员艾佛曼和卡内基国际和平基金会的科兰兹克认为,中国对非援助使非洲的民主和良治建设变得复杂。[3] 德国学者邓尼斯·图尔认为中国对非洲的援助冲击了西方的利益,并对国际贸

---

[1] [贝宁] 莫里斯. 中国对非洲援助政策评价 [D]. 北京:北京语言大学,2005.

[2] Michael A. Glosny, Meeting The Development Challenge in The 21st Century: American and Chinese Perspectives on Foreign Aid, National committee on United states – China Relations: China Policy Series: No. 21, August 2006: 30 – 36.

[3] Joshua Eisenman & Joshua Kurlantzick, China's Africa Strategy, Current History, May 2006: 219 – 224.

易体系造成了破坏。[1] 英国圣安德鲁斯大学的伊安·泰勒（Ian Taylor）认为中国基于本国环境约束的考虑而到非洲寻求资源，其在非洲的活动如林木砍伐、石油开采等给非洲带来了环境的破坏。[2] 蒂埃里·班吉将中国对非援助的成效归纳为如下内容：中国在非洲援建的大量基础设施为非洲的经济发展奠定了基础，促进了中非贸易，吸引了不少非洲学生到中国学习。作者认为，中国对非援助中的互利共赢模式带来了中非关系几十年来的飞速发展，中非双方的发展都从这种关系中得益。[3]

美国学者蒙洁梅（Jamie Monson）深入赞比亚国内进行调研，其成果汇集为2011年出版的《非洲的自由之路：一项中国的发展规划如何改变了坦桑尼亚人的生活》一书。该书考察了坦赞铁路的援建对于坦桑尼亚居民的改变，书中认为，坦赞铁路的建成使得铁路沿线区域的经济发展加速、外来人口涌入，而人口的增加又刺激了当地商业、农业和畜牧业的增长。关于坦赞铁路如何刺激沿线区域的农业发展，作者详细叙述了沿线地区农场的发展历程。[4]

来自津巴布韦的留学生马如莎在其于2012年完成的博士学位论文中研究了中国与津巴布韦的关系。该文认为，发生在2000年前后的津巴布韦土地改革是影响津巴布韦发展前途的重要事件，在西方动用断绝援助等手段予以阻止时，中国提供了宝贵的支持。中

---

[1] Denis M. Tull. China's Engagement in Africa: Scope, Significance and Consequences [J]. Journal of Modern African Studies, Vol. 44, Iss. 3, 2006: 459 - 479.

[2] Ian Taylor, China's Environmental Footprint in Africa, February 2, 2007, http://www.chinadialogue.net/article/show/single/en/741 - China - s - environmental - footprint - in - Africa.

[3] [中非] 蒂埃里·班吉. 中国，非洲新的发展伙伴——欧洲特权在黑色大陆上趋于终结？[M]. 肖晗，周平，徐佳，汪亮，韩康敏，等译. 北京：世界知识出版社，2011.

[4] Jamie Monson. Africa's Freedom Railway - How a Chinese Development Project Changed Lives and Livelihoods in Tanzania, Indiana University Press, 2009.

国的援助推动了津巴布韦的土地改革进程，不仅为这场深刻的社会变革提供了帮助，促进了津巴布韦的发展，同时也迅速地提升了中津之间的友好关系，使得津巴布韦制定了重新重视东方的外交政策。[1] Max Rebol 在其于 2011 年完成的博士学位论文中研究了中国在非洲的软实力，认为中国的援助是加强其软实力的重要途径。该文用一章的篇幅专门分析了中国在非洲的形象，评估了非洲各阶层人民对中国的态度。[2]

二、关于欧盟援非的国内外研究现状

在欧盟援非的研究上，国外的成果比国内更为丰富。国内学者更多地集中于对欧盟援非的政策进行研究，对于欧盟援非的管理则停留于一般性的介绍。而国外学者对欧盟援非的理念与政策研究深入，对欧盟援非管理的研究往往结合欧洲一体化、援助成效等问题进行。

(一) 国内关于欧盟对非洲援助的研究现状

1. 国内关于欧盟对非洲援助历史的研究现状

国内对欧盟援非史的研究主要体现在对洛美协定、科托努协定等欧盟几个重要协定的研究中。

姚桂梅编著的书中详细论述了洛美协定这一欧盟援非史上历时最长的协定。该书介绍了洛美协定形成的由来与历史背景以及前三期洛美协定的主要内容及其执行情况，对洛美协定的特点进行了概括，分析了洛美协定对于欧非双方各自的作用，并阐述了洛美协定

---

[1] [津巴布韦] 马如莎. 中国与津巴布韦的关系：1980 年以来双边合作关系分析 [D]. 吉林：吉林大学，2012.

[2] Max Rebol. 不干涉与务实合作：试析中国在非洲的软实力 [D]. 上海：复旦大学，2011.

给包括非洲在内的第三世界带来的影响。[1] 伍贻康于 1989 年出版的著作《欧共体与第三世界的经济关系》中论述了欧共体与第三世界之间的经济关系，其中包括了早期的欧共体对非援助。

杨逢珉分析了洛美协定中欧盟与非加太国家的关系。作者认为洛美协定是南北合作的一个范例，介绍了洛美协定的结构与运作程序、协定的目标与特点。作者对洛美协定的影响给予了正面的评价，他认为，其为非加太国家的经济结构调整赢得了时间，促进了非加太大部分国家的经济发展，推动了非加太国家的工业发展，改善了非加太国家的投资环境，增进了非加太国家的民主和在非加太国家传播了一体化的理念。文章最后指出了洛美协定的问题，这包括：非互惠原则的优惠程度不够，未能改变非加太国家单一的经济结构，未能改变旧的国际贸易结构，欧盟的共同外贸政策部分抵消了洛美协定的努力，欧盟东扩对非加太地区发展产生了消极作用等。[2]

易梦虹在其论文中对第三个洛美协定进行了评价，文章介绍了第三个洛美协定签约过程中各方争论的焦点问题，包括：援助的数量问题、对农产品跌价的补贴问题、增加农业援助以及购买农产品的问题。文章分援助和贸易两类对第三期洛美协定的内容进行了介绍，分析了欧盟对非加太地区援助的经济动机，论文认为：欧盟的援助是为了维持其原材料供应、工业产品销售市场和过剩资本的投放以及政治上对抗美苏压力。论文指出，虽然洛美协定不可能从根本上解决非加太的发展问题，但仍然对非加太的发展起到了一定的作用。作者还在该文中对当时国内学界关于洛美协定的一些观点进

---

[1] 姚桂梅. 世界市场全书——洛美协定 [M]. 北京：中国大百科全书出版社，1995.

[2] 姚桂梅. 洛美协定下的欧盟与非加太国家的关系 [M]. 上海：上海人民出版社，2006.

行了介绍与回应。[1]

郑先武在其论文中研究了从洛美协定向科托努协定转变的问题,认为这是从特惠向互惠的转变。该文解释了欧盟方面放弃洛美协定的特惠制转向互惠制的理由,主要包括洛美协定实施的效果不理想、来自 WTO 的冲击、欧盟贸易政策的挤压、非加太国家在欧盟经济格局中的地位下降等。该文还分析了科托努协定带来的几点新的创新,包括:与 WTO 体制保持一致、贸易合作范围更为广泛、将贸易合作纳入发展议题之中、将贸易合作置于区域一体化之中、参与角色多元、制度化、对不同国家实施差别化对待等。[2]

蒋京峰在其于 2006 年完成的硕士论文中论述了欧盟对非援助的历史,划分了欧盟援非史的阶段,分析了不同阶段欧盟援非的动机与影响欧盟援非政策的影响因素,并对欧盟援非的特点进行了归纳。[3]

2. 国内关于欧盟对非洲援助理念的研究现状

新世纪以来,欧盟对中国的援助理念进行了批评,这引发了中国学者对欧盟援助理念的研究。

刘丽云论述了新世纪以来欧盟对外援助理念的新变化。该文认为,新世纪以来,欧盟重新认识了对外援助的作用,形成了反映欧盟整体利益、价值观和战略意图的援助理念。该文认为,新世纪以来的欧盟对外援助具有安全战略取向。这包括如下三个方面:关注欧盟地缘政治安全、关注欧盟非传统安全、关注地区与世界安

---

[1] 易梦虹. 洛美协定平议 [J]. 南开经济研究,1987 (4):39-43.
[2] 郑先武. 从洛美到科托努——欧盟—非加太贸易体制从特惠向互惠的历史性转变 [J]. 对外经贸实务,2003 (3):29-34.
[3] 蒋京峰. 欧盟对非洲援助简述 [D]. 武汉:华中师范大学,2006.

全。[1] 贾文华在其论文中研究了欧盟援外理念的转变过程，即从"华盛顿共识"向"欧洲共识"的转变。该文介绍了 20 世纪 60、70 年代欧盟的援外理念，认为欧盟在这一时期的援助理念是捍卫穷国利益、不干涉内政、平等互利。该文描述了欧盟在 20 世纪 80 年代对援外理念的反思，特别强调了世界银行对其理念的深刻影响。该文还介绍了欧盟在援外领域形成"欧洲共识"的过程以及该共识的主要内容。[2] 房乐宪探讨了欧盟对外关系中的政治条件性问题，其中也涉及欧盟对外援助中的政治条件性。该文分析了政治条件性这一概念的基本含义，介绍了政治条件性出现的历史背景。该文还介绍了欧盟在其对外关系中实施政治条件性的主要手段，认为欧盟通过对受援国允诺给予援助以诱使其接受欧盟提出的政治条件，通过在贸易和合作协定中给予优惠诱使他国接受政治条件，通过中止上述援助和优惠以迫使他国接受政治条件。该文认为，政治条件性的实质是企图在国际社会树立一种西方所认可的行为准则，这是对他国内政的干涉、对他国主权的挑战。[3] 王玉萍研究了欧盟对外援助的动机问题。作者认为，保持欧盟各成员国与其殖民地的联系是欧共体启动对外援助的最初动力，欧盟的政治利益和经济利益是其对外援助的根本动力，地缘安全战略利益是欧盟对外援助的直接动力，而全球利益则是欧盟对外援助的外在动力。[4]

---

[1] 刘丽云. 试析欧盟发展政策的新特点、新取向和新功能 [J]. 欧洲研究, 2009 (1)：73 - 89.

[2] 贾文华. 欧盟官方发展援助变革的实证考察 [J]. 欧洲研究, 2009 (1)：62 - 67.

[3] 房乐宪. 欧盟对外关系中的"政治条件性" [J]. 世界经济与政治论坛, 1999 (10)：43 - 47.

[4] 王玉萍. 欧盟对外发展援助的动力 [J]. 烟台大学学报, 2006 (4)：196 - 198.

3. 国内关于欧盟对非洲援助政策的研究现状

周弘主编的《对外援助与国际关系》中第八章和第九章论述了欧盟对外援助的政策，其中第九章含有欧盟对非加太援助政策的内容。该章介绍了欧盟援非加太政策的历史变迁，叙述了从罗马条约到雅温得协定、洛美协定，不同时期内欧盟援非的政策内容。该文还介绍了欧盟对非加太援助的地域分配情况和部门分配情况。该文介绍了欧盟的人道主义援助和粮食援助。该文探讨了欧盟对外援助政策的重点领域，包括缓解贫困，加强私有经济发展，促进社会发展，促进环境保护，促进两性平等，促进人权、民主、良治与法治的发展，加强参与式发展与分权合作和加快区域一体化进程。该文探讨了欧盟对外援助的形式，即赠款与贷款两种。该文还分析了欧盟在 20 世纪 90 年代的政策调整与进入新世纪后形成的新的发展合作政策。[1]

王新影研究了欧盟援非政策在新世纪以来的调整。文章分析了欧盟调整援非政策的背景和战略意图，文章认为，欧盟希望通过调整援非政策促进欧非新型伙伴关系的发展以更好地实现其在非洲的利益，欧盟希望通过调整援非政策以应对其他援助者带来的竞争。该文还分析了欧盟援非新政策的特点，包括：目标的变化、政治色彩依然浓厚、更为重视对非援助的多边合作。[2]

周玉渊和唐仲在其论文中研究了欧盟对非援助政策的政策协调问题。作者分析了《变革议程》这一欧盟对外援助的重要文件对欧盟援非协调的影响。该文还指出了欧盟援非协调中存在的问题与困境，主要包括：欧盟内部协调的困境、欧盟与非洲受援国之间的协

---

〔1〕 周弘主编. 对外援助与国际关系 [M]. 北京：中国社会科学出版社，2002，515 – 572.

〔2〕 王新影. 欧盟对援非政策的调整 [J]. 亚非纵横，2009（4）：45 – 49.

调困境。还研究了欧盟与其他援助者协调的困境。[1]

王新影在其专著中探讨了欧盟对外援助与欧盟自身一体化进程之间的内在联系。作者既研究了欧盟一体化进程对于其援外政策的影响,也分析了援外政策对于欧盟一体化进程的扩大与深化作用。在援外政策对欧盟一体化进程的扩大作用方面,主要有:法尔计划推动欧盟东扩、巴塞罗那进程推动欧盟南下和东南欧合作进程推动东南欧入盟。在援外政策对欧盟一体化的深化作用方面,主要有:援外政策加强了欧盟的政策协调、欧盟援外政策对欧盟对外政策的凝聚作用、欧盟援外促进了欧洲认同与欧洲模式的推广和欧盟援外为欧盟一体化创设了良好的外部环境。[2]

王玉萍对欧共体的人道主义援助进行了研究。作者分析了欧共体人道主义援助的资金总量与地域分配结构、人道主义援助的管理机构、资金来源等问题。[3]

吴燕妮在其论文中关注了欧盟发展援助政策中的有效性问题。该文介绍了有效性问题在欧盟发展援助政策中提出的背景,归纳了欧盟为提高其援助政策有效性所采取的行动,该文还分析了《里斯本条约》签订后对欧盟援助政策有效性的影响。[4]

高希杰在其于2011年完成的硕士论文中探讨了欧盟对非援助政策中的政策一致性问题。该文分析了政策一致性的内容,以及其

---

[1] 周玉渊,唐仲. 欧盟对非援助协调新变化及对中国的启示 [J]. 教学与研究,2013 (7):75-81.

[2] 王新影. 欧盟发展合作政策与欧洲一体化关系研究 [M]. 北京:人民出版社,2014.

[3] 王玉萍. 欧共体人道主义援助 [J]. 太原师范学院学报,2003 (4):76-80.

[4] 吴燕妮. 欧盟发展援助政策中的有效性问题及解决 [J]. 欧洲研究,2010 (3):71-86.

在欧盟援非实施中的抑制因素,还研究了欧盟援非政策一致性的作用。[1]刘太伟在其于 2007 年完成的硕士论文中研究了冷战后欧盟援非政策的调整。文章交代了政策调整的背景与过程,并归纳了冷战后欧盟援非政策的特点,包括:对非洲的政治更具"进攻性"、对非援助的份额下降、领域拓宽和更加注重政策协调与管理。作者还评估了这一调整的成效。[2]

4. 国内关于欧盟对非洲援助管理的研究现状

周弘主编的《对外援助与国际关系》一书中有关于欧盟援外管理体制与机构的详细论述。该部分介绍了欧盟援助的资金来源与分类,并对欧盟援外体系的决策机制进行了描述,对欧盟援外管理机构的各阶段特征进行了分析。[3] 周弘在该部分中分析了瑞典对外援助欧盟化的趋势,还分析了瑞典如何融入欧盟管理体系之中,并在该体系中发挥作用的过程。[4]

张浚在其论文中研究了欧盟援外领域的"开放式协调方法"。作者首先介绍了开放式协调方法在欧盟内部治理中的作用、地位及其形成的过程。其次探讨了该治理模式在欧盟实施全球治理中的运用。最后以对外援助为例,探讨了开放式协调方法在该领域的实施情况,并对该模式的成就与局限进行了评价。[5]

史世伟在其论文中探讨了欧洲联盟条约对欧盟援外领域各机

---

[1] 高希杰."政策一致性"视野下的欧盟对非援助研究 [D]. 上海:华东师范大学,2011.

[2] 刘太伟. 冷战后欧盟对非洲援助政策的调整 [D]. 上海:上海师范大学,2007.

[3] 周弘主编. 对外援助与国际关系 [M]. 北京:中国社会科学出版社,2002:557–563.

[4] 周弘. 从国际主义到区域主义——瑞典对外援助的欧盟化 [J]. 国际贸易,2001(7):22–25.

[5] 张浚."开放式协调方法"和欧盟推进全球治理的方式:以援助政策为例 [J]. 欧洲研究,2010(2):19–32.

构、成员国职权关系的影响。该文首先回顾了在欧洲联盟条约签订之前,欧盟援外各机构、成员国之间的职权分配情况,这包括了从罗马条约时期到前三期洛美条约这一时期。其次介绍了欧洲联盟条约对援外领域职权的分配情况和欧盟内部围绕该问题进行的争论。最后对这一问题的实质进行了剖析。[1]

张鹏在其于2010年完成的博士学位论文的第五章中,运用多层治理理论研究了欧盟援外体系的运作情况。该章首先区分了欧盟援外管理体系中位于不同层次的三类角色:位于超国家层次的角色、位于国家间层次的角色和处于次国家层次的角色。该章还运用多层次理论分析了从欧盟援外的动议、批准到管理、投放以及对援外项目的管理和监督还有欧盟援外管理的运作流程。[2]

黄梅波、张麒丰在其论文中研究了欧盟援外管理的情况。该文介绍了欧盟援外管理的机构,其中包括了欧盟官方的管理机构,也将非政府组织和与成员国之间的分工这两点内容也纳入管理机构之中。文章还研究了欧盟援外管理机构、管理方法改革的问题,包括总部机构改革、分权化改革、为受援国制定国家发展战略文件、实施结果导向监督系统、使用新系统进行人员管理等。[3]

王玉萍关注了欧盟财政管理问题,对欧盟援外资金的来源进行了研究。该文对构成欧盟援外资金的三个部分分别论述:欧洲发展基金、欧洲援助预算、欧洲投资银行贷款。其中,关于欧洲发展基

---

[1] 史世伟. 欧洲联盟条约对发展政策的职权调整及其对成员国发展政策的影响 [J]. 国际论坛, 2001 (10): 12–16.
[2] 张鹏. 对外援助的"欧洲模式"——以欧盟援助西巴尔干为例 (1991–2010) [D]. 北京: 中国社会科学院研究生院, 2010.
[3] 黄梅波, 张麒丰. 欧盟对外援助政策及管理体系 [J]. 国际经济合作, 2011 (9): 27–29.

金部分，作者介绍了该基金投放的领域、资金的来源与管理情况。[1]

5. 国内关于欧盟对非洲援助成效的研究现状

刘晓平关注了欧盟对非援助中人权导向的成效。该文首先分析了欧盟援非理念人权导向的表现形式以及其在政策中的具体体现和对非洲带来的影响。认为欧盟援非的人权原则在一定程度上促进了非洲人权发展以及民主化进程，提高了非洲维和的能力[2]。

杨亚清在其于2009年完成的硕士学位论文第四章中评估了21世纪初欧盟对非援助的成效。该章分析了欧盟援助对非洲政治、经济两个层面所带来的影响，作者认为，欧盟的援助未能达到其预定的目标。[3]

郑雯在其于2014年完成的硕士学位论文中探讨了欧盟对北非的民主援助问题，并在该文第三章进行了成效评估。作者认为，欧盟的民主援助改善了欧盟与北非的关系并促进了区域合作，对北非政治发展起到了推动作用，对北非的经济改革与发展发挥了积极的影响，但是欧盟的民主援助也导致了西方意识形态对北非的渗透，并具有一定的局限性。[4]

戴瑞在其硕士学位论文中从规范传播理论的视角对欧盟援非政策的调整进行了分析，其中第五章对欧盟规范传播式援助的有效性进行了评估。文章从政治有效性和经济有效性两个维度进行了研究。在经济有效性方面，作者认为欧盟的援助对非洲的经济改善起

---

[1] 王玉萍. 析欧盟对外发展援助资金的来源 [J]. 山西大学学报，2005 (9)：75-78.

[2] 刘晓平. 欧盟对外援助之"人权导向"对非洲的影响 [J]. 世界经济与政治论坛，2009 (3)：37-41.

[3] 杨亚清. 21世纪初欧盟对非洲援助研究 [D]. 北京：中共中央党校，2006.

[4] 郑雯. 欧盟对北非的民主促进：动力、进程与效果 [D]. 金华：浙江师范大学，2014.

到了积极的作用,这表现在:促进了非洲的经济改革、加强了非洲的基础设施建设和为非洲的经济发展创设了良好的投资环境;同时,作者认为欧盟援助对非洲的经济推动有其不足之处,主要是未能改变非洲经济结构单一的状况,未能改变非洲外债过大的问题。在政治有效性方面,作者认为,欧盟援助推动了非洲走上并不符合其实情的西式民主道路,进而导致了非洲政治的倒退与不稳定、中断了非洲的民主化进程。[1]

(二) 国外关于欧盟对非洲援助的研究现状

国外关于欧盟援非的研究相比国内更为全面、深入。这与西方发达国家对于援助议题的重视、欧盟援助模式在西方的巨大影响力有密切关系。

1. 国外关于欧盟对非援助历史的研究现状

埃及的哈桑·塞利姆在其论述世界各主要国际行为体对外援助政策与机构的著作中,用一章的篇幅论述了欧洲经济共同体委员会的对外援助政策与资金管理问题。[2]

罗马条约实施以后,欧盟与非洲的关系开始进入后殖民地时期,而援助成为维系欧盟与非洲之间特殊关系的重要纽带,有不少学者从援助角度对欧非之间关系的转型进行了研究。这方面的著作有 Carol Cosgrove Twitchett 的《欧非:从交流到伙伴》、Marjorie Lister 于 1988 年出版的《欧共体和发展中国家》。

2. 国外关于欧盟对非援助理念的研究现状

皮特·本埃尔在其著作中分析了发展中国家和前苏联国家何以需要援助,将援助划分为利益导向和价值导向两类,检视了对民主

---

[1] 戴瑞. 欧盟对非洲援助政策的调整——规范传播理论的视角 [D]. 上海:复旦大学,2013.

[2] [埃及] 哈桑·塞利姆. 发展援助政策和援助机构概况 [M]. 国际经济合作研究所,译,北京:中国对外经济贸易出版社,1987:105 – 121.

和良治的援助成效,讨论了影响援助的重要因素和援助之所以引发争议的原因,该书对于欧盟援助理念的研究是在上述框架之内展开的。[1]

Carolyn Baylies 在其论文中以对非洲的援助为例讨论了附加政治条件与促进受援国之间的关系。作者认为,在援助中附加政治条件是近年来出现在国际援助体制中的新事物。以附加政治条件为手段的援助或许有助于推动非洲的民主运动,然而这同时也造成了两个方面的问题,一是这种民主运动包含破坏非洲国家改革的风险,而国家改革对于非洲而言更为根本,二是这附加政治条件的援助可能对非洲正在进行的经济重建进程构成挑战。[2]

索尼娅·卢卡雷利(Sonia Lucarelli)和伊恩·麦纳兹(Ian Manners)编著的《欧盟对外政策中的价值和原则》第十篇《欧盟发展合作政策的价值规范》探讨了欧盟发展合作政策所秉承的人权、民主、平等等援助理念。[3]

戈登·克罗福德的《对外援助与政治改革:民主援助与政治条件性的比较分析》以比较研究的方法对发展委员会的主要成员援助政策的民主援助与附加政治条件问题进行了研究。该书的第二章比较了欧盟和英美法等国的政治援助。

Christopher Adam 在其论文中就欧盟对非洲四国援助中附加政治条件的做法进行了研究,该文指出,随着在援助中附加政治条件实践的深入,欧盟的做法也发生了改变,即从原来的"前置—预支"转向"前置—后置"模式,这两种模式的特点在于,前者是

---

[1] Peter Burnell, Foreign Aid in a Changing World, Open University Press (1997).

[2] Carolyn Baylies, Political Conditionality and Democratisation Review of African Political Economy, Vol. 22, No. 65, ROAPE Review of Books (1995), 321-337.

[3] Sonia Lucarelli and Ian Manners Values and Principles in European Union Foreign Policy, Routledge, 2006.

一种根据受援国对援助中附加的政治条件的承诺来给予援助的模式，而后者是根据受援国对援助中附加的政治条件的践行与表现来决定是否给予援助的模式。该文探讨了欧盟对非洲四个国家的附加政治条件援助实践的转型状况与结果。[1]

3. 国外关于欧盟对非援助政策的研究现状

Nadia Molenaers 和 Leen Nijs 就欧盟于 2006 年提出的对非加太地区的新援助政策进行了评价。该文认为，新千年到来之际，国际社会在从过去失败的援助教训总结中新成了新共识，大部分援助者都开始将援助视为一种诱使受援国进行治理改革的杠杆。而欧盟委员会自认为是这一新援助途径的领跑者，并于 2006 年推出新的"治理鼓励部分"计划。该文认为，基于种种证据来看，欧盟这一举措又在重复之前的失败。[2]

Karin Arts 和 Anna K. Dickson 所编的书中详细地介绍了欧盟发展政策的演变过程。该书认为，欧盟的对外援助政策没能达到其所宣称的目标，并从内外两个层面寻找影响欧盟政策的因素。该书认为，外部的因素是消极的，国际贸易的自由化和世界银行、国际货币基金组织的影响导致欧盟援外政策变得无效；而内部的因素是积极的，欧盟的扩大改进了欧盟的援外政策。[3]

援外领域的重要学者奥拉夫·斯多克将欧盟在援外政策一致性方面的经验予以总结，体现于其专著《发展合作中的政策一致性》之中。作者在其著作中论述了援外领域政策一致性概念的提出背

---

[1] Christopher Adam. Performance – Based Conditionality: A European Perspective World Development, Vol. 32, No. 6, 2004: 1059 – 1070.

[2] From the Theory of Aid Effectiveness to the Practice: The European Commission's Governance Incentive Tranche Development. Policy Review, 2009, 27 (5): 561 – 580.

[3] KarinArts and Anna K. Dickson. EU Development Cooperation: from Model to Symbol, Manchester University Press, 2009.

景、概念内涵以及实现援外政策一致性的阻碍与手段。

有部分学者从欧洲一体化的角度分析欧盟对外援助政策。欧盟一体化是欧盟发展的重要研究议题,研究者们运用国际政治学和发展经济学的方法探讨了欧盟对外援助政策如何促进欧盟整合这一问题。这方面的研究成果有比利时人尤利·德沃伊斯特所著《欧洲一体化进程：欧盟的决策与对外关系》。[1] 古斯塔夫·盖拉茨在其著作中专门分析了欧盟对外政策一体化与欧盟一体化之间的联系,其中也涉及作为欧盟对外政策组成部分的对外援助政策。[2]

Maurizio Carbone 在其著作中对欧盟援外政策的几个重要问题给出了自己的答案。作者首先分析了欧盟援外政策的决策过程,认为,欧盟与成员国之间的权力博弈导致了欧盟援外政策的分裂;作者指出了欧盟援外总量减少的趋势并分析了造成这一趋势的原因,欧盟提出的更多、更好的援助原则是为了对全球化施加控制;作者还认为改进欧盟援外政策的途径在于解除援助捆绑。[3]

欧盟援助机构每年都会针对自身的援助政策出台各类研究报告,由于作出这些报告的研究者大量接触了欧盟对外援助的原始资料,因而具有较高的参考价值。在欧盟援助机构的报告中,有一类是年度报告,在该报告中对上一年欧盟对外援助的各方面工作进行介绍与评价。这些报告记录了欧盟援外政策每年的具体实施情况,其关于对非援助方面的政策介绍既出现在欧盟对民主、医疗、和平等各部门的政策介绍之中,又出现在专门的对非洲地区的援助政策

---

[1] 德维. 欧洲一体化进程：欧盟的决策与对外关系 [M]. 门镜,译,北京：中国人民大学出版社,2007.

[2] 古斯塔夫·盖拉茨. 欧洲联盟对外政策一体化 [M]. 陈志敏,译,北京：时事出版社,2003.

[3] Maurizio Carbone. The European Union and International Development: The Politics of Foreign aid Routledge, 2007.

介绍之中。除了年度报告，欧盟援外机构还针对不同领域、区域出台专题报告，比如专门就对非洲地区的援助报告、对医疗健康领域、民主领域、女性领域等领域的专题援助报告。

关于欧盟对非洲安全领域的援助，以欧盟委员会于 2011 年出台的关于欧盟对非安全援助的报告《非洲和平设施 2011 年年度报告》为例。该报告是对欧盟建立的非洲和平设施（African Peace Facility）的年度总结与研究。该报告对非洲和平设施的战略定位进行了介绍，其主要内容有：该设施所要达成的目标、设施的受益者、设施的预算安排、援助获取资格、设施的决策程序、援助传递、设施补充等。该报告介绍了 2011 年所开展的主要工作。[1]

关于欧盟对非洲的科技援助领域，欧盟于 2009 年发布了关于欧盟对非科技援助的研究报告《欧非科技合作：成就与展望》。该报告介绍了欧盟对非科技援助的项目。该报告涵盖了欧盟对非洲进行科技援助的全部项目。该报告显示，欧盟对非科技援助的领域与欧盟对非援助的整个部门分配是密切相关的，前者为后者提供科技支持。[2]

4. 国外关于欧盟对非援助管理的研究现状

Maurizio Carbone 在一篇论文中论述了欧盟对撒哈拉以南非洲的援助政策有效性问题。该文认为，如果能够以自主和有凝聚力的方式行事，欧盟是有能力在 2000 年到 2010 年这十年间塑造全球发展援助议程，但是欧盟各成员国援助领域复杂的官僚机构却有可能导致欧盟对撒哈拉以南非洲援助的低效。欧盟委员会努力强调共同体在援助中的领导地位，这将是提升欧盟对外援助的关键因素，然而，欧盟委员会将面临各成员国援助机构以援助有效性名义施加的

---

[1] European Commission Annual Report 2011: The African Peace Facility.
[2] European Commission Scientific and Technological Cooperation between African and the European Union: Past Achievements and Future Prospects, 2009.

抵制。[1]

卡洛斯·圣第索（Carlos Santiso）针对20世纪90年代欧盟试图以附加援助条件为手段提升受援国民主的做法进行了研究。他认为，欧盟对民主的援助是低效的，欧盟虽然在援助总量上是世界最大，但其在民主援助的战略设计上却地位低下，欧盟更多地是一个资金提供者，而不是战略的设计者。导致这种状况的原因，主要是技术官员们之间达成的共识侵蚀了欧盟的外援机构，同时欧盟援外程序的不透明性致使其用技术性的方法来解决复杂的政治性问题，除了管理上的问题之外，欧盟也缺乏民主援助的首要战略。[2]

Sven Grim 在其论文中讨论了欧盟对外援助管理体系的问题。该文讨论了欧盟援外的信息收集状况，将欧盟援外信息收集分为欧盟委员会渠道和独立渠道两类。该文研究了欧盟援外资金的问题，分别按照预算与欧盟发展基金两类进行讨论。该文探讨了导致欧盟援外低效的原因，特别分析了欧盟援外机构中所包含的导致援外低效的原因。文章最后对欧盟下一步援外结构的改革提出了建议。[3]

美国匹兹堡大学的毛里奇奥·卡伯恩 Maurizio Carbone 于2004年完成的博士论文《外援政治和欧盟政策制定过程：欧盟委员会的角色》专门研究了欧盟援外政策的决策机制。该文探讨了欧盟援外决策中欧盟委员会所发挥的作用和扮演的角色。该文通过考察欧盟委员会在三个重要议题上的决策过程探讨了欧盟委员会在援外决策中的作用和障碍。该文得出结论，在满足了三个条件之后，欧盟委

---

[1] Maurizio Carbone. Between EU Actorness and Aid Effectiveness: The Logic of EU Aid to Sub - Saharan Africa, University of Rome III, 13 - 15, September, 2012.

[2] Carlos Santiso. Promoting Democracy by Conditioning aid? Towards a More Effective EU Development Assistance International Politics and Society, 2002（3）: 107 - 130.

[3] Sven Grim. Reforms in the EU's Aid Architecture and Management Discussion Paper / Deutsches Institut für Entwicklungspolitik, 2008, 11.

员会的确能够在援外决策中充当领导角色,这三个条件分别是:其一,制度企业家(institutional entrepreneur)提出议程并在欧盟理事会给予支持;其二,欧盟委员会能够减少内部的不团结与低效率;其三,委员会的认可,这是指:虽然各成员国在追求替代方案,但由于形势迫使委员会必须做出决定,而各成员国在特定议题上又并没有特别强硬的态度。[1]

5. 国外关于欧盟对非援助成效的研究现状

欧盟援外管理部门自 2000 年开始重视援外政策的评估,其后每年都会组织专门的机构(the evaluation unit)对当年的援外成效进行评估,这些研究成果体现在该年度的援助报告中。评估的对象与欧盟总的对外援助布局密切相关,一般按照欧盟对外援助的领域(如贸易援助、金融援助、医疗援助等)和地区(如撒哈拉以南非洲、拉丁美洲和加勒比地区等)以及援助传递机制进行分类。

Gordon Crawford 在其论文中以加纳为例探讨了欧盟对非洲民主援助的成效问题,该文认为,欧盟关于提升非洲民主的政策在政策构想和宣传上都是非常有力地的,然而通过对这些政策在加纳一国的实际操作情况来看,这些政策的实行却是非常无力的,作者结合加纳的案例给出了解释。[2]

Karin Ulmer 以津巴布韦为例,就贸易协定给非加太地区的妇女带来的影响进行了评估。作者指出,从洛美协定到科托努协定再到 2008 年的贸易协定,欧盟对非加太的贸易援助力度在减少,而

---

[1] Maurizio Carbone. The politics of foreign aid and the EU policy – making process: the role of the European commission, 匹兹堡大学 2004 年博士学位论文.

[2] Gordon Crawford. The European Union and Democracy Promotion in Africa: The Case of Ghana. Paper Prepared for the European Community Studies Association of South Africa's Conference on 'The relationship between Africa and the European Union'. University of the Western Cape, January 2004, 22 – 23.

2008年的贸易协定几乎终止了之前欧盟对非加太地区的贸易优惠政策。而这种贸易援助的减少或终止给非加太受援国的贫困妇女带来了何种影响，是一个值得关注的问题。作者通过考察津巴布韦的案例得出结论：与20世纪90年代的经济结构调整方案的后果一样，此次政策改变的重担同样落在了非加太地区的妇女肩上，恶化了妇女的生活处境。[1]

三、关于中欧援非比较的研究现状

目前国内就中欧对非援助这一问题开展的研究还非常不够，只有少数几篇论文和两篇硕士论文。

金玲2010年发表的《对非援助：中国与欧盟能否经验共享》一文先从两个层面上对中欧援非进行了比较：援助理念、原则层面和援助工具、重点层面。在此基础上，作者指出了中欧双方的差异，并探讨了中欧双方达成共识的可能性。该文的特点在于，在比较项目的选择上来看更为细致，从中欧对非援助这一内容比较丰富的主题中挑选出援助理念、原则和援助工具、重点这两个更能反映出中欧对非援助本质的项目进行比较。[2]

王新影的论文在对欧盟和中国各自不同的援非政策特点分析基础上，对中欧援非政策进行了比较，并提出了该项研究对中国援非政策的启示意义。该文侧重从援非的政策层面上对中欧双方进行比较。在对中国援非政策的启示意义上，提出了中国应注重对非多边援助与双边援助的平衡问题，以及在援助机制改革、加强宣传等援

---

[1] Karin Ulmer. Are Trade Agreements with the EU Beneficial to Women in Africa, the Caribbean, and the Pacific? Gender and Development, Vol. 12, No. 2, Trade (Jul, 2004), 53–57.

[2] 金玲. 对非援助：中国与欧盟能否经验共享 [J]. 国际问题研究, 2010 (1): 53–61.

助管理方面的改善问题。[1]

朱天祥于 2013 年发表的论文将中欧对非援助视为提升各自软权力的手段，分析了中国和欧盟各自如何通过对非援助提升自身软权力，指出了中欧双方追求软权力的特点，并从这一角度出发对中欧援非进行比较。该文的特点在于引入了软权力这一理论，将对中欧援非的比较纳入了软权力理论之中进行探讨。[2]

张鹏对中欧援非的外援条件性问题进行了比较研究。文章首先就欧盟和中国在对外援助中的条件性问题进行了介绍，文章指出，欧盟援外的条件由一般性条件和特殊条件两类构成，文章概括了中国援外不附加政治条件的内涵并分析了其中的意义。文章探讨了中欧双方围绕在援助中是否应该附加政治条件进行的博弈，这包括如下几个问题：中国援外不附加政治条件究竟是破坏秩序还是实现共同发展，中国式援助是掠夺资源还是民生优先，在该问题上中国究竟是负责任的大国还是恰好相反，中国在援助中所提条件究竟是正当要求还是变相诉求等。作者还就中欧双方在附加条件问题上能否达成共识提出了必要性分析与可能性分析。[3]

在学位论文方面，李伟涛于 2011 年完成的硕士学位论文以比较研究的方法探讨了中欧对非援助的问题。该文除导论外分为三章。第一章对中欧双方的对非援助进行了描述，对政策内容、政策特点、援助管理、援助动因和援助动因等多个方面进行了较为详细的介绍。第二章在此基础上对中欧对非援助进行了比较，既从相同

---

[1] 王新影. 欧盟与中国对非援助政策比较研究 [J]. 亚非纵横，2011（1）：50 - 56.

[2] 朱天祥. 中国和欧盟软权力的比较——以中欧对非洲发展援助为例 [J]. 重庆与世界：学术版，2013（3）：41 - 44.

[3] 张鹏. 外援条件性：中欧认知差异与共识可能 [J]. 国际论坛，2012（30）：45 - 49.

的方面归纳出了中欧援非的共同性,又探讨了中欧援非的区别。第三章对学界关于中国援非的一些富有争议的命题进行了探讨,并提出了对中国援非的意见。[1] 谢锵在其于 2012 年完成的硕士学位论文中就中欧对非援助进行了比较研究并探讨了双方合作的问题。该文首先归纳了中欧各自援非的历史发展及模式,并进行了比较,指出了双方的分歧与共性。文章对中欧援非合作的空间和局限进行了分析,并提出了实现合作的可选路径。[2]

张永蓬在其专著中就中国和西方对非援助问题进行了研究。作者从历史和理念、实力、领域形式和内容、管理机制和成效等维度对中西方对非援助进行了比较。在实力这一维度,作者主要比较了中西方在对非援助中各自的优势与劣势,并指出了西方在发展智库和人才培养方面所具有的特殊优势。在领域、形式和内容这一维度,作者比较了中西方各自的侧重点,并在此基础上对中国援非模式进行了归纳。在管理机制维度,作者指出了中西方各自的管理特点。在援助成效的比较维度,作者首先提出了对成效进行比较的标准,其次结合案例评估了中西方的援非成效,并进行了比较。作者最后以卢旺达为例,对中西援卢的领域、效果和政策协调等方面进行了比较。[3]

---

[1] 李伟涛. 中国与欧盟对非洲援助比较研究 [D]. 武汉:华中师范大学,2011.

[2] 谢锵. 中欧对非援助——在分歧中寻求合作 [D]. 上海:复旦大学,2012.

[3] 张永蓬. 国际发展合作与非洲:中国与西方援助非洲比较研究 [M]. 北京:社会科学文献出版社,2012.

第三节 本书的研究方法和难点

一、研究方法

跨学科研究法。对外援助是一个具有综合性、复杂性的主题。援助资源在国际之间流动,既影响国际政治关系,又是国际经济合作的内容;援助资源在进入受援国之后如何发挥作用、对受援国发展的影响,则是一个属于发展经济学的问题;对于援助国而言,援助政策是公共政策的一部分,涉及政策决定、执行、调整;同时,援助国还必须建立起一定的体制和机构来管理其对外援助活动。援外主题本身的综合性与复杂性要求研究者在方法论上突破单一学科的研究法,采取跨学科研究法。同时,跨学科研究法通过打破学科界限,从更为全面的角度来认识事物,因而更能作出新的发现。根据援助主题的这一特点,本书试图综合运用国际政治、政治学、公共政策、行政管理、发展经济学、国际经济合作、非洲学等多个学科的相关理论及方法展开研究。

比较研究法。目前国际援助领域明显地区分为传统援助者和新兴援助者两类,前者主要指西方援助者,而后者主要指新兴国家援助者,同样是对外进行援助,却有很大的不同。传统与新兴之间的博弈决定了当前和未来国际援助的趋势。本书选择欧盟与中国作为比较对象,是因为欧盟及其成员国是世界最大的援助方,而且在援助理念与政策设计上堪称传统援助者的代表;而中国,则是新兴援助者群体中当之无愧的代表。本书选择欧盟与中国对非洲的援助作为比较对象,则是因为非洲发展问题已经引起了国际社会高度关注,对非援助同时也是欧盟和中国对外援助的重点。

历史研究法。所有的援助行为,包括中国和欧盟对于非洲的援助,其本质和规律都作为一个过程表现自身,该过程已经结束的部分即为援助的历史。中国和欧盟对非洲援助都是自 20 世纪 50 年代开始,至今已近七十年。历史研究法在该主题上的运用即是研究中欧这近七十年的历史,理解援助的本质规律、把握各自的未来发展趋势。历史研究法主要包括资料搜集和逻辑分析两项工作。资料搜集方面,本书主要通过文献检索来完成,中国和欧盟在援非过程中留下了较为丰富的史料,包括:政府正式发布的文件、主管领导的谈话和报告、援外机构的总结报告和统计图表、援外机构指定的相关规章制度、援非亲历者的回忆录和传记、关于援非的纪实文学等。虽然历史研究法也能搜集到部分数据,但难以根据这些数据进行系统的定量分析,因此本书侧重于进行定性分析以揭示主题的本质。

二、研究难点

第一,本书试图运用跨学科方法研究援外主题,需要使用多门学科的理论与方法,这对研究者的知识结构是一个挑战。同时,跨学科研究法要求研究者有较高的驾驭复杂问题的能力,对援助主题进行全面把握,这同样是该项研究的难点。

第二,本书对中欧援非进行比较研究,而比较研究是一种不易把握的方法,要求选定合适的比较项目,制定明确而具体的比较标准,既要同中求异又要异中求同。在比较项目方面,援助是一个内容较为丰富的主题,选择哪些内容作为比较项目更能揭示中欧援非的本质特征,是一个更为复杂的问题。

第三,从内容上来看,本书试图提出一种综合性的援助理论解释框架,这存在不小的难度。综合性援助理论的构建离不开对既有理论的借鉴,既有的援助理论本身是一个复杂的群体,不仅各学科都提出了符合本学科要求的援助理论,在各学科内部又分化为几种不同的理论。如何在综合多种理论基础上力图有所创新,这是本项研究所面临的理论难题。

第一章
概念界定及相关理论问题

援助是一种较为普遍的国际社会现象。如何认识援助这一概念的内涵与外延是认识援助现象的基础。援助有着不同的方式，不同的方式有何种作用与特点同样是重要的内容。援助是以帮助受援国的发展为目的，而受援国的发展是一个综合体，援助者如何配置援助资源，是提高援助效力的重要因素。最后，援助在国际关系中起到何种作用，同样是援助理论不可回避的问题。

第一节 概念的界定

一、援助的概念界定

对于援助的概念界定，学界有不同的方式。英国学者约翰·怀特认为援助是一个国家的人民或机构对另一个国家的人民或机构的帮助行为。[1] 该定义有以下两点不足：首先，认为援助是一种帮助行为。这其中包含一种基本的判断，即认为援助是帮助，而帮助的语义通常是合乎道德的。这一概念没有看到援助行为利己的性质。其次，该定义认为援助的主体是国家的人民或机构，没有注意

---

[1] John White. The Politics of Foreign Aid [M]. London: Bradley Head, 1974: 7.

到多边援助这一因素在国际援助体系中不可忽视的地位。《国际政治经济学概论》中给援助下的定义是:"对外援助是一个国家或国家集团对另外一个国家或国家集团提供的无偿或优惠的有偿货物或资金,用以解决受援国所面临的政治、经济困难或问题,或达到援助国家特定目的的一种手段"[1]。这一概念包括了如下几个要素:援助行为的主体与客体、援助形式、援助的目的。对外援助往往同时具备两个目的:一者是在援助过程中所要给予受援国的,一者是要为本国所争取的,前者是后者的手段。而在本概念中,将这两者看作是二者有其一的关系,是对援助目的的一种误解。

对外援助是一个历史非常悠久的现象,二战之后,"发展"成为世界新的时代主题,对外援助也由此而成为一种干预发展的手段。这样,在"援助"之前加上"发展",形成一个新的概念"发展援助",以此来概括二战后援助的这一新趋势。

《国际发展援助概论》对发展援助的定义分广义与狭义两种。"广义的国际发展援助,指的是一种特殊形式的国家之间的转移支付,可以看成是,一个国家对另一个国家提供的无偿的或优惠的有偿货物或资金,用以解决受援国所面临的政治、经济、社会、环境等各种发展过程中遇到的问题……狭义的国际发展援助,主要指的是发达国家向发展中国家流动的转移支付形式。"[2] 这一概念明确地指出,发展援助以解决受援国面临的各种发展过程中的问题为目的。在其狭义的定义中进一步将受援国界定为发展中国家。可见,随着发展援助现象的普遍,对其定义也日益精确。

1969年,经济合作与发展组织(OECD)下属的发展援助委员会(DAC)提出了官方发展援助(Official Development Assistance)

---

[1] 宋新宁,陈岳. 国际政治经济概论 [M]. 北京:中国人民大学出版社,1999:216.

[2] 李小云. 国际发展援助概论 [M]. 北京:社会科学文献出版社,2009:2.

的定义，即官方机构为促进发展中国家的经济发展、提高生活水平，向发展中国家和多边机构提供赠款或赠与比例至少25%的贷款。该定义包括三条标准：援助主体是官方机构、目的是促进发展、赠与比例最少占25%。这一定义的优点在于其精确性。与前面所说的对外援助定义相比，这一定义所要界定的对象并不是所有的对外援助行为，而仅仅指对外援助中的发展援助行为（这一点由其第二条标准所界定）。其次，主体为官方行为体，也就是政府和政府间组织。最后，对援助中优惠贷款这一援助方式进行了界定，以25%作为商业贷款和援助之间的界限。1972年，DAC要求其成员国提供的援助贷款赠与成分应达到84%，其中，向最不发达国家提供的援助贷款应超过这一标准。1978年，DAC又进一步将该标准提高到86%，对最不发达国家的标准提高到90%，对最不发达国家在三年内的平均标准提高到86%。应该看到，1972年和1978年的规定只是DAC对其成员国，也就是西方发达国家的要求，而非对援助定义的标准。

通过对前述各种定义的分析，本书总结出对外援助的几点核心内涵。

首先，对外援助是一种资源流动。无论是历史上大量的军事援助现象还是二战后出现的发展援助，无不表现为一种资源的流动。而且这种资源的内容多样，从具体的物资到资本再到抽象的知识技术，都可以成为援助的资源。

其次，援助是资源在国家间的流动。虽然援助的主体包括了大量的非国家行为体，但仔细分析后便可以发现，国际组织所动员的资源绝大部分都来自于各个国家，而民间组织等也都具有其国家属性。因此，援助归根结底是发生于国家之间的资源流动，表现为资源从一个国家向另一个国家的流动。

再次，资源流动具有让与性。与投资、贸易等资源流动形式不同，援助的资源流动具有让与性。无偿援助当然是一种完全的让与，而优惠贷款同样包含了一定比例的让与成分在其中。这是援助这一现象不同于市场交易的最大特点。也正是这一特点使其拥有了与贸易、投资等其他资源流动不同的优势。

最后，对外援助具有时代的特点。对外援助出现的时间非常早，几乎与国家同时出现，而且，从世界各国的古代史来看，国家间的援助现象是非常普遍的。二战之后，工业化的浪潮席卷全球后，发展成为时代的主题，而对外援助也开始被赋予发展的内涵，成为一种干预发展的工具。对外援助与发展援助彼此交织，几乎不可区分，对外援助必须是以对发展的援助才能具有其合法性。因此，对外援助具有深刻的时代特征。

二、欧盟的概念界定

本书所研究的欧盟仅仅指欧盟超国家政治成分，而不包括各成员国；本书所研究的欧盟对非援助也仅仅指欧盟超国家政治层面对非洲展开的援助，而不包括欧盟各成员国的对非援助。

二战之前，欧洲统一的思想就已出现，而欧洲真正走上统一之路，则是始于二战之后。1951年，欧洲煤钢共同体通过《巴黎条约》成立，欧洲各国从政府间合作进入了超国家机构的阶段，从而实现了一体化零的突破。1957年，《罗马条约》签订，成立了欧洲经济共同体和欧洲原子能共同体。1965年，欧洲煤钢共同体、欧洲经济共同体和欧洲原子能共同体合并成为欧洲共同体。1993年，欧洲共同体更名为欧洲联盟，简称欧盟。

经过几十年的一体化进程，欧盟当前处于这样一个状态：既不是一个完全的欧洲政府，又不是一个完全的国际组织，而是一个介于民族国家与国际组织之间的中间形态。在欧洲一体化启动之初，一体化的倡导者们曾主张欧洲的未来应该是成立一个超国家组织，具体有两种方式：一是走联邦主义的路成为一个吸收各成员国大部分或全部主权的组织，二是走邦联主义的路成为一个较为松散的联盟。然而这种思想在一体化实践中遭遇了挫折。然而欧盟也没有发展成为一个标准的国际组织。国际组织是非民主的、非法制的实体，其权力来源于缔约各方所构成的决策机构，外交是决策的主要手段。而依法治国与民主原则则是欧盟法律制度的一个重要特征，这就使得欧盟与标准的国际组织区别开来。因此，欧盟是一个超国家因素与国家间因素并存的矛盾体。在欧盟所有的政策领域中都可以找到超国家因素与政府间因素的并存。在政治机构上，欧盟一系列超国家机构的权力逐渐扩大，这也说明了超国家因素在与政府间因素的博弈中不仅没有消失，反而得到了加强。

虽然对欧盟内部的政府间政治与超国家政治进行严格的区分是困难的，但欧盟内部的超国家与政府间政治还是存在一定的界限，特别是在对外经济援助这类政策领域中。在援外政策领域，欧盟内部超国家与各国间的区分是较为明显的，欧盟的一系列超国家机构，从欧盟委员会到欧洲议会等都有自己较为独立的援外机构。超国家机构在援外资金的使用上也表现出较高的独立性，欧盟对外援助的资金越来越多地来自于欧盟的预算。在欧盟超国家机构之外，欧盟各成员国也有着自身的对外援助体系：有本国独特的援外理念、独立地制定本国的援外政策、建立本国独立的援外管理机构。虽然超国家与国家之间在援外议题上存在一定的交叉与相互影响，但双方的区别还是较为明显的。

基于欧盟的上述特点，本书所研究的对象不是指欧盟及其成员国共同的对非援助，而是指欧盟超国家因素、代表欧洲整体利益的共同体部分对非展开的援助。

第二节 援助的动机问题

一、国家利益动机

在对援助的动机或者说性质的认识上，大致有四种观点。首先，现实主义认为援助是一种主要利于援助国国家利益的行为，而且也应该如此；其次，理想主义认为援助应当是一种利他或者利于国际共同体的行为，而非利于本国的行为；再次，依附论认为援助是一种发达国家对不发达国家的剥削方式，亦即一种利于援助国且不利于受援国的行为；最后，交换论认为援助是一种交换行为，亦即一种互利行为。在这四种观点之中，主流是现实主义和理想主义两种。本书认为，援助是一种国家利益导向的行为，然而在国际相互依赖条件下，援助只有通过实现"天下之利"才能实现"国家之利"，"天下之利"是"国家之利"的实现途径。

对外援助的动机与原则，当然是国家利益。民族国家对于人类的生存而言仍然是非常重要的单位，国际社会仍然是一个无政府的社会。国际社会的法则仍然是自助，任何国家都必须努力地提高本国的实力，其一切对外行为也必须以本国利益最大化为目的。这一点决定了援助国在对外援助中必然追求本国利益的实现。在对外援助的整个过程，从受援国的选择到援助形式的确定，都应该以援助国的国家利益为导向。在这一点的基础上，本文着重探讨，当国际间的相互依赖、全球国际社会已经成为事实的条件下，如何坚持援助的国家利益导向。

从对外援助所能达到的国家利益内容来看，大概可以分为两类，政治安全利益和经济利益。关于政治安全利益，现实主义的几位大师对此是这样论述的。摩根索在20世纪60年代的一篇论文中对援外理念进行了分类,共有六种:人道援助、维持援助、军事援助、收买援助、威望援助和经济援助。他通过逐一分析这六种援助进而指出,所有对外援助的理念都是基于政治考虑的。[1] 而新现实主义的代表肯尼斯·华尔兹则从其结构理论出发,认为援助是援助国谋求霸权的工具。[2] 对外援助作为一种极为灵活的政策工具,被用来实现国家对外政策的各个方面的目标。军队在对外政策的作用是众所周知的,可以将对外援助与战争的作用进行一番简单的比较。战争组织的暴力冲突活动,其目的在于通过摧毁对手的反抗力量以达到改变对方意志的目的。在战争中,摧毁对手的军事力量、民事设施,其目的是改变对方的意志。总的来看,战争的特点是以摧毁求得改变。与战争的特点恰好相反的是,援助是以建设求得改变。无论何种援助都是对受援国的一种建设。军事援助是对受援国军事力量的一种建设与巩固,经济援助是对受援国经济建设的一种促进,教育、医疗援助是对受援国的建设等等。就如同战争欲改变对手之意志必先摧毁其力量一样,援助欲改变目标国之意志必先帮助其实现真正的发展。二者殊途同归,都是以实现本国在政治上对目标国的某种期待为目的。

援助的第二类目的即是实现本国经济利益。从援助的历史上来看,二战后无论是非常富裕的美国还是急需恢复经济的日本、西欧,在其对外援助中除了包含深刻的政治利益之外,还有着对经济利益的诉求。对于这个问题的认识,可以从宏观和微观两个角度来进行分析。从宏观上来看,可以借鉴依附论的观点。依附论认为世界的经济体系可以分为中心与外围两个部分,中心依靠对外围国家

---

[1] Hans J. Engorgement. Preface to a Political Theory of Foreign Aid, in Robert A. Goldwin: Why Foreign Aid,Chicago:Rand Manically & Company,1962:71-72.

[2] Kenneth Waltz. Theory Internationale Politics,Addison-Beasley Publisher Corporation,1979:200.

的控制与剥削而保持其繁荣与发达。而对外援助作为从世界体系的中心流向外围的资金，其作用当然不会是破坏这种控制、剥削关系，而只能是以加强这种关系为目的。依附论的观点从另外一个角度来阐述：发达国家的对外援助完全是以服务于本国（国家集团）经济根本利益为目的的。从微观的角度来看，援助国提供援助的经济目的通常在于受援国的资源、市场这两者。许多发展中国家虽然经济落后但拥有非常可观的自然资源，而这些资源又是发达国家急需的。发展中国家通过给予援助而将受援国的资源流动更多地引导进入本国。比如20世纪70、80年代的欧共体就通过对非加太国家的外贸部门进行援助，而成功地逐步将非加太国家的重要战略物资引入共同体体系之中。而1973年第一次石油危机之后的日本，则大力调整其外援政策以期稳住石油供应。购买力并不强劲的受援国市场也成为了援助国所追求的利益。在这方面最著名的就是束缚性援助了，援助协定之中规定了受援国实行的援助项目所需商品、服务要按照一定比例从援助国市场购买。虽然减少束缚性援助的协商一直在进行，可是援助国总能找到新的规避办法。

二、国家权力动机

援助绝不仅仅是一种跨国慈善行为，而是一种增加国家权力的有力工具。可以说，由于核时代的来临，暴力逐渐成为高成本低收益的权力工具，而援助以其独有特性成为了一种低成本高收益的新型权力工具。

权力可以划分为硬权力与软权力。硬权力是指运用强制或暴力迫使他国改变行为。应注意的是，硬权力不仅仅指暴力的运用，还包括了经济的制裁与引诱，比如冷战时期美国对苏联的经济封锁即是一种硬权力，而援助则是一种典型的引诱。约瑟夫·奈于1990年提出了软权力的概念。国家在对外行动中除了运用大棒（暴力）与胡萝卜（引诱）这两种硬权力之外，还运用其文化、价值观、制度等因素来影响其他国家,这种影响力与感召力即是软权力。

对外援助既是一种硬权力又是一种软权力。作为硬权力的对外援助以两种方式发挥作用:利诱和制裁。对外援助从来就不是绝对无偿地给予,受援者必须让渡一些权利以偿还援助者。在很多时候,受援者必须在对外政策上做出重大的修改以报答援助者的援助。罗伯特·沃尔特斯在其《美苏援助对比分析》一书中总结了美国运用对外援助可以对受援国给予何种影响。"美国希望通过经济援助对不发达国家表示善意,就是这种目的之一。反过来它又希望这种姿态能使受援国对美国报以亲善和持久的友谊"。"利用经济援助想要达到的第二个近期政治目的是,希望借此更接近不发达国家的决策人。援助在这方面起着一种促进或促成外交活动运转的润滑剂的作用"。"美国还企图利用经济援助影响不发达国家的对外政策。它最突出地表现为受援国必须接受美国对某一具体外交问题的立场,作为获得经济援助的条件。"[1] 从他的论述可以看到,对外援助是一种很好的诱使受援国改变其外交政策的手段,这是对外援助在利诱方面的作用。援助还具有制裁的作用。当受援国习惯了接受援助之后,其经济、财政的运行对援助者将形成一定程度的依赖,这时,援助国可以以拒绝援助为武器迫使受援国接受原本不会接受的意见。欧盟和美国在其对外援助中附加若干政治条件,在经过一段时期的援助之后会对这一时期内受援国执行政治条件的状况进行评估,对于那些执行状况不理想的,会威胁拒绝给予援助。

在软权力方面,对外援助同样是一种很好的工具。二战后的援助历史揭示,外援涉及到的问题不仅仅是单纯的经济利益或外交需要,同时也是一种关系到国家道路选择、发展模式的问题。这一现

---

[1] [美] 罗伯特·沃尔特斯. 美苏援助对比分析 [M]. 北京: 商务印书馆, 1974: 14 – 16.

象在非洲表现得特别明显。战后的非洲掀起了独立的浪潮，独立之后随即面临政权巩固、经济建设的重大问题。在这期间非洲接受了大量的外援。接受西方援助的国家往往选择了资本主义的制度，而接受苏联、中国援助的国家则更多地选择了社会主义制度。援助国在提供援助的过程中往往将自身的制度灌输给受援国。在援助研究中争议激烈的"附加政治条件"即是一种对受援国实施文化、制度影响的典型手段。同时，援助国在对受援国进行援助时所采取的措施、援助重点的选择等都是一种制度的展览橱窗，将本国认同的文化、制度展示给受援国的人们。与其他谋求软权力的手段相比，对外援助更具优势。软权力的研究者们普遍认为，软权力虽然是实际存在且起着作用的，但政府对其影响却是有限的。与硬权力相比，软权力难以成为政府手中的有力工具。而对外援助则不然，由政府直接进行的官方援助当然是政府的直接工具，就是公民社会所进行的对外援助也与政府有着千丝万缕的联系。这使得对外援助在谋求软权力方面更加能按照政府的统一部署进行。

第三节　援助的方式问题

一、援助的方法

根据前述定义，援助是一种资源在国际间的流动。资源的流动方式对于资源在受援国所发挥的效益必然产生影响，因而对资源流动方式亦即援助方式的研究也必然是援助理论所要探讨的问题之一。援助方式与援助本身一样经历了发展的过程，从简到繁并最终发展到现在丰富多样的形态。关于援助方式的分类，《国际发展援助概论》提供了两条分类标准，一条是以发展援助的内容和资源为标准，将援助分为四种方式：财政援助、技术援助、粮食援助、债务减免；另一条是以发展援助的执行方式为标准，将发展援助分为三类：项目援助、方案援助和预算援助。[1] 本书认为，可以按照援助方式从简单到复杂、从点到面的特点进行排列，分为如下几类：物资类、技术类、项目类、部门类。物资类、技术类的援助分别为受援国提供物资和技术，项目援助比单纯的物资和技术援助更为复杂，而部门类的援助所涉及的则是受援国的某个部门或者社会整体。

物资类的援助是最基本的援助方式。与之后开发出来的诸多援助方式相比，这一方式最为简单。比如新中国建国初期对外援助就大量使用了这一方式，直接将本国的物资赠与受援国，并且赠与的物资丰富多样。随着援助方式的更新，单纯的物资援助现在更多地集中在粮食的援助。国际上最早对外进行粮食援助的国家是美国。二战之后，美国的农业已经发展到出现大量粮食剩余的地步。如何为这些粮食找到国际市场是杜鲁门在四点计划中所要解决的问题之一。1954年美国通过了《公共法案》，允许向发展中国家低价销售、援赠粮食。这是世界上最早的关于粮食援助的政策文件。从此之后，各大国和重要的国际组织纷纷开始运用粮食援助这一方式。然而随着其他援助方式的出现，粮食援助的份额越来越少。从一开始，粮食援助主要被援助国用来帮助解决其粮食产品过剩的问题。而随着粮食短缺逐渐成为困扰不发达国家特别是非洲国家的问题，以至于粮食问题被政治化为一个安全问题的时候，粮食援助便愈发挥出其作用。相比其他援助方式，粮食援助简单而有力：直接将粮食送到穷国人们的手中，维持其生命和生计。而且粮食援助更可能输送到受援国的穷人手中，而不是被少数官僚所占据。因此，以粮

---

[1] 李小云，唐丽霞，武晋. 国家发展援助概论 [M]. 北京：社会科学文献出版社，2009：90.

食援助为典型代表的物资援助方式将会长期存在下去。

技术同样是可以用于援助且是发展中国家所欠缺的资源。二战结束到 60 年代这十多年的时间内，援助的主要方式是物资援助，到 60 年代后，各国的援助者开始认识到人力资源在经济发展中的巨大作用。因此，对发展中国家的人力资源的培训也成为了援助的方式。与物资援助不同，技术援助所要转移的不是可见的物资而是知识、技能，旨在提高受援国人民的技术水平。比起物资援助，技术援助有其优点，即从简单地为受援国提供物品进步到着眼于对受援国人民内在能力的援助。但是该方式在 90 年代也遇到了广泛的批评：技术援助的主导权掌握在援助国的专家手中，而且当前发展中国家的主要问题并不是缺少技能而是缺少如何运用已有技能的社会制度。

项目援助是在物资、技术援助基础上发展起来的更具综合作用的援助方式。项目援助是援助方将援助的资金、物资、技术综合运用于在受援国开展的某个项目之中。项目援助是一种运用广泛的既便于操作管理又对受援国有更大干预作用的援助方式。项目援助所涉及的受援国部门随着援助方的援助战略调整而变化。在 60 年代，由于人力资源理论的盛行，大量的项目援助投入到人力培训部门中；70 年代，国际社会普遍关心贫困人口，项目援助也更多地投向减贫、农村发展等领域。项目援助具有综合性，在规模上大小皆可，因此从国家政府到非政府组织的各种援助主体都广泛地运用了这一援助方式。70 年代时，项目援助在各个领域运用，逐步发展成为一种跨部门的援助方式，这启发后来的援助者开发出方案援助这一新型援助方式。

部门类援助方式包括：减债、方案援助、预算援助等三种方式。减债是较早出现的、以受援国的部门为受援对象的援助方式。70 年代中期开始，发展中国家开始经历严重的债务危机。特别是撒哈拉以南的非洲，债务已经成为各国发展的沉重包袱。为了解决这一问题，国际社会对发展中国家进行债务援助。从那时起，债务减免就成为了一种得到广泛使用的援助方式。该援助方式不是提供一两种产品或技术，也不是如同项目援助那样对受援国的社会进行小型的修补，而是以解决受援国的债务这一重大金融问题为目的。该援助方式诞生于发展中国家面临普遍债务危机之时，发达国家的债务援助不仅是对发展中国家的帮助，更是对国际金融秩序和自身利益的一种维护。由于债务问题始终是困扰许多发展中国家的问题，因而债务援助到现在仍然是重要的援助方式。在国际社会中比较著名的债务减免计划有重债穷国计划。我国从 2000 年便开始使用这一援助方式。

方案援助是在项目援助发展到一定阶段后出现的新的部门类援助方式。在 70 年代对农业的援助中，项目援助被大量使用，并渐渐突破了部门的限制。援助者们也逐渐认识到需要有新的援助工具从更为宏观的、部门的高度来对受援国发展进行干预。方案援助方式由此被开发出来。方案援助是援助方根据一定的计划对受援国的进口、国际收支、预算等进行援助的方式。与项目援助不同的是，方案援助更具宏观特性，着眼于受援国的经济制度、宏观经济运行。预算援助是指援助者的资金进入受援国的财政体系，根据受援国的财政制度进行管理的援助方式。当然，预算援助并不仅仅是援助者向受援国注入资金，受援国在接受资金的同时也必须与援助者在政策方面开展对话、按照援助方要求进行能力建设并接受援助方对援助进程的监测。在所有的援助工具中，预算援助最为深刻地参与到受援国的经济决策之中。这方面的典型的表现是 80 年代世界银行和国际货币基金组织开展的结构调整计划。结构调整计划最终归于失败，原因是援助方对受援国干预太多，受援国的经济主权几乎由援助方在掌握。90 年代后，经过改良后的预算援助重新得到欧盟等援助方的重视。

二、援助的领域

援助是对一个国家的帮助,而一个国家的事务从政治到经济、文化,都非常丰富,援助的领域因此也具有丰富的内容。对援助领域的研究具有重要意义。首先,通过对援助领域的研究可以优化对极为有限的援助资源在受援国众多领域的配置,最大限度地发挥援助资源对受援国发展的推动作用。大量援助实践证明,如果援助资源所投向的领域合适,能产生非常大的促进效果。其次,援助领域分配的格局清晰地反映了援助者的发展理念。因而通过对援助领域的分析可以发现现有发展理念的优点与缺点,从而自觉地修正发展理念,并用新理念指导援助领域的分配,提高援助的有效性。最后,开发新的援助领域并予以重视,可以对既有的援助领域进行审视,以发现尚未涉及但对受援国的发展非常重要的领域。

对援助领域的分类按不同标准有很多种分法。本书按照政治、经济、社会三大类进行分类。

首先是政治领域的援助。该类援助对受援国的政治领域进行援助,是以改善受援国政治为目的的援助。这类援助包括:对受援国的军事援助、对受援国政治体制和政治机构改革的援助等。军事援助是人类历史上最先出现、延续时间最长的一种援助。《伯罗奔尼撒战争史》记载了古希腊世界大量的军事援助行为,我国春秋战国时代的军事援助也数不胜数。军事援助的形式有多种,从对受援国军事人员进行训练到提供军事物资,再到直接出兵协助受援国的军事行动等等。军事援助随着战争的性质而具有正义与非正义的区分,前者如二战期间美国对于英法反法西斯战争的援助、二战后我国的抗美援朝、抗法援越等,后者有德国希特勒对于意大利墨索里尼的军事援助等。军事活动是决定一国前途命运的事情,对该领域的援助直接决定受援国的国运兴衰。在以战争为主题的时代,军事援助非常之多，而在和平年代，对于政治的援助则更多地是对受援国政治发展过程中的一种干预，比如西方国家在非洲大力实施的民主援助、人权援助等。

经济是一个重要的援助领域。从历史发展来看，对经济领域的援助出现得非常晚，历史中仅有零星的以帮助受援国经济发展为对象的现象。二战之后，以马歇尔计划为开端的、广泛的经济援助才开始出现。之所以二战之后才出现大量的经济援助，原因在于，从一战到二战结束的这几十年间都属于战争时期，经济发展尚未成为时代的主题。发展经济学证明，经济发展是由多个因素所制约的过程，因此以帮助受援国经济发展为目的的援助所分配的子领域非常之多。本书仅论及其显著者。

对经济制度、体制层面上的援助。有不少的经济援助以受援国的经济制度为援助对象，目的在于促进受援国某种经济制度的发展。在冷战时期，苏联在对发展中国家的援助中强调对国营企业的援助，致力于发展受援国的公有制经济成分；而受西方大国控制的世界银行等在80年代推行的结构调整计划则是以在受援国推行私有化、市场化为目的的援助。

对经济政策层面上的援助。随着对经济援助的实践与理论的深入，国际社会开始着重对受援国经济政策的援助，以实现其经济的稳定与发展。发展经济学认为，经济政策的好坏直接决定国家的经济发展状况。关于援助有效性的大量研究表明，援助的效果在很大程度上取决于受援国的经济政策是否得当。由此，国际社会将受援国经济政策作为重要的援助对象。

对经济基础设施的援助。发展经济学与援助者自身的经济发展经验证明，经济基础设施的建设程度对一个国家的经济发展是非常重要的。战后初期，国际社会对发展中国家的援助中有相当大的部分分配在对经济基础设施的建设上。我国同样如此，当前我国对外援助的领域分配中，经济基础设施的份额是引人注目的。

对受援国金融的援助。金融作为现代经济的核心，对经济的发展有着举足轻重的作用，因此援助者们同样没有忽视这一领域。目前比较重要的金融援助有减债与优惠贷款这两种形式。在20世纪80年代，拉美与非洲的债务非常突出，成为影响其进一步发展的重大制约因素。在这种情况下，减债成为了重要的援助手段，各国纷纷提出了减债计划以减轻受援国的债务压力。而优惠贷款同样也是对受援国金融援助的一种重要形式。从我国援外的经验来看，优惠贷款有如下几种好处。首先，优惠贷款是一种可收回的贷款，而且有少量利息，因此在经济上援助方不需付出太大的代价；其次，优惠贷款有以小博大之效，政府的少量补贴即可带动大量的资金，从而能在更大规模和程度上促进受援国发展。总之，优惠贷款通过降低利率改善了受援国的金融条件，使其能够融通更多的资金用于经济发展。有学者对优惠贷款提出批评，认为优惠贷款增加了受援国的债务。本书不赞同这种观点，因为取消了优惠贷款之后，受援国只能在国际资本市场上按更高的利率、更苛刻的条件取得贷款，债务难道不是更高？一个替代的选择是扩大以完全赠款为形式的援助，而众所周知的是，援助资金的增长是一个非常缓慢的过程。

第三类是对社会领域的援助，主要包括对教育、医疗等部门的援助。教育援助是指援助方对受援方教育领域所提供的贷款、无偿赠款等援助。教育援助的方式有多种：援助方派遣专家到受援国培训人才、为受援国援建学校、资助受援国的官员、技术人员、学生到援助国来学习等。教育援助的理论依据是人力资源理论。医疗援助同样是发展援助中不可缺少的部分。医疗的发展水平直接影响社会经济发展的水平，高水平的医疗能为社会提供高质量的人力资源。国际社会于2000年提出的千年发展目标（MDG）有八项目标，其中有三项属于医疗领域：降低儿童死亡率、改善产妇保健、对抗艾滋病毒、疟疾及其他疾病。从当前的国际社会的援助实践来看，发展中国家医疗健康领域得到了越来越多的重视。事实上，从非洲国家的发展情况来看，艾滋病等重大疾病的蔓延已经成为制约非洲发展的头号问题，今后医疗援助应当得到加强。

第二章
中欧援非历史比较

中国和欧盟都是从 20 世纪 50 年代开始对非援助的,都拥有五十多年的援非历史。本书的重点在于对中国和欧盟当前的对非援助进行比较研究,这离不开对之前历史的认识。本书主要从中国和欧盟援非的理念、政策等几个方面对中欧援非的历史进行梳理。中国援非的历史大体可以分为四个时期:初始发展时期、改革起步时期、改革深化时期、全面发展时期。欧盟对非援助的历史大体可以分为四个时期:罗马条约时期、前三期洛美协定时期、第四期洛美协定时期、科托努协定时期。

第一节 中国援非的历史

华尔兹在其名著《国际政治理论》中提出,在国际社会中,国家的对外行为是受到国际政治结构制约的,而对国家行为的解释离不开对该行为所发生的国际政治结构的认识。[1] 中国的对非援助是我国对外行为的一种,因此对我国援非史的解释就离不开对当时中国所处的国际政治结构的了解。本节将对中国在不同历史时期所

---

[1] [美] 肯尼斯·华尔兹. 国际政治理论 [M]. 信强,译. 上海:上海人民出版社,2003:1-10.

处的国际政治结构之下的对非援助史进行描述。

一、中国援非的初始发展时期

这一时期的中国对非援助可分为三个阶段。

第一阶段，从 1956 年到 60 年代初，这一时期的对非援助目的主要是打击殖民主义，帮助非洲实现政治独立。1956 年 7 月，苏伊士运河战争爆发，中国政府对埃及的援助拉开了中国援非的序幕。1957 年，周恩来提出了关于中国援助政策的三点主张："第一，要使被帮助的国家建立自己的独立工业。第二，相互援助而不附加任何经济、政治上的条件。第三，以技术教给其他国家，使其获得独立，而不是代替。"[1] 这是对外援助工作决策对我国几年以来援助工作的经验总结，是之后的八项原则的先导。

第二阶段，从 60 年代初到 60 年代末。1963 年 12 月到 1964 年 1 月，周恩来总理访问非洲十国，并于 1964 年提出"对外经济技术的八项原则"。八项原则一经提出，直到现在，都是我国对非援助的指导性原则，被贯彻到了对非援助政策和实践的方方面面。这一时期的对非经济技术援助以促进非洲实现经济转型、从传统的依附性经济转向能够走上独立自主发展轨道为目标，这个目标影响了对非援助的项目选址。成套项目作为一种能有效推进非洲经济发展的援助工具得到重视，这一时期的成套项目有较大增长。许多项目都属于中小型生产线项目，投资少、收益快，比较适合独立不久、经济基础比较薄弱的非洲国家。这一时期还有一些非洲国家有艰巨的民族解放任务，因此我国这一时期对非的援助中亦有部分是军事援助。从 1961 年到 1971 年，我国对非军事援助总额达 4200 万美元，其中对坦桑尼亚的援助额最高，为 3500 万美元，占对非军事

---

[1] 中共中央文献研究室编. 周恩来年谱（1949 - 1976）（上）[M]. 北京：中央文献出版社，2007.

援助总额的 83%。在这一时期，我国颇具特色的医疗援助队出现了，1963 年我国首次对非派遣医疗队。截至 1970 年，我国一共向 8 个非洲国家派遣了医疗队（阿尔及利亚、坦桑尼亚、索马里、刚果、马里、坦桑尼亚、毛里塔尼亚、几内亚）。

第三阶段，从 70 年代初期到 1975 年。这一时期的最大特点是对非援助总量急剧上升。在 1971 年到 1975 年这五年间，我国援非总额达 319 万美元，是 1961 年到 1969 年这九年的 6.9 倍。到 70 年代末，共有 39 个非洲国家接受我国的援助。1977 年，共有 21 345 名中国的技术人员、医疗工作者等专家在非洲执行援助任务。[1]

这期间文革的发生冲击了援外工作，少部分援外人员在非洲搞"革命输出"活动，背离援外八项原则，给我国的援非工作造成了被动。周恩来和一大批援外工作者与之进行了斗争。针对援外人员选拔上出现的错误倾向，周恩来特别提出了"中国派援外专家的三项原则"予以纠正。

最能代表这一时期我国对非援助的是对坦赞铁路的援建。坦赞铁路的协议在 1967 年 9 月就已经签订，探测设计在 1968 年 5 月也已经完成，正式动工是 1970 年 10 月。1976 年 5 月，坦赞铁路正式竣工，当年 7 月移交给坦赞两国管理。坦赞铁路全长 1860.5 公里，全线共有车站 93 个、桥梁 320 座、隧道和明洞共 26 座、涵洞 2225 座，并在两国各建机车修理厂一座，为两国培养 1.2 万名技术工人。中国为修建该铁路投入 9.88 亿人民币，建筑铁路完成的土石方量达 8887 万立方米，我国共派出专家和技术人员 5 万多名，其中在 1972 年高峰期共有 1.6 万人现场作业，在修路过程中我国牺

---

[1] Warren Bernstein, Thomas H. Hendrix. Soviet and Chinese aid Africa nations [M]. New York, Peerage Pub, 1980: 119.

牲了 65 名工程技术人员。[1]

改革开放前这一时期的我国对非援助，成就是主要的。邓小平指出："应当肯定过去我们援助第三世界是正确的。"李先念认为："援外工作的成就是主要的，方针是正确的。"[2]

该时期对非洲的援助为我国在国际上消除台湾制造的"两个中国"影响起到了积极的作用。比如 70 年代我国的农技顶替队在非洲的工作，就成功地清除了台湾在非洲相关国家的影响力。有学者认为："援助对于争取每一个新政府承认北京而非台北是'中国'唯一合法政府发挥着重要作用"。[3]

该时期对非洲的援助赢得了非洲各国与我国的深厚友谊，初生的新中国通过帮助非洲而赢得了一批政治上的盟友。随着非洲独立浪潮的加速，非洲大地上出现了新生的国家，这些国家数量多，在国际社会上特别是在联合国内影响很大。而从 60 年代开始我国面临与美、苏两线斗争的紧张形势，非洲国家的友谊对于我国在国际社会打破孤立是十分重要的。最有代表性的就是非洲国家在我国恢复联合国合法席位问题上给予的巨大支持，这可以说是我国这一时期对非援助所收获的最为显著的政治收益。在第 26 届联合国大会上，共有 23 个国家作为提案国提出恢复我国在联合国的席位，而这 23 个国家中有 11 个来自非洲。在投票时，投赞成票的有 76 个国家，其中 26 个国家来自非洲。我国在恢复联合国合法席位问题

---

[1] 傅道鹏. 官方发展援助（ODA）研究 [D]. 北京：财政部财政科学研究所，2003：85.

[2] 石林主编. 当代中国的对外经济合作 [M]. 北京：中国社会科学出版社，1989：70.

[3] ［美］黛博拉·布罗蒂加姆著，沈晓雷，高明秀译. 龙的礼物———中国在非洲真实的故事 [M]. 北京：社会科学文献出版社，2012：11.

上的胜利充分表明了我国对非的援助给我国带来的收益。[1]

该时期我国对非的援助也为我国带来了一定经济、技术上的收益。由于我国规定要将最好的技术和产品援助给非洲，因此在援非过程中，不得不花大力气解决技术问题，进行了多项产品的研发。除了在技术上的收获之外，我国通过在非洲完成各种援建项目，提升了我国外经人员的能力水平。大量的援非人员在援建过程中熟悉了非洲的环境、人文、经济状况，为以后更为广泛的经济合作打下了人力基础。另外，由于我国在非洲的援建项目质量高，为我国赢得了非常好的市场信誉，这对之后我国企业进入非洲市场提供了良好的条件。

当然，这一时期的对非援助也暴露出一些问题。首先，相对于我国当时的经济水平而言，当时的援非总量过高，给国家财政造成不小的压力。在我国自身建设尚处于较低水平时即投入如此巨大的资源用于帮助其他国家的发展（或者说促进无产阶级的国际革命），严重影响了我国自身的经济发展与人民生活水平。其次，在援助的方式、资金使用的方式上也较为简单。

二、中国援非的改革起步时期

1975年至1994年，这一时期援非政策的环境主要在如下两个方面发生了变化。一方面，我国启动改革开放，确立了以经济建设为中心的发展道路，外交工作转而服务于国内经济建设。另一方面，非洲的形势也发生了改变，这时非洲解放进程已经结束，发展开始成为非洲的主题，非洲各国也对援助方式和内容提出新的要求。在这样的内外形势下，我国的援非政策改革势在必行，然而关于援非政策究竟是服务于外交还是直接服务于国内经济发展这一问

---

[1] 沈志华，杨奎松. 美国对华情报解密档案第三卷［M］. 上海：东方出版中心，2009：496.

题引起了一些争论。从以后政策的发展趋势来看，是后者占据了上风。

1982年12月到1983年1月，中国政府总理访非。期间提出中非经济技术合作的四项原则："平等互利、讲求实效、形式多样、共同发展。"与传统的八项原则相比，四项原则充分体现了市场经济的平等交易原则。同样是主张平等互利，但不同于之前的追求政治回报，而是追求经济利益上的回报。四项原则还将对非援助与其他经济合作方式相结合，使其成为一种促进中非经济合作、扩大市场的政策工具。

在援非管理上，市场化取向的管理变革非常明显，这一时期我国进行了反复的探索，从体制与机构上都进行了更能适应市场经济的改革。先后实行了投资包干制、责任承包制，最后建立起了企业总承包制，以企业替代了原来的行政机构、事业单位作为援助的主体。援助管理机构进行了精简，变更了职能，从负责繁杂的操作性事务转向从宏观上对援助事务精心管理，并逐渐学习以经济手段对已经市场化的援助工作进行管理。

援助方式的转变也是这一时期对非援助的重要内容。这些援非新方式的开发与巩固之前已建成的项目有关。在改革开放前，我国对非援建了一大批项目，项目建成后我方专家即回国，项目的管理经营权都交由非洲受援国。由于内外因素的制约，这些项目濒危。为了巩固对非援助的项目，援外管理部门进行了各种尝试，开发出一系列以贯彻市场原则为本质的援非方式，包括：参与管理、管理合作。参与管理是指我国派遣专家到援建企业中参与企业的管理活动，企业主要的决策权在受援国企业管理者手中，我国专家的作用是提供咨询。管理合作是指由我国援建的、已交付受援国所有的企业出资聘请我国专家负责企业的管理与技术。这一方式是参与管理方式的加强版。租赁承包是指我国企业租赁援建项目，并付受援国折旧费与租金。

我国这一时期的对非援助以促进双方市场交易为目标。非洲以其丰富的资源成为我国理想的资源市场，而我国在这一时期迅速发展的产业急需资源与市场。在这一点上，双方物品的流动加速。同时，以劳务合作、工程承包等内容为主的中非经济合作在中国援非的带动下也加速发展。从 1979 年到 1996 年，我国在非洲承包的工程与劳务合作数量达到 5494 份、总金额 696 325 美元。[1] 与纯商品的流动不同的是，这一市场交易含有人员的流动（而且主要是技术人员的流动），这种流动在思想文化方面加速了中非双方的交流。援助作为一种政策工具促进了中非双方在以上两个方面的交流。

三、中国援非的改革深化时期

1995 年至 2004 年，这一时期是改革开放以来发生在援外领域的又一次重要的政策改革阶段。

1995 年 5 月，国务院发布《关于改革援外工作有关问题的批复》；10 月，全国改革援外工作会议召开，对非援助的改革开始。政府贴息优惠贷款是此番改革的重点。1995 年 5 月的《关于改革援外工作有关问题的批复》中指出，政府贴息优惠贷款是国际上较为通行的做法，发挥金融机构在援外项目的管理职能，既扩大援外规模，又提高援外效率，同时能促进设备技术的出口与合资合作，因此现行的单一由政府提供援外资金的做法应当改革。这种新的援助方式最先就是在非洲试行的。1995 年 7 月，中国政府与津巴布韦政府签订第一个贷款协议；12 月，与苏丹政府签订贷款协议开发苏丹石油项目，1995 年中国政府共签订了 11 个优惠贷款协议，全部面向非洲。从 1995 年到 2005 年，中国共与非洲国家签订优惠贷

---

〔1〕 国家统计局贸易外经统计司编.中国对外经济统计年鉴（1996）[M]. 北京：中国统计出版社，1997：389.

款协议 34 个。

这一时期援外改革的第二项内容就是援外项目的合资合作。这种援助方式是指在双方政府政策和资金的支持下，中国企业与受援国企业进行合作。这一时期的合资合作主要在三个方面开展。一是对于新建的援助项目，受援国政府将我国的优惠贷款转贷给其本国企业，我国企业再投资一部分，双方企业共同经营项目。二是建成项目转由双方企业合作经营。三是在双方政府的政策、资金支持下双方企业合资经营。海外企业与本国企业合资经营是国际经济合作中的一种形式，较之海外企业在东道国独资经营有其独特的优势。我国在援非方式改革中，通过这种援助方式推动中国企业与非洲企业的合资合作，引导中国企业更多地通过与非洲本土企业的合资合作来实现"走出去"目标，这是建立在对中非经济合作规律的正确把握基础之上的。与改革开放之前的援助方式相比，这一时期的援助方式越来越明显地表现为一种促进中非经贸往来的政策工具，考虑到"走出去"在我国整个经济发展布局中的战略地位，对非援助在某种程度上来看，已经成为了一种实现经济宏观管理的手段。

对非援助改革的第三个内容就是适量增加无偿援助。与优惠贷款等援助形式相比，无偿援助更多地具有外交上的工具作用。在取消无息贷款这类援助方式后，援助资金的紧缺得以缓解，可以增加无偿援助的份额。但是秉着量力而行的原则，无偿援助资金的份额也不能太大，否则影响国内的经济发展。因此，无偿援助所投入的领域大多集中在耗资少、见效快、能产生良好社会效益的领域（比如医院、学校、打井、低造价住房等），以此达到加深友谊、实现外交任务的目的。

1995 年到 2005 年中国对非援助所造成的影响是，我国与非洲在资源、市场方面的经济关系更为密切。我国在这一时期内经济高速发展，对资源需求迅速扩大，而我国人均资源的不足构成了我国经济发展中的制约因素。非洲大陆土地辽阔、资源丰富，而人口稀少，人均资源量较高。中非双方的禀赋不同为双方发展经济关系提高了良好的条件。在市场方面，非洲人均收入低，而我国的许多产品如轻工、纺织、家电等非常适合非洲市场。这一时期的对非援助注重建立援助与经贸政策之间的联系，从而推动了中非之间的经济交往升级。这一时期我国援非方式进行了变革，这使得我国对于非洲的经济参与在更大规模、更深层次上进行。优惠贷款以其独特的资金优势有力地扩大了我国援非的规模，同时所能建设的单个项目的规模也极大地扩张了。

四、中国援非的全面发展时期

从2005年开始，中国对非援助的力度明显加大，这标志着从2005年开始，我国的对非援助进入一个新的时期。

这一时期我国对非援助的理念体现在一系列的文件和国家领导人就中非关系和对非援助所作的阐述之中。2004年胡锦涛访问非洲提出"三点倡议"，即"坚持传统友好，推动中非关系新发展；坚持互助互利，促进中非共同繁荣；坚持密切合作，维护发展中国家的权益"。2005年，胡锦涛在亚非峰会上提出"四项原则"即"政治上相互尊重、相互支持；经济上优势互补、互利共赢；文化上相互借鉴、取长补短；安全上平等互信、对话协作"。2011年，中国发布《中国的对外援助》白皮书，这是我国首次就援助问题发布白皮书，清楚地表明了现阶段我国援外的理念。这一时期我国的援非理念包括如下几个方面：坚持帮助受援国提高自主发展能力；坚持不附带任何政治条件；坚持平等互利、共同发展；坚持量力而行、尽力而为；坚持与时俱进、改革创新。

这一时期的对非援助发生了较大的变化，主要表现在两个大的方面：对外援助规模的迅速扩大与援助结构的优化。

这一时期的援非总量得到了显著的提高（见表1）。我国对外援助的总量得到了迅速地增加,而非洲在我国对外援助中的比例同样也得到了提高。从 2001 年开始,我国对非援助占我国对外援助总额的比例一直在 40% 左右浮动,而到 2010 - 2012 年这段时间内,这一比例已高达 51%(见表 2),这充分说明了非洲接受我国援助的总量确实是在快速提升。

表 1　2006 - 2012 年中国对非援助资金情况　单位:亿元人民币

年度	2006	2007	2008	2009	2010 - 2012
中国官方年度对外援助支出额	82.00	111.54	125.59	132.96	893.4
中国对非援助支出所占比例(%)(不含优惠贷款)	30	30	33	39	51.8
中国官方对非援助支出(不含优惠贷款)	24.6	33.46	41.44	51.85	205.01
中国官方对非援助支出(含优惠贷款)	49.92	64.6	77.8	92.41	462.78

资料来源:作者根据黛博拉·布罗蒂加姆《龙的礼物》(社会科学文献出版社,2012)附录部分制作。

表 2　2010 - 2012 年我国对外援助地区分配比例

地区	非洲	亚洲	拉美、加勒比	大洋洲	欧洲地区	其他
所占比例	51.8%	30.5%	4%	4.2%	1.7%	3.4%

资料来源:作者根据《中国对外援助白皮书(2014)》制作。

这一时期我国对非援助的第二个显著特点就是援助的结构得到了优化。具体来说,就是沿着 1995 年开启的改革思路,将对外援助的无息贷款降低,重点扩大优惠贷款,根据国家财政实力适当扩大无偿援助的份额。到 2010－2012 年这一时期,优惠贷款已经占据我国对外援助资金总额的 55.7%。[1] 而且这种资金结构上的优化并非单一的,而是与对非援助的领域分配结构的调整相结合,收到了很好的效果。优惠贷款具有以少量政府资金带动大量银行、企业资金的功效,因而优惠贷款所援助的领域主要是生产性项目、大中型基础设施、大型成套设备、机电产品等[2]。大中型经济基础设施类项目耗资巨大,不是同为发展中国家的中国能够承担的,甚至也不是西方发达国家所能够完全大包大揽的。因此结合援外资金的改革以优惠贷款来援助,是既有成效又廉价的办法。而另一种资金,即无偿援助的份额也在增大,到 2010－2012 年这一时期,无偿援助的份额已占据总资金的 36.2%。这一类型的援助因其特点而无法参与过多、多大的经济生产类项目,因此被主要用来援建社会、民生类领域的项目。这既充分考虑了资金形式的特点,又考虑到了千年发展目标(以减贫为目标)的国际规范。运用这类资金,我国在这一时期内对非洲各国的民生援助越来越多。事实上,这一变化也被西方的观察家们注意到了。《华尔街日报》称,中国过去曾专注于昂贵、高知名度的基础设施建设,受到外国批评者的指责,认为这些援助不如对穷人日常基本品的援助重要。而最新白皮书强调"帮助改善民生",如派出数百名农业专家到东南亚传授养殖方法,往非洲派遣医疗队培训医生,并分发超过 8 亿元的医疗设备和药物。美国《环球时报》称,中国的外援将中国梦与世界绑在一起。新版白皮书强调两个关键主题:"帮助改善民生"和"促进

---

[1] 中国国务院新闻办公室. 中国的对外援助(2014)[M]. 北京:人民出版社,2014:2.

[2] 中国国务院新闻办公室. 中国的对外援助(2014)[M]. 北京:人民出版社,2014:2.

经济和社会发展"。[1]

　　这一时期中国对非的援助从外交与经济两个方面为中国的崛起作出了贡献。

　　首先是外交方面。这一时期中国对非援助在总量上快速增长、在结构上更好优化，对非洲的发展起到了重要的促进作用。这一时期在西方社会出现的对中国援非的批评从一个侧面上反映了我国对非援助引起西方世界的密切关注。我国对非洲的援助很好地促进了非洲各国和我国的友谊。在 2008 年我国汶川遭受大地震后，所有与我国有外交关系的非洲国家（共 49 国）及非洲联盟向我国表示了慰问，部分国家向灾区捐钱捐物，截至当年 5 月底，共向我国提供价值 6000 多万人民币的捐赠。我国对非援助在这一时期内不仅从我国与非洲双方的长远利益着眼，修建了一大批大中型经济基础设施，也大力扩张无偿援助份额，关注民生，援建了许多切实改善非洲贫困人口生活的项目。这些行为实实在在地提升了非洲人民对我国的好感。表 3 证明了非洲人民对我国的崛起并不如西方那样忌惮，反而是很支持的。这都与我国对非洲卓有成效的援助分不开。

　　其次是经济方面，我国这一时期的对非援助很好地为我国的崛起提供了支持。这表现在我国对非的援助带动了我国对非的出口，为我国的商品提供了市场（特别是考虑到 2008 年后世界经济的萧条情境）；带动了我国从非洲进口发展所必需的各类紧缺资源；促进了我国对非直接投资，优化国内产业结构。从表 3 中可以看到，2008 年我国超过美国成为非洲最大的贸易国。而且随着非洲经济发展的日益推进，一个强有力的中产阶级日益形成，其购买力在将来不容忽视。我国以援助为手段在非洲所占据的市场对我国经济的

---

[1] 孙微，邢晓婧. 外媒关注中国对外援助白皮书 [N]. 环球时报，2014 – 7 – 11.

发展有长远的利益。

表3 非洲各国对中国的好感比例

国家	马里	中非共和国	尼日尔	科摩罗	布基纳法索	塞拉利昂	利比里亚	坦桑尼亚	乍得
比例	92%	82%	81%	81%	79%	79%	77%	77%	67%
国家	乌干达	加纳	尼日利亚	毛利塔利亚	塞内加尔	肯尼亚	津巴布韦	博茨瓦纳	吉布提
比例	66%	66%	64%	59%	59%	59%	57%	56%	53%

资料来源：BBC调查结果。

第二节 欧盟援非的历史

自20世纪50年代对非开展援助以来，欧盟的对非援助理念与政策都发生过显著的变化。理解这种变化，是理解欧盟当前援非模式的一个重要渠道。

一、后殖民时期

从1957年《罗马条约》的签订到1975年《洛美公约》的签订，这一时期在欧盟对非援助的历史中都可划为第一个时期，即后殖民时期。这一个时期是由两个协议构成的。第一个是于1957年3月25日签订《关于海外国家和领地与共同体联系的实施公约》并于1958年1月1日开始付诸实施的"专约时期"，第二个是于1963年开始，到1975年结束的《雅温得公约》（5年1期，共2期）时期。需要说明的是，虽然这两个协议各自的时代背景有所不同（非洲独立的程度），但从协议所秉承的理念，甚至使用的词语来看，都没有重大的转变，因此可将其划归为一个时期。

维持原有的殖民体系，是后殖民时期欧洲共同体对非援助的理念。自二战之后，非洲各殖民地寻求独立的斗争进入一个崭新阶段，欧洲各大老牌殖民帝国都面临如何处理与殖民地关系的难题。以筹建共同体的成员法国为例，其在北非的殖民地如阿尔及利亚、摩洛哥、突尼斯等努力摆脱殖民统治，使得法国不得不一再更改策略以更好地维持其海外利益。努力维持殖民体系或者在殖民体系崩溃不可避免的条件下尽量开拓其他手段以维持与原殖民地的"特殊关系"，这种动机成为了欧共体在"联系专约"时期的对非援助决定因素。50年代中后期，当西欧六国（法国、联邦德国、意大利、荷兰、比利时、卢森堡）在拟定《罗马条约》时，就围绕殖民地的问题展开了讨论，法国、比利时和意大利等有着重要殖民地利益的国家积极主张要维持与殖民地的特殊关系。在与其他国家的讨价还价之后，才形成了联系制度（体现在《罗马条约》第四部分"与海外国家和领地的联系"、条约附件四、条约附件《海外国家和领地与共同体联系的实施专约》等文件之中）。从联系条约所援助的国家地域分布可以清晰地看到这一时期共同体对非援助的动机，受援国可以按与其援助国的关系分为四类，分别是：法属西非的塞内加尔、苏丹、几内亚、象牙海岸、达荷美、毛里塔尼亚、尼日尔、上沃尔特、法属赤道非洲的中央刚果、乌班吉沙立、乍得、加蓬、圣皮埃尔和密克隆岛、科摩罗群岛、马达加斯加及其附属地、法属索马里、新喀里多尼亚及其附属地、多哥自治共和国、由法国托管的喀麦隆；比属刚果和卢旺达—布隆迪；意大利托管的索马里；荷属新几内亚。法、比、意、荷都是欧共体在非洲拥有较多殖民地利益的成员国。

《雅温得协定》开始的时间是1963年，这时候刚刚经过独立年的非洲已经有大部分的殖民地获得独立，还有一部分殖民地在走向独立的努力中。欧共体各成员国特别是法国,其殖民利益受到了严重打击,为了维护其在原殖民地的地位与利益,欧共体继续向非洲提供援助,以保证其影响力不会在原殖民地迅速衰落。《雅温得协定》规定,联系国分期减少直到完全取消从欧共体进口商品的关税,各协议国在改变对欧贸易政策时应与欧共体协商,应当保证欧共体国家在联系国的投资利润能自由地汇回本国。《雅温得协定》与《罗马条约》相比,内容的变化不大。因此从理念上来看,《雅温得协定》与《罗马条约》是基本一致的,后者是试图阻止非洲各殖民地的独立,而前者则是在承认非洲各殖民地独立这一事实之后以援助维护其影响力。

根据《罗马条约》第三编第1条的规定,建立海外国家与领地发展基金,各成员国按照议定的年分摊额向基金缴纳资金。[1] 各国缴纳的比例份额见表4。

表4　欧洲发展基金对欧共体成员国殖民地的分配比例

比　例	比利时	德　国	法　国	意大利	卢森堡	荷　兰
第一年度 10%	7	8.75	20	4	0.15625	7
第二年度 12.5%	8.75	25	25	5	0.15625	8.75
第三年度 16.5%	11.55	33	33	6.60	0.28125	11.55
第四年度 22.5%	15.75	45	45	9	0.28125	15.75
第五年度 38.5%	26.95	77	77	15.40	0.48125	26.95
总　计	70	188.75	200	40	1.35625	70

资料来源:欧共体基础法。

---

[1] 欧共体官方出版局.欧共体基础法 [M].北京:国际文化出版公司,1992:309.

法、比、荷、卢四国对基金的投入额与其殖民地收益额基本是成比例的。欧共体六国中，卢森堡没有需要联系的海外国家和领地，因此其在该资金中投入最少，五年总额也仅仅是 135.6 万欧洲计算单位；法国殖民地受益最多，发展基金总额为 5.81 亿欧洲计算单位，其中 5.1 亿就分配给了法国的殖民地。不过作为战败国的德意两国不是按照这个规律筹资的。意大利其收益额仅为 500 万欧洲计算单位，约占法国份额的 1%，但其缴纳费用却为 4100 万欧洲计算单位。而没有海外领地与国家的德国（德国在一战前的殖民地不少，一战失败后失去了几乎所有的殖民地），其在五年对发展基金缴纳的款项数目接近法国。这种现象的原因主要是德国作为二战的发起国与战败国，欲重振国威、实现欧洲的联合，必须先在欧洲内部求得各国的谅解，特别是其宿敌法国的谅解，因而，在《罗马条约》的签订中，德国付出了不小的代价。在欧洲发展基金中的付出也属于这种代价。向发展基金的投入不仅仅在政治上更好地使德意两国融入欧洲社会之中，同时也为其带来了实在的经济利益。《欧洲经济共同体条约》第一编第 4 部分第 132 条规定："1. 各成员国与国家和领地进行贸易时应使用各成员国之间所约定的制度。2. 各个国家或领地与成员国或其他国家或领地进行贸易时应适用该各个国家或领地与保持特殊关系的欧洲国家进行贸易时所适用的制度。……4. 在共同体所提供的投资方面，参加投标和物资供应应在平等条件的基础上向各成员国以及各国家和领地的所有法人和自然人开放。"[1] 从这三条规定可以看到，共同体与海外国家或领地的联系不仅仅包含了共同体单方面对海外国家或领地的援助义务，同时也包含了自由贸易的规定。联系建立起来以后，德、意两

---

[1] 欧共体官方出版局. 欧共体基础法 [M]. 北京：国际文化出版公司，1992：180.

国可以享受和法、比、荷等国一样在其殖民地的贸易权利。德意两国通过向发展基金缴纳款项而获得了等同于法、比、荷等国在殖民地的权利，这也是德意两国同意缴纳发展基金的一个经济原因。而且，按照第 4 条规定，凡是共同体对非援助的项目，共同体和各领地、国家的自然人与法人都有权参与，德、意两国特别是德国的经济实力使其能够大量地参与这样的建设活动从而获得经济利益。

这一时期欧共体对非援助的方式不仅有直接的经济援助，而且包括了贸易制度上的倾斜。《欧洲经济共同体条约》第一编第 4 部分第 133 条规定："1. 来自原产地为国家和领地的进口产品在进入各成员国时应享受各成员国间根据本条约的规定所实行的逐步取消全部关税的待遇。2. 各个国家或领地对来自各成员国和其他国家和领地的进口产品所征收的进口关税应根据地 12 条、13 条、14 条、15 条和 17 条的规定逐步予以废除。3. 但是，国家和领地可征收以满足其发展和工业化需要为目的的关税，或者征收为维持其财政预算为目的的关税……"[1] 第 1、2 条虽然规定欧共体成员国与各海外国家、领地间废除关税，实行"对等性互惠贸易"，但第 3 条则规定各殖民地有权利以维持财政预算、促进发展和工业化为名义征收关税，对非洲给予了一定的优惠。正是这一规定为日后闻名于世的《洛美协定》的核心内容提供了先例，即以贸易上的优惠促进发展中国家的发展。

二、平等援助时期

从第 1 期《洛美协定》到第 3 期《洛美协定》，是平等援助时期，该时期内欧共体对非援助特点是中立、不干涉受援国的政治经济主权。从 1975 年到 1979 年的第一个《洛美协定》和从 1979 年

---

[1] 欧共体官方出版局. 欧共体基础法 [M]. 北京：国际文化出版公司，1992：181.

到 1984 年的第二个《洛美协定》都没有提到人权。从 1984 年到 1989 年的第三个《洛美协定》间接地讲到了尊重个人尊严，可这只是原则上的论述，并没有具体的对于受援国的条件附加。同时，这一时期欧盟的对非援助还具有较大的平等性。欧盟愿意就援助问题与非洲各受援国进行平等协商，并较大程度地吸收了受援国的意见。在第三个《洛美协定》第一章第 2 条就写着："每个国家均有决定其政治、社会、文化和经济选择的权利"，在第 3 条中则规定："非加太国家最终决定其经济和社会的原则、战略和发展模式。"[1] 洛美模式最大的特点"贸易的非互惠原则"，就是包括非洲在内的非加太国家在谈判中提出来的并被欧盟所实行的。洛美模式的历史作用与其所包含的援助中的平等关系是分不开的。

（一）第 1 期洛美协定

第一个《洛美协定》为期 5 年（1976－1980 年），与援助有关的内容主要有三点，即贸易合作、稳定出口收入制度、财政援助。在贸易合作方面，规定非加太 46 国所有的工业产品和 94.2% 的农业产品可以免关税进入欧共体国家市场，且无数量限制。而非加太国家则只需给予欧共体国家以最惠国待遇。这一特惠制安排给非洲带来了一些实在的利益，避免了之前互惠条件下欧共体占据的绝对优势地位，同时，由于该安排给予了非加太等国较其他发展中国家更为优惠的条件，因而使非洲能处于更有利的贸易条件。在稳定出口收入制度方面，规定非加太 46 国输入欧共体市场的初级产品如遇收入减少情况，欧共体给予补偿。在财政援助方面，第 1 期《洛美协定》规定在 5 年内对非加太国家提供 33.90 亿欧洲计算单位的援助（由第 4 期 EDF 30 亿和 EIB 3.9 亿贷款构成）。这一期的援助

---

[1] 杨光，王智猛，王惠，等译．欧洲经济共同体和非加太公约（第三个洛美公约）[M]．北京：中国社会科学院西亚非洲研究所：10－20．

额大大地提高了,超过了之前《罗马协定》和《雅温得协定》的财政援助总额。主要的援助领域为农业、工业和社会福利项目。

表5 欧洲发展基金(EDI)和欧洲投资银行(EIB)贷款的各时期数额 单位:百万美元

时期	名称	EDI数额	EIB自有财源数额
1975－1980	洛美协定一,EDI4	3072	390
1980－1985	洛美协定二,EDI5	4724	685
1985－1990	洛美协定三,EDI6	7400	1100
1990－1995	洛美协定四,EDI7	10800	1200

资料来源:姚桂梅《洛美协定》。

(二)第2期洛美协定

1979年10月签订的第2期《洛美协定》,期限从1980年3月到1985年2月。在第2期执行过程中,受援国共计64个。这一期协定共有如下内容:

第一个内容是贸易特惠制。贸易问题是整个《洛美协定》的核心,既是对欧共体与非加太国家的贸易体制的安排,又是欧共体对非加太国家进行发展援助的一种方式。下表是这一时期内非加太国家从这种贸易特惠制中所获得的经济收入。

表6 1981–1984年非加太国家从贸易特惠制中
获得的利益 单位：亿美元

年　度	1981	1982	1983	1984
非加太国家向欧共体的出口额	170.64	186.62	199.29	253.06
包括糖在内的给惠商品出口额	51.18	57.54	60.09	76.89
在共同关税制下获益	3.24	3.71	3.97	4.80
在普惠制下获益	2.43	2.64	3.08	3.73
在糖议定书下获益	1.66	3.21	2.55	4.01

资料来源：姚桂梅《洛美协定》。

第二个内容是关于稳定出口制度。对第1期的制度进行了修改，将划入补偿范围的34种农产品增加到44种，降低了补偿条件（原来规定所补偿产品收入需占该国出口总收入的7.5%以上，本期改为6.5%，而最不发达国家的标准则从2.5%降低至2%），偿还期从5年增至7年，该制度账户支付给最不发达国家的资金为2.41亿，占总额的42.5%。

第三个内容是将稳定出口制度的补偿对象扩展至非加太国家的矿产品出口，称之为补偿矿产品制度。协议规定欧共体将拿出2.8亿欧洲计算单位用于执行该制度，所补偿的矿产品包括铜、钴、锡、磷酸盐、铝矾土、氧化铝、锰以及铁（对铁的补贴在第一期就出现在稳定出口制度中）。与出口稳定制度对农业产品补偿条件相比，对于矿产品的补贴条件非常宽松，这主要是由于欧洲的经济发展更需要非洲的矿产品，这也是欧洲所短缺的。而农产品，欧洲本身尚有大量农产品需要消化，非洲的产品进入对于其农民具有竞争作用，因此对农产品的补偿条件较为苛刻。

第四个内容是财政援助。这5年欧共体向非加太国家提供的援助额达到 56 亿欧洲计算单位（折合美元 75 亿），较上期增长了 60.5%。这 56 亿包括欧洲发展基金 45.42 亿和欧洲投资银行 6.85 亿的贷款。欧洲发展基金资金有 64%－69% 给予了最不发达国家。欧洲发展基金的分配领域比例为：24.7% 农业、20% 工业、18.2% 交通运输、13.7% 稳定出口收入、14.8% 卫生和排水等社会福利项目、8.6% 紧急援助和难民援助等。欧洲投资银行的分配领域比例为：28.4% 能源项目、14.5% 农业加工企业、12.7% 采掘工业项目、5.5% 化工企业。欧洲投资银行贷款主要接受国为：尼日利亚（0.9 亿）、喀麦隆（0.783 亿）、科特迪瓦（0.69 亿）。

（三）第 3 期洛美协定

1984 年 12 月达成的第 3 期《洛美协定》，其有效时段从 1985 年 3 月到 1990 年 2 月。从协定文本上来看，这一时期的欧共体对非援助开始明确地提出其援助理念，该协定第一部分即为合作的一般条款，以较长的篇幅对合作的目标、原则、范围、措施等内容进行了界定。第一部分第 1 章第 1 条规定："以共同体及其成员国为一方，以非加太国家为另一方缔结本合作公约，目的在于本着团结和互利的精神促进和加快非加太国家的经济、文化和社会发展并使其关系加深和多样化……缔约各方表示愿意加紧努力，以便为更公正和更平衡的国际经济秩序创立一种发达国家与发展中国家之间关系的模式，并为在国际上确认其合作所基于的原则而一起努力。"[1] 而第一部分第 1 章第 2 条、第 3 条都表达了对非加太自主选择发展模式的尊重。其中第 2 条规定："……行使这一合作应根据下列基本原则：伙伴平等、尊重主权、互利和独立；每个国家均有决定其政治、社会、文化和经济选择的权利。"而第 3 条规定：

---

[1] 杨光，王智猛，王惠，等译. 欧洲经济共同体和非加太公约（第三个洛美公约）[M]. 北京：中国社会科学院西亚非洲研究所：2.

"非加太国家最终决定其经济和社会的原则、战略和发展模式。"[1]这些规定既是对第 3 期《洛美协定》的一种规范，同时也是对前两期《洛美协定》所包含的发展合作理念的一种总结，揭示了《洛美协定》（1、2、3 期）的援助理念。具体的援助内容包括如下几个方面。

首先是稳定出口收入制度的进一步改进。该协定将补偿的农产品从 44 种扩大到 48 种，并将取得补偿的界限从产品占出口总收入的 6.5% 降到 6%（其中最不发达国家从 2% 降低到 1.5%）。补偿的资金提高 6%，达到 9.25 亿欧洲计算单位。同时为了保证受援国将这笔资金真正用在对出口受影响的农产品的补贴上，协议还规定受益国在申请补偿资金前必须提交使用的项目说明、领取资金后的 12 个月内必须提交使用报告。然而，受非洲经济形势恶化的影响，这一时期的出口稳定机制执行非常艰难。1986 年是该机制执行的第一年，申请额为 2.79 亿欧洲计算单位，经过努力勉强满足了这些申请。而接下来的 1987 年、1988 年，合乎条件的申请额分别为 8.034 亿和 7.614 亿，这两年的总额已经超过了整个五年协议资金总额的 68.2%。

其次是在财政援助方面，协定援助资金为 85 亿欧洲计算单位（合计 93.5 亿美元）。这一时期的援助进一步向农业领域倾斜（见表 7）。

---

[1] 杨光，王智猛，王惠，等译. 欧洲经济共同体和非加太公约（第三个洛美公约）[M]. 北京：中国社会科学院西亚非洲研究所：2-3.

表7 欧洲发展基金援助按部门分配情况表

部门	金额（百万欧洲货币单位）	比例（%）
农业	2092	29.8
运输和通讯	1092	15.4
工业	798	11.4
卫生、社会发展、供水	521	7.5
稳定出口收入	1436	20.5
其他	1089	15.5
总计	7028	100

资料来源：《欧洲经济共同体和非加太公约（第三个洛美公约）》。

这一时期内，直接投入农业的资金为20.92亿，占总额的29.8%。还有稳定出口收入，绝大部分是对农产品出口的补偿，因而也是对农业的一种投入，共10.89亿，占总额达20.5%。仅这两项对农业的投入就占据了总额的50.3%。还有用于卫生、社会发展、供水的项目和运输通讯的项目，有相当一部分是用于农村的，考虑到这些，投入农村的比例就更大了。这反映了非洲的粮食危机已成为援助非洲所必须面对的问题。

三、附加经济条件时期

第4个《洛美协定》于1990年7月生效，开始了欧盟援非的附加经济条件时期。从1991年到1995年的这五年，是第4期《洛美协定》的前半期，总额为120亿欧洲计算单位。这120亿可以按照所援助的领域分为三类。第一类是对非加太出口贸易部门的援助，包括传统的稳定出口收入制度和矿产品制度，第二、第三类分别是对投资和债务的援助。稳定出口收入制度和矿产品制度分别从第 1 期和第 2 期《洛美协定》开始执行，其目的在于对非加太国家对外出口进行援助，既可以将非加太国家圈在欧共体势力范围内，又可以为欧共体提供稳固的原材料供应，更可以按照欧共体的利益需要引导非加太国家的发展模式。稳定出口收入制度是对非加太国家农产品对欧共体出口的一种补偿制度。从性质上来看，属于一种对外贸部门的援助。而且随着欧共体对非加太援助的进展，欧共体本身也越来越意识到了这一点，因而对于非加太如何使用这项援助资金的规定也越来越严格。并且为了贯彻减轻非加太外债压力的原则，欧共体将这项资金从原来的无息贷款改为赠款，并进而将前三期非加太贷款全部改为赠款。而且在前期基础上继续降低依赖界限的标准。关于补偿的产品类，从上一期 48 种增为 49 种。

矿产品制度是欧洲开发基金援助非加太国家对外贸易的第二个渠道。与前两期相比，第 4 期前 5 年的矿产品制度所提供的援助资金更多，为 4.8 亿欧洲计算单位，援助种类更多（将黄金和铀等战略物资包括进来）。其目的在于帮助非加太国家重建生产设备、提高生产和出口的能力。欧共体更需要非洲的矿产品而不是其农产品，因此可以发现矿产品制度的规定比援助非洲农产品的出口稳定制度更为宽松。

以上这两种制度都是以促进受援国的出口贸易发展为目的的援助形式，而且都是从开发基金中所划拨出来的，计入欧共体对非加太的援助总额之内。另外还有一种贸易特惠制，以免除非加太对欧出口关税为主要内容的制度安排，其实质同样是通过对非加太国家对欧出口的一种隐性补贴来实现援助非加太对欧出口贸易的手段。

欧共体与非加太之间的贸易来往对于非加太来说是非常重要的。在当时的平均水平下，欧共体成员国要吸收来自非加太国家全部出口的 50%，而非加太进口产品的 58% 来自于欧共体成员国。由此可见非加太国家对于欧共体的经济依赖之深。第 4 个《洛美协定》规定:"一方面,在考虑缔约各方各自的发展水平情况下,促进非加太国家与欧共体国家之间的贸易,另一方面推动非加太国家之间的贸易。保证非加太国家在与欧共体国家进行贸易交换中获得实际利益,改善他们产品进入市场的条件,以加快他们的贸易增长速度,特别是向欧共体的出口,保证缔约双方达到更好的贸易平衡。"[1] 主要有如下四个方面的内容。其一,非加太国家对于欧共体进口的产品无需给予对等的优惠,只需给予在各成员国间无歧视的最惠国待遇,这一点是前几期的延续。其二,非加太国家对欧共体出口的全部工业产品和96%的农产品均可免关税、无限制进入。其三,对剩下的4%的农产品(因欧共体农业政策规定而无法以零关税进入欧共体市场),也给予或减税或在淡季免税的优惠。其四,对"原产地"给予更为宽松的界定。其中,关于第三点,以关于糖、牛肉、朗姆酒和香蕉的四个议定书的形式作出了明确的规定。

以上内容是在欧共体对非援助中对于贸易的援助内容,还有一个重要的内容,即对投资的促进援助和减免债务的援助。几十年来的援助成效不如人意,在谈判的过程中非洲各国对此做过全面的评价。欧共体和非洲都认识到投资是促进非洲发展、实现欧共体自身利益的一个重要手段。因此在这一次的对非援助中,有更大的份额用于促进投资。这笔资金由欧洲投资银行的自有财源和风险投资两个部分构成。EIB 的这笔资金被视为援助资金的一部分,绝大部分都用于促进投资上,在 1990 – 1995 年的总额为 12 亿。另外一个就是风险投资,该期总额为 8.25 亿。这两笔资金都由 EIB 统一管理,再加上给欧共体海外领地的 0.5 亿,一共有 20.75 亿,占 5 年欧共体对外援助总额的 17%。

---

[1] 姚桂梅. 世界市场全书——洛美条约 [M]. 北京:中国大百科全书出版社,1995:30 – 50.

对非洲国家债务问题的重视也反映到了这一时期对非援助的结构之中。由于非洲经济在 80 年代的恶劣表现，到 90 年代初时，沉重的债务已成为非洲经济发展的包袱。非洲各国在协定谈判时就提出来了，这些要求在协定之中也给予了一些安排。这种以减轻债务为目的的援助还是首次出现。规定除欧洲投资银行的自有资金贷款和风险投资之外，其余的援助资金均改为赠款形式，以减少非加太国家的债务压力。这样，稳定出口收入制度由原来的贷款改成了赠送，而矿产品制度则采取既有赠款又有低息贷款的双重安排。

四、附加政治条件时期

于 2000 年签订的《科托努协定》开启了欧盟援非新的历史时期，即附加政治条件时期。该时期主要内容如下。

首先，《科托努协定》将民主、人权、法治、良政视为协定执行的原则，欧盟有权向违反这些原则的受援国停止援助。这一做法表明欧盟对非援助在科托努时期出现了质的变化。在洛美协定前三期，欧盟在对非加太援助问题上一直遵循着不干涉他国内政的原则，在洛美协定后期，也就是第 4 期洛美协定时期，民主、人权等原则仅仅在文件上宣示，而并没有执行的具体要求与做法。而《科托努协定》则明确将这些原则提出来，并制定了较为详细的标准，更为重要的是，使用了停止援助这一惩罚措施。《科托努协定》所确立的，是欧盟对非援助框架，之后欧盟又出台的一系列关于援助的文件，都是在这一框架之内的进一步充实与细化。其总的趋势是，欧盟对非洲的援助政治色彩更为浓厚，欧盟通过援助对非洲政治的干预更为深刻。

其次，该协定结束了欧盟对非贸易特惠这一特殊的援助方式。之前，洛美协定时期欧盟对非援助的最大特色即是贸易特惠。这是一种贸易新体制，其实质是通过向非洲的扶助以促进其出口能力的增长。而科托努协定时期则收回了这些援助，以自由贸易体制取代。

最后，该协定扩大了欧盟对非援助的领域。在经济领域，主要加强了对宏观经济的援助，包括结构调整、经济各部门的改革、减债支持、财政收支平衡支持、出口收入支持、私有部门支持等。在政治领域，加强了人权、民主援助，安全援助。其中，安全援助由于9·11事件的刺激而得到加强，分别于2003年和2005年就刚果民主共和国和达尔富尔问题提供安全援助。

第三节　中欧援非历史比较

一、中欧援非历史稳定性比较

通过对中欧援非的历史进行比较可以发现，双方对非援助的历史轨迹在连续性和稳定性上有较大的差异。在近七十年的援非历史中，中国表现出较强的前后连贯性与一致性，而欧盟的援非史则在冷战结束后出现明显的断裂。

（一）政策稳定性的内容与必要性

政策是国家针对社会问题，依据特点目标而制定的行动指南、行动计划。稳定是指系统的一种特性，当遭遇内外条件的波动之后，系统能保持原有状态。稳定是事物运动的一个普遍现象，也是一种必然现象。而政策的稳定性是指特定政策具有的一种特性，即该政策在遭遇其他因素的干扰之后仍然能保持既定目标、合理的政策结构与政策外部环境保持较好的适应性。

稳定对于事物的存在与发展有其必要性，政策的稳定同样存在其必要性。这可以从以下三个方面予以理解。首先，社会发展变化的阶段性要求政策保持一定的稳定。政策是政党和政府是针对社会发展在某个时期所需要解决的问题而提出的解决方案，亦即社会发展的状况是政策的来源。社会发展在不同时期具有不同的特点和需要,在该阶段结束以前,针对其制定的政策将一直具有存在的必要性与合理性。其次,政策自身发展的特点要求其保持一定的稳定性。政策是人改变社会所采取的行动指南与行动计划。而社会的发展变化通常需要较长的时间,这就决定了政策要实现其目标也必须花费较长的时间。任何一项政策在尚未达到其目标之前就轻易地更换,将会导致社会问题无法得到解决。因此,政策只有保持一定的稳定性才能实现其使命。最后,政策是一个完整的系统。纵向来看包括总政策、基本政策、具体政策,横向来看包括政治领域、经济领域、文化领域、社会领域、外交领域的政策。政策系统要求在纵向和横向都保持一定的协调性与整体性。而某方面或者几个方面政策的不稳定必然导致其与其他领域、层次政策的不协调甚至抵触,由此造成政策系统的混乱。因而,政策必须保持一定的稳定性以维持政策系统的正常运行。

(二) 中欧援非政策稳定性的比较

政策的稳定性包括多个方面的内容,在特定时期内,政策的目标、内容保持稳定性,政策的执行始终不偏离原来的轨道,在必要的政策调整出现时,不偏离既定的政策目标并能够与内外的政策环境相适应。本书就在特定时期内政策的目标和内容保持稳定性和政策必要调适时不偏离既定政策目标这两个主要方面对中欧援非的政策进行比较。

1. 特定时期内政策目标和内容保持稳定性

自20世纪50年代以来,中国对非援助的始终都是以促进非洲的独立、自主发展为目标。1964年1月,周恩来总理在非洲宣布的八项原则,其中第四条为:"中国政府对外提供援助的目的,不是造成受援国对中国的依赖,而是帮助受援国逐步走上自力更生、经济上独立发展的道路。"周恩来总理提出的中国援非政策目的是对过去几年中国对非洲和其他国家援助的经验提炼,同时也是自我国最初对非援助以来一直遵循的。1978年改革开放,我国的基本政策得到调整,我国的援非政策作为中国政策体系的一部分,其环境发生了变化。在这种变化了的形势下,我国的援非政策仍然保持了其目标的稳定性,八项原则仍然作为指导我国援非的原则,其中包括的要实现受援国自主发展仍然是我国援助政策目标。20世纪90年代初,冷战结束,世界格局发生巨变后,我国的对非援助目标依旧没变,发生变化的只是援助的方式。2011年,我国政府发布的《中国的对外援助》白皮书中指出中国对外援助的政策是"坚持帮助受援国提高自主发展能力。实践证明,一国的发展主要依靠自身的力量。中国在提供对外援助时,尽力为受援国培养本土人才和技术力量。帮助受援国建设基础设施,开发利用本国资源,打好发展基础,逐步走上自力更生、独立发展的道路"。[1] 由此可见,自20世纪对非援助以来直至当前,我国的援非政策目标是一以贯之的。在非洲真正走上自主发展道路这一目标实现之前,我国的援非政策在内外政策环境先后发生变化之时仍然保持不变,这充分说明我国的援非政策目标是稳定的。

欧盟自1957年开始对非洲开展援助。1957年签订的《罗马条约》第4部分第131条记载:"各成员国均同意与比、法、意、荷有特殊关系的非欧国家和领地可与本集团结合,联合的目标是促进这些国家的社会经济发展并使其与共同体建立紧密的经济联系"。而90年代的东欧剧变之后,随着国际政治格局的改变,欧盟对非洲的援助目标也随之一变,逐渐以促进非洲的民主化、自由化、法治化为目标。新世纪的千年发展目标提出来之后,欧盟将其援非政

---

[1] 中华人民共和国国务院新闻办公室. 中国的对外援助 [M]. 北京:人民出版社,2011:3-4.

策目标改变为千年发展目标所要求的减贫，然而欧盟又按照自己的方式理解减贫，为其援非目标加入了其他的内容。综上所述，欧盟援非政策的目标不够稳定，随着内外环境的变化而变化。

2. 中欧在援非政策调适中的继承性与连续性比较

政策稳定并不意味着政策始终不发生任何变化，而是应该随着实际情况的变化而调适。在政策体系中，援助政策属于具体政策，与经济、外交这类基本政策和元政策有着不同的特点。元政策是对整个国家在较长时间内行动路线的一种规划，为了解决在相当时间内该国所面临的根本问题。因此其更多地表现为稳定性。而基本政策是元政策在某一大的方面，比如国家政治、经济等领域的运用，其可调适性要强于元政策。而具体政策，如援外政策等由于涉及更为具体的问题，因此较为活跃，需要决策者和执行者根据大量出现的新情况予以调适。然而，这种调适的前提是尊重既定的政策目标与内容，与调适之前的状态保持高度的连续性与继承性。

中国的援非政策自20世纪50年代以来经历过多次调适，但表现出较高的连续性与继承性。20世纪70年代，随着我国恢复联合国的合法席位，与我国建立外交关系的发展中国家日益增多，需要我国提供援助的非洲国家也相应增加。这时我国的援非政策变化表现为援助总量上逐渐增大。然而，八项原则仍然是我国援非政策所遵循的理念、原则。以促进非洲受援国自主发展能力为援助目标、不附加任何政治条件仍然是我国对非援助政策的重要内容。改革开放后，我国的发展战略重点转移到经济建设上来，要求援非政策服务于经济建设的大局。这对我国的援非政策提出了两个要求，其一，是用于援非的财政支出数量下降，以此保证更多的财政资金用于我国自身的经济建设；其二，是改变援非的方式，强调互利合作，改变之前我国对非援助只算政治账不算经济账的状况。进入90年代，苏东阵营消失，非洲也在西方势力的干涉之下迅速按照西方的资本主义模式重塑，私有化和经济自由化成为非洲经济发展的主流，大量的非洲国有企业被私有化，其中也包括我国援建后移交给非洲各国的国有企业。在这种新的形势之下，我国原有的援助方式表现出其局限性。为了适应新的形势，我国的援非政策在援助方式上进行了探索，主要在两个方面做了努力。一是大量使用企业合资的方式来实施援建项目，使我国的企业成为援非的主体；二是引入援外优惠贷款，使银行加入到我国的援非事业当中。80年代和90年代的这两次调适都是根据新的形势而做出的，但是都继承了60年代的核心原则，比如作为我国援非政策典型特征的不附加任何政治条件就始终得到了坚持。

欧盟的援非政策自1957年以来调整更为频繁，其中90年代的调整使其前后出现两个截然不同的阶段。在90年代之前，欧盟的援非政策强调非洲在发展问题上有自主选择的权力。第3个《洛美协定》第1章第2条载明："每个国家均有其决定政治、社会、文化和经济选择的权利"，第3条规定"非加太国家最终决定其经济和社会的原则、战略和发展模式"。事实上，从第一个到第三个《洛美协定》，欧盟都坚持不干涉非洲受援国的内部事务。而90年代开始，欧盟改变了这一援助政策，不仅以援助为手段迫使非洲实行私有化、经济自由化，为非洲各主权国家制定所谓的国家经济发展战略，同时通过附加政治条件、直接对非洲各国政治事务进行援助等手段，迫使非洲接受欧式政治模式。由此可见，欧盟的援非政策在调适过程中与之前的政策出现了根本性的断裂。

二、中欧援非历史变革的动因比较

无论是中国还是欧盟的援非历史都是一个变迁的过程，中国对非援助在文革结束时出现了一定的变化，而欧盟对非援助在冷战结束后则出现了质变。然而，导致双方变化的原因却各有不同。中国援非的变化主要是内因推动，而欧盟援非的变化主要是外因推动。

中国援非史中最初的变革发生在 1975 年。于 1973 年第二次复出的邓小平在 1975 年初替代病重住院的周恩来主持中央日常工作,对各条战线的工作进行整顿,援助工作也在其中。1975 年 4 月 23 日,邓小平主持制定《中共中央、国务院关于合理安排对外援助的决定》,提出了"援外工作的十条措施",其中减少援助总量是重点内容。援外工作之所以进入邓小平整顿的范围,是因为邓小平在这次整顿中系统地纠正文化大革命的错误,并在施政过程中将经济建设作为重要的内容,而为了迅速提高经济发展水平,压缩规模庞大的援助支出是不可缺少的举措。尽管邓小平在 1975 年年底再次退出领导岗位,但他对援外工作的整顿成果却保存下来,并在他第三次复出时得到进一步的发展。在改革开放之后,我党确立"一个中心两个基本点"的基本路线,经济建设被置于国家发展的核心地位,对外援助同样地要服从这一中心。而当时援助在财政总支出中过高的比例较为严重地影响了国内经济发展的大局,当时就有了降低援外财政支出的要求。李先念指出:"今后还是要援助的,这个方针不能变。问题是援助多少……"[1] 从 1975 年到 1978 年这一中国援外工作出现变化时,国际政治的大环境仍然没有改变,美苏争霸的格局仍在继续。中国对非援助之所以出现变化,主要是我国自身发展战略调整的结果。

而欧盟援非的历史变革的主要动因则是国际环境的变化,即冷战的结束。在冷战结束前,欧盟处在美苏斗争的前沿,为了自身的安全利益而在援助问题上保持中立,即不干涉受援国的内政。应该注意的是,欧盟采取这种态度与中国有本质的不同,中国自开始对非援助直到今天都是坚持不干涉受援国内政的原则,而欧盟在洛美协定时期只是暂时性地、策略性地不干涉受援国内政。因此,尽管

---

〔1〕 石林. 当代中国的对外经济合作 [M]. 北京:当代中国出版社,1991:71.

从 1979 年开始，布雷顿森林机构就开始了结构调整计划并对欧盟施加了压力，但欧盟仍然坚持其不干涉受援国内政的原则，但当 1989 年东欧剧变后，欧盟发现通过援助加快改变东欧可以为其创造一个足以保障安全的地带时，便迅速地改变了不干涉受援国内政的原则，转而向布雷顿森林机构靠拢。

第三章
中欧援非理念比较

理念引领实践，认识理念可以更为深刻地把握实践的本质。一个国家或国际行为体对外实行援助包括的内容非常广泛，援助的理念则是该国或国际行为体对外援助的核心。本书将对中国和欧盟对非援助中所持理念进行分析，并在此基础上对两种理念的异同进行比较。中国和欧盟在对非援助理念上的差别决定了中欧在对非政策、实践效果等一系列问题上的差别。

第一节 中国援非理念

在国际社会对非洲的援助中，中国的对非援助独树一帜，颇具特色。虽然我国对非援助的规模并不很大，可效果却很好，受到了非洲各国的称赞与欢迎，为巩固中非友谊做出了重要的贡献。中国对非援助也由此得到了学界的关注，本书认为，我国对非援助的成功在于其迥异于西方援助者的援助理念。正是依靠合理的援非理念，我国的援非工作才取得了巨大的效益，既真正帮助了非洲的发展又促进了我国的外交与经济利益。将援助理念从中国对非援助的整体之中划分出来单独予以分析，有助于加深对我国援非工作的理解，从而更加自觉地发挥我国对非援助的优势。

一、援助理念的概念辨析

援助理念是一个很重要的概念，通常与援助实践等概念联系起来使用。认识一个国家的对外援助，应该从认识其对外援助的理念开始，因为理念决定了政策及实践。在国际援助体系中，各种援助类型相互区别的关键是援助理念。然而，援助理念究竟是什么，学界有不同的看法。有一种观点认为，援助理念是指援助的动机，即回答"为什么援助"的问题。金熙德归纳了四种援助理念：战略型、开发型、人道主义、南北共存。其中，战略型援助理念是指具有政治利益动机的援助理念，开发型援助则是以经济利益为动机的援助，人道主义援助理念和南北共存的援助理念则是出于国际社会共同利益的援助理念。[1] 可以看到，这里所说的援助理念即为援助动机。林晓光在对日本援外理念的定义中持同样观点："所谓ODA 的政策理念，就是日本政府制定、实施 ODA 政策，并为证明其合理性、必要性、正当性而秉持的价值观念。其作用一是说服交纳税金、为 ODA 提供财源的国民；二是整合国内各界、各阶层、各利益集团的利益需求；三是向国际社会宣传日本所作出的贡献。"[2] 这类对援助理念的定义属于狭义型定义，援助理念与援助动机是同义。另外一种观点则认为援助理念不仅仅指援助动机，还包括其他内容。根据彭云的归纳，"日本学者虽然对何谓'经济协力理念'或'援助理念'的表述各有不同，但观点是基本一致的，即指对'经济协力'或'援助'的原因、目的、重要性、实施原则等基本问题的看法"，"日语'理念'所对应的恰当英译为'idea'，不过英文文献中多用'aid philosophy'一词来指援助理念，不

---

[1] 金熙德. 日本政府开发援助 [M]. 北京：社会科学文献出版社，2000：28 - 37.

[2] 林晓光. 日本政府开发援助与中日关系 [M]. 北京：世界知识出版社，2003：34.

过西方学者大多没有就援助理念进行明确的定义。从其论述的内容判断，多认为援助理念主要阐述的是援助的目的、原则和基本方法，即回答'为什么援助'和'如何援助'两个基本问题"。[1]

本书认为援助的理念至少应该包括三个内容。一是援助目标，即援助者在实施对外援助时希望帮助受援者达到何种目标，援助目标是整个援助工作开展的中心，援助资源的配置、援助方法的选择、援助领域的分布等都是围绕援助目标进行的。二是援助动机，即援助者为什么援助受援者，这是促使援助行为发生的动力，援助动机通常是复杂的，利益分析是研究援助动机的有效途径。应该注意区分援助目标与援助动机这两个概念。援助目标是指援助者要帮助受援者达到的目的，而援助动机则是促使援助者启动援助的原因。三是援助的原则，即援助者按照何种规则、标准实施援助。援助的目标、动机、原则这三者各自不同，同时又相互关联。

二、援助目标：自主发展

推动非洲走上自主发展之路，是我国对非援助的目标，也是我国对非援助理念中的首要内容。自主发展是我国从20世纪50年代开始对非援助以来一以贯之的援非目标。1956年是我国对非援助史上关键的一年，周恩来总理在这一年提出了援外三点主张："第一，要使被帮助的国家建立自己的独立工业。第二，相互援助而不附加任何经济、政治上的条件。第三，以技术教给其他国家，使其获得独立，而不是代替。"[2] 其中第一点和第三点指明了我国对非援助的目标，即帮助受援国实现经济独立，具体而言是帮助受援国建立独立工业。1963年8月，周恩来在会见索马里总理时提出了中

---

[1] 彭云. 试析日本的援助理念 [J]. 外交评论, 2009 (2): 96.

[2] 中共中央文献研究室编. 周恩来年谱 (1949 - 1976) (上) [M]. 北京：中央文献出版社, 2007: 576.

国对亚非国家提供援助的四点基本政策。其中第二点是:"我们援助的目的,只能有利于你们逐步发展独立的民族经济,而不是阻碍你们发展这种经济,也不是造成你们对外国包括对我们的依赖。"[1] 1964 年周恩来总理访问非洲,提出著名的"对外经济技术援助八项原则",其中第 4 条为:"中国政府对外提供援助的目的,不是造成受援国对中国的依赖,而是帮助受援国逐步走上自力更生、经济上独立发展的道路";第 7 条为:"中国政府对外提供任何一种技术援助的时候保证,做到使受援国的人员充分掌握这种技术。"[2] 可以看到,经过八年实践,中国政府对于援非目标的认识更为明确、深刻。从之前帮助受援国建立自己的独立工业提炼为帮助受援国走上自力更生、经济独立发展道路。同时,第 7 条进一步提出了在进行技术援助的同时应当注重技术的传播,以保证在我国援助专家回国后,受援国能依靠自身的技术力量运营援建项目。帮助非洲实现自主发展的援助目标在我国几十年来的援非过程中始终得到坚持。2011 年发布的《中国的对外援助》白皮书中,关于对外援助政策的第 1 条即是:"中国对外援助政策的基本内容是:坚持帮助受援国提高自主发展能力。实践证明,一国的发展主要依靠自身的力量。中国在提供对外援助时,尽力为受援国培养本土人才和技术力量,帮助受援国建设基础设施,开发利用本国资源,打好发展基础,逐步走上自力更生、独立发展的道路。"[3]

促进非洲自主发展作为我国援非的目标,主要包含有如下两项内容:为非洲的独立发展创造条件,防止出现受援国产生援助依

---

[1] 裴坚章. 研究周恩来——外交思想与实践 [M]. 北京:世界知识出版社,1989:139.

[2] 周恩来. 周恩来外交文选 [M]. 北京:中央文献出版社,1990:118.

[3] 中华人民共和国国务院新闻办公室编. 中国的对外援助 [M]. 北京:人民出版社,2011:1-3.

赖。发展援助的核心是发展，一切的援助围绕受援国的发展进行，而援助国在受援国的发展中应该处于何种位置和如何提供援助，是一个关键的问题。既然我国的援助目标是实现非洲的自主发展，那么我国所提供的援助就不应当是代替非洲受援国的发展，而只能是为其发展创造条件。1963年周恩来提出了中国对亚非国家提供援助的四点基本政策，其中第三点："无论我们派专家去，还是接受你们的留学生，其目的是逐步培养你们自己独立的建设人才。我们的援助只是过渡性质的，一旦你们自己能够搞了，我们就撤退，绝不是造成你们对外国包括对我们的依赖。"[1] 我国政府于2011年发布的《中国的对外援助》白皮书中指出："中国在提供对外援助时，尽力为受援国培养本土人才和技术力量，帮助受援国建设基础设施，开发利用本国资源，打好发展基础，逐步走上自力更生、独立发展的道路。"[2] 这一论述中包含着这样一个判断：即中国为受援国培养本土人才和技术力量、帮助受援国建设基础设施、开发利用本国资源等援助活动，都指向同一个目的，即帮助非洲打好发展基础。事实上，中国对非援助的许多内容都体现了为非洲创造发展条件、打好发展基础的目的。李丹指出："在中国人看来，授人以鱼不如授人以渔……中国建设的道路、车站、学校、医院、超市、发电站、体育馆、会议中心在非洲到处可见，这些设施为非洲助跑起飞奠定了坚实的发展基础。更为可贵的是，中国把非洲看成是充满机会的大陆和平等的合作伙伴，'实施援助'经贸结合、以投资促进合作的对非政策，通过开办工厂、开发油田、建立优惠关税

---

〔1〕 裴坚章. 研究周恩来——外交思想与实践［M］. 北京：世界知识出版社，1989：139.

〔2〕 中华人民共和国国务院新闻办公室编. 中国的对外援助［M］. 北京：人民出版社，2011：3－4.

区,手把手将非洲引领上发展的轨道。"[1]

促进非洲自主发展不仅要有准确的自身定位,为非洲的发展打好基础、创造条件,还包括防止非洲产生对援助的依赖。在改革开放前,我国就非常注重这一点,改革开放之后的许多援外改革措施也鲜明地体现了这一点,比如在当地费用、贷款问题上的改变。周弘指出:"为了达到确实使受援国得到好处的目的,中国援外改变了原有的做法,适当要求受援方支付'当地费用',增加'象征性的'贷款利息。由于'当地费用'往往不可预测,在支出时难以封顶,所以当地费用由受援方支付的做法不仅能减轻中国援外的财政负担,同时更重要的是促使受援国学会对于建设项目进行'经济核算',从而为受援国自力更生发展经济打下基础。"[2] 在贷款方面,我国于20世纪90年代实施改革,这包括两项内容,一是启动援外优惠贷款。与之前的无息贷款不同的是,援外优惠贷款要求受援国支付一定的利息。二是终止无息贷款。这两项改革不仅仅是从减少我国财政压力、扩大援助规模出发,同时也包含了减少非洲对我国援助依赖的目的。在此次改革之前,我国对非援助只有无息贷款和无偿援助这两种资金形式。从实践情况来看,有相当部分的无息贷款都不能顺利收回,而到期之后,我国政府通常会宣布推迟收回年限或将无息贷款转为无偿援助。这样的做法在一定程度上助长了部分受援国的依赖心理。而优惠贷款则避免了这一问题,培养了受援国的自主发展理念。

促进非洲自主发展之所以成为我国援非的目标,有着深刻的历史原因。20世纪50年代我国开始对非洲提供援助之时,正是非洲

---

[1] 李丹. 新理念、新模式:中国参与国家发展的贡献[J]. 厦门大学学报:哲学社会科学版,2014(4):60.

[2] 周弘. 中国对外援助与改革开放30年[J]. 世界经济与政治论坛,2008(11):38.

广泛开展民族解放运动的时期，寻求独立成为当时非洲的首要任务。作为非洲的援助者，我国提供援助当然也是围绕非洲解放这一中心任务进行。随着非洲各地逐渐实现政治独立，我国政府敏锐地发现，非洲虽然正逐渐实现政治上的独立，但经济上仍然没有实现独立，而没有经济上的独立，政治上的独立也是不可靠的。中国政府对如何帮助非洲实现经济独立、自主发展的认识并没有停留于此，而是通过观察西方的援助，洞察了西方以援助为手段控制非洲的本质。周恩来总理指出："由于大多数亚非国家在经济上的落后，长时期以来他们只能在不平等的、苛刻的条件下从亚非地区以外的国家取得所谓援助……殖民主义国家在同落后国家的经济往来中总是要取得各种特权的。这些特权实际上就是殖民主义的表现。因此这种经济往来的结果只能使落后国家更加处于停滞和贫困的状态，而绝不是真正的援助。"[1] "目前大多数非洲国家的建设，基本上是靠外援。要求新独立的非洲国家马上摆脱外援，完全自力更生，这是不现实的。对于他们来说，比较现实的出路是，利用外援而不依赖外援，逐步壮大民族经济的力量，以便将来摆脱外援。不少非洲国家的领导人看来还不能够清楚地认识到依赖外援的危险性。"[2] 由此可见，我国致力于促进非洲的自力更生，其历史的原因是为了帮助非洲早日实现经济独立、摆脱西方控制型援助，进而巩固来之不易的政治独立。

三、援助动机：国家利益

中国的对外援助的理念还包括援助动机。对外援助的动机是国

---

[1] 周恩来总理在全国人民代表大会常务委员会上关于亚非会议的报告，第10 – 11 页。转引自张浚．不附加条件的援助：中国对非援助政策的形成 [J]．外交评论，2010（5）：25．

[2] 十四国访问报告提纲．外交部开放档案 203 – 00494 – 01，第 18 – 19 页．转引自张浚．不附加条件的援助：中国对非援助政策的形成 [J]．外交评论，2010（5）：29 – 30．

际政治学学科对外援理论研究的主要问题之一，也是一个国家对外援助理念的重要内容。在对外援助动机的研究上，一般有两种假设，一是自利假设，二是利他假设。前者是国际政治学的现实主义学派在对外援助理论研究中的延续，而后者则是国际政治学的理想主义学派在对外援助中的延续。本文认为中国的对外援助是出于国家利益的需要。

自新中国建立以来的对非援助就是为本国的利益服务的。不过在利益的内容上不同时期有不同的侧重点：前期的利益重点是在政治和安全上，而改革开放后的利益重点在经济上。建国初期，我国的对外援助是为了新中国的安全和政治利益，同时也是为了支持广大第三世界国家的解放和独立。周恩来指出："社会主义国家始终一贯地声援全世界人民和一切爱好和平国家的维护和平的努力，声援一切被压迫民族反对侵略、反对殖民主义的斗争，声援新独立国家维护民族利益和发展民族经济的事业。很明显，侵略的势力越是受到抑制，和平的事业就越是有保证。"[1] 由此可见，建国初期的对外援助是带有建立国际统一战线意味的行为。不仅仅是为援助受援国的解放独立，更为我们自己赢得了更有利的国际形势。这一时期的国家利益以政治利益为主，但同时，这一时期的对外援助也包含一定经济利益动机。对其他国家的援助直接促进了其经济发展，这一点无须赘述。这种援助对于我国也是有经济上的好处的。周恩来强调援助可以"在经济技术上督促我们更进一步"，[2] 并提出了"抓援外，促国内"的援外生产方针。他解释道："不怕订货，我们有的就援助，现在还没有的，就督促我们去做，在工作上对我们

---

[1] 周恩来. 政府工作报告 [N]. 人民日报，1959 – 4 – 19 (2).

[2] 叶如根主编. 方毅传 [M]. 人民出版社，2008：277.

是一个推动"，[1] 周恩来专门提出：中国技术人员要向阿联酋、摩洛哥等国家学习在沙漠修公路的经验。[2] 周恩来总理的这些论述表明，中国政府在展开对非援助过程中，无不考虑本国利益。

在改革开放后，我国将工作重心放到经济上来，以经济建设为中心，从前的经济为外交服务变成外交为经济服务。而对外援助是经济外交的一种，是对外政策的工具。这样，对外援助所服务的大局也变成了国内经济的发展，对外援助的利益重点也成为了国家经济利益。在20世纪80年代提出的对外援助四原则中，已经明确地将对外援助纳入国家经济发展框架之中。如何使援助为贸易、投资服务，将三者很好地融合起来形成"大经贸战略"，成为新时期外援工作的一个努力重点。这主要通过两种方式来实现，其一是政府贴息优惠贷款，由我国进出口银行对与非洲企业合资经营的企业进行优惠贷款。这种援助方式让西方感到困惑，能不能算作是援助的一种，尚在讨论之中。但是这种新理念主导下的援助使得我国在外的许多援助项目恢复活力，其作用是毋庸置疑的。二是援外项目实行合资合作形式。大经贸的战略对实现我国的经济利益起到了很好的作用。首先直接促进了我国的产品出口，其次扩大了能源进口。随着我国经济的迅速发展，能源越来越成为制约经济发展的大问题。而对外援助以援助换取受援国的能源，对于我国能源的进口起到了积极的作用。还推动了我国企业走出去。通过合作建设外援项目，许多中国企业熟悉了海外的情况，同时，在优惠信贷的支持下，获得了资金上的支持，为开辟海外市场提供了有力保障。从"大经贸战略"的内容与作用可以看到，中国在改革开放之后将对

---

〔1〕 周总理关于援外工作重要谈话，第14页，《一九七三年援外工作会议材料（附件）》

〔2〕 周总理同驻西亚非洲大使关于工作问题的谈话纪要，第4页，《周恩来总理同驻西亚非洲大使关于工作问题的谈话纪要》，外交部文档：203 - 00319 - 04。

外援助的利益重点放在了经济上的利益。随着中国对外援助越来越成为实现援助国和受援助国共同利益的政策工具，中国对外援助的数量也在增加。当然，改革开放之后的外援动机不是只有经济利益，同样包含了政治上的利益。外援是遏制台独的有效手段，同时，外援是处理好我国和其他第三世界之间关系的重要手段。

西方认为我国在援非过程中过分强调本国利益，是以侵犯他国利益为代价的自利，是"东方牛仔资本主义""新殖民主义"等等。这是一种误解。我国的援非援助理念并非纯粹自利，而是充分考虑到了中非的共同利益。随着中国对非洲的发展援助进一步增多，在实践中逐渐形成"贸易—援助—对外直接投资"的合作模式，在促进非洲发展方面比西方模式的效果更为明显。只有单方面的收益不符合我国的援助理念。我国的援助同样也是促进受援国发展的工具。从这些举措可以看到，中国外援的重点放在了增强受援国独立自主发展的能力。只有真正做到了这一点，受援国获得了自我发展的能力，才能逐步摆脱对外界的依赖。

四、援助原则：不附加政治条件与实事求是

（一）不附加政治条件

附加政治条件是西方在对外援助中的一种比较普遍的做法，在提供援助的同时，要求受援国满足某一条件，而这种条件往往涉及受援国主权问题。在二战结束后的对外援助潮流中，许多发达国家都在对外提供援助的同时附加了政治条件。根据斯多克的研究，各国附加在援助上的政治条件按照不同时期可以分成不同的类别。比如80年代比较流行的政治条件是经济自由化，主要是由世界银行和国际货币基金组织主导的结构调整为其典型代表。90年代的政治条件大多是人权、法治、民主。对外援助作为国际关系的一个环节，也不可避免地受到整个国际关系大环境的影响。观察对非援助，特别是国际社会对非援助，可以看到，主权平等原则被西方一再忽视。援助非洲发展，这本身当然是一件进步的事业，但援助是一种涉及国与国之间关系的行为，当然应该受到作为国际社会秩序支柱的主权平等原则的规范。主权平等原则是调节国际关系，为整个国际社会提供秩序与发展前提的根本性原则，这一原则在国与国之间一切交往中都应该得到遵守。在援助中也是如此，当援助国能够平等对待受援国、不在援助中附加条件以干涉对方时，才能真正办好援助事业。

我国自对外援助之初就明确地将不附加政治条件作为援助理念的核心内容之一，而且这一理念为历届政府所坚持。1964 年 1 月，周总理访问非洲之时提出了著名的"中国政府对外经济技术援助的八项原则"，其中包括了"平等互利、尊重受援国的主权、绝不附带任何条件"。1982 年提出的四项原则则对此予以继续坚持。2009 年 11 月，温家宝总理指出中国对非援助过去没有、将来也永远不会附加任何政治条件。2013 年习近平主席在坦桑尼亚尼雷尔国际会议中心发表演讲。习近平表示，中国将继续为非洲提供应有的、不附加任何政治条件的帮助。2014 年 7 月国新办发布的《中国的对外援助（2014）》白皮书中指出："中国提供对外援助，坚持不附带任何政治条件，不干涉受援国内政，充分尊重受援国自主选择发展道路和模式的权利。"这一系列的宣言和文件表明，不附加任何政治条件是我国一以贯之的援助理念。

不附加政治条件之所以得到如此强调，是由我国对国际关系的根本态度所决定的。不附加政治条件这一举措与是否干涉他国内政，进而建立何种国际秩序等根本问题直接联系。1955 年 5 月，周恩来总理在全国人民代表大会常务委员会上做关于参加亚非会议的报告，指出："由于大多数亚非国家在经济上落后，长时期以来它们只能在不平等的、苛刻的条件下从亚非地区以外的国家取得所谓援助……殖民主义国家在同落后国家的经济往来中总是要取得各种特权的。这些特权实际上就是殖民主义的表现。因此，这种经济往来的结果只能使落后国家更加处于停滞和贫困的状态，而绝不是真正的援助。"[1] 周恩来总理正式提出八项原则是在 1964 年，而从这一发言来看，他在 1955 年就已经对附加政治条件援助的本质有了深刻的认识。当时他形成了这样一个判断：附加政治条件是殖民主义的做法。而殖民主义则是资本主义的一种表现，因此，作为社会主义国家的中国在对外援助中当然不能附加任何政治条件。要理解这一判断，就必须把握对外援助与附加政治条件的关系。对外援助是一种国际间的资源转移。对于这一过程，援助国可以通过对其改造从而对本国有利。而附加政治条件要求受援国在接受援助的同时也必须做出某种政策调整。这正好是一个国家对于另外一个国家的控制手段：以利诱之。也就是说，在援助中附加政治条件成为了一种援助国控制受援国的权力政治行为。由于条件的存在而使得援助变成了控制，这与援助的本来意义背道而驰。这里涉及国际政治根本问题：如何看待权力政治。周恩来总理指出："社会主义国家之间的关系完全是一种互相尊重国家主权和民族独立的关系，是以平等互助和求得共同经济高涨为基础的一种新型国家关系。一个国家控制另一个国家的行为同社会主义国家的制度和政策毫无共同之处。"[2] 这一段话表明了对权力政治的否定态度。在当时的决策者看来，在对外援助中附加政治条件就是谋求特权、实施对受援国的控制，而这是殖民主义的做法，是与社会主义国家性质完全不相容的。应该看到，这一认识是深刻而正确的，这也是这一理念具有长久生命力的根本原因所在。

---

[1] 周恩来总理在全国人民代表大会常务委员会上关于亚非会议的报告，1955 年 5 月 13 日，外交部开放档案：10—11.

[2] 周恩来总理在全国人民代表大会常务委员会上关于亚非会议的报告，1955 年 5 月 13 日，外交部开放档案：56.

在初期的不附加政治条件理念中，更多的是出于打击殖民主义这样的国际战略目的，随着我国改革开放后取得世界瞩目的发展成绩后，继续坚持不附加政治条件还多了对发展本质规律的认识。发展援助从本意上来说是以帮助受援国实现发展为目的。那么在确定对外援助理念的过程中，考察援助对象的发展历史与规律就是基础性的工作，正确的援助理念只能来自于对受援国发展规律的深刻把握。我国对非洲援助的理念以尊重非洲选择本土发展模式而著称。与附加了大量的政治、经济条件的西方援助相比，我国的这一理念内容是最符合非洲发展规律的，这一点可以从非洲二战后的发展历史中得出。

二战后，非洲国家的相继独立，走上发展的道路。然而，非洲的发展一开始就深受殖民遗产和冷战现实的影响。表现在两个层面：一是在发展道路和模式上，大部分非洲国家继承了原殖民国的遗产，学习西方，一部分国家学习社会主义，学习东方；二是发展的基础和条件。独立后的非洲国家虽然具有强烈的自主发展意愿和决心，但是缺乏基本的条件，如资金、产业基础、技术、教育、人才等。这都决定了在当时很难认真学习和找到适合本国的发展道路，非洲的发展一开始就被历史和现实所绑架。

在20世纪60年代，对大部分非洲国家来说，西方国家的发展模式就是非洲的未来，而实现这一目标的途径就是快速产业化。非洲国家纷纷采取"进口替代产业化"战略，然而，这一刻板的依赖外部设计、专家和技术的产业化战略很快就以失败告终，留下了大量的"白象工程"。产业化战略没有推动非洲的发展，反而使非洲国家开始陷入对发达国家的巨大债务之中。

从70年代开始，非洲国家放弃产业化战略，开始寻求新的发展模式。然而，非洲国家并没有能力制定自身的发展战略，相反开始严重依赖外部援助、贷款和投资来满足自身的基本需求，这导致非洲国家的债务和经济脆弱性越来越大。产业化战略的失败也促使西方国家在非洲发展理念和战略设计上进行调整,开始重视社会、社区和人力资源的发展,包括卫生、教育和营养改善等。然而,这一设计采取的是"输血"而不是"造血"的方式,并没有有效地结合非洲当地的实际,这也导致非洲的人力并没有取得实质性的发展,非洲发展所需要的人力、技术和资金仍严重依赖外部。

80年代开始,基于西方国家新自由主义思想基础上的经济结构调整计划使本来就脆弱的非洲经济更加雪上加霜。国际货币基金组织和世界银行在与非洲国家谈判中要求缩减政府规模,实行私有化、货币贬值、开放市场,这被证明是对非洲经济致命的打击。加上干旱、饥荒、艾滋病和疟疾蔓延等灾害,非洲国家经历了"失去的十年"。[1]

从非洲的发展历程可以看到,不尊重非洲各国主权的援助抽掉了非洲发展的一个首要条件,即主权。主权不仅仅本身就是值得追求的价值,同时也是实现其他价值(比如经济、社会的发展)的必要条件,任何一个国家要实现真正的可持续、健康的发展,都不得不首先追求并保持其主权的独立,根据本国实情寻找其发展的道路。非洲的战后发展史有力地证明了我国援非理念的合理性。

我国在援非过程中坚持平等原则是对主权平等原则的遵守与贯彻。主权平等原则是国际社会中最重要的原则,是建立有序的国际社会、摆脱"一切人反对一切人"的状态的唯一途径。在欧洲中世纪,帝国的君主、各王国国王、教会或者是领主、骑士,都无法实行有效的统治,权力被撕裂成许多部分,这也是中世纪被称为"黑暗世纪"的主要原因。随着资本主义经济的发展,经济上各地逐渐

---

〔1〕 舒运国. 失败的改革:20世纪末撒哈拉以南非洲国家结构调整评述[M]. 长春:吉林人民出版社,2004:147.

有融为一体的趋势,过去那种四分五裂的政治状态逐渐成为资本主义经济发展的桎梏。不丹对主权问题进行了深入的探讨,他的主权思想对于扫清来自帝国君主和教会的干涉有积极作用。如果说不丹论述了主权的内部属性,那么格劳修斯则对主权与主权之间的关系进行了探讨。从格劳修斯开始,主权平等原则开始成为解决国际社会战争纷乱的一个方案。在实践中,三十年的惨烈战争让欧洲的政治家们认识到主权平等原则对于国际社会秩序的重要性,《威斯特瓦利亚和约》的签订开启了新的时代。然而在那之后的很长一段时间内,欧洲人谈论的主权平等只是限制在欧洲范围内,广大的第三世界似乎并不具备掌握主权的条件。这种状况一直持续到二战之后。两次世界大战的惨烈程度远胜于三十年战争,带来的反思也更为深刻。二战之后,主权原则已经深入人心,成为各国普遍认同的原则。而冷战之后,西方的霸权主义倾向,使得主权平等原则再次受到怀疑。新干涉主义、人权高于主权、有限主权论等各种为侵犯主权平等原则行径张目的理论纷纷出炉。

我国对于主权的认识从鸦片战争之时开始,鸦片战争之后,我国主权逐渐沦丧,这激起了有志之士对主权问题的深刻关切。我国近代史的一个重大主题就是维护国家的主权独立。作为一个深受主权不独立之苦的国家,新中国所确立的和平共处五项原就集中表现了我国对于主权平等原则的认同。进入 80 年代后,中国共产党坚持独立自主的和平外交政策,以和平共处五项原则和《联合国宪章》为准绳处理国际关系,反对霸权主义、维护世界和平,积极建立国际经济新秩序。其中独立自主是首要的原则,这是主权原则的运用。

主权原则在我国对非援助理念中得到完全的体现。我国新中国成立后曾加入苏联为首的社会主义阵营,然而这样的"大家庭"式的国际关系效果并不理想。邓小平总结道:"处理国与国之间的关系，和平共处原则是最好的方式。其他方式，如大家庭方式、集团政治方式、势力范围方式，都会带来矛盾，激化国际局势。总结国际关系的实践，最具强大生命力的就是和平共处五项原则。"[1] 在这样新的国际主义指导之下，我国调整了对外援助的理念。在对非援助的受援国选择上，不再以意识形态为标准。将原来大量投入到越南、阿尔巴尼亚等社会主义国家的援助资源收回，提高非洲的受援金额。而在此之前我国的对外援助资源绝大部分都投向了这几个社会主义国家，既耗费了大量的资源又没有达到理想的外交效果。我国在援助中不附加任何政治条件，不以援助作为干涉受援国的工具，在援非过程中坚持了主权平等原则。

（二）实事求是

实事求是作为我国对非援助的理念之一，由两方面的内容构成，其一为因地制宜，是指在对非援助过程中从非洲受援国的实际情况出发来定政策、上项目、办事情；其二为量力而行，是指在对非援助过程中从我国的国情出发，量力而行、尽力而为。

因地制宜、从非洲的实情出发开展援助，是我国援非过程中的一条重要原则。1958年，周恩来总理在援外工作会议中指出："对这些国家的援助应该按照受援国的具体情况，采取因地制宜、以中小项目为主的办法，帮助他们建设。"[2] 在指导援非项目建设时，因地制宜的原则也得到了贯彻。周恩来总理反复强调，我国的援建项目应当符合当地的实际，并认为这是援助工作中最重要的一环。[3] 这还要求我国的援建项目必须按照这些国家的具体情况，

---

［1］ 邓小平. 邓小平文选第3卷［M］. 北京：人民出版社，1995：96.
［2］ 中国外交部外交史研究室. 周恩来外交活动大事记（1949 – 1975）［M］. 北京：世界知识出版社，1993：360.
［3］ 中共中央文献研究室编. 周恩来年谱（1949 – 1976）（下）［M］. 北京：中央文献出版社，1997：48.

采取因地制宜,以中、小为主和土洋结合的方法,帮助他们建立起自己的工业基础。[1] 本着因地制宜、从受援国发展实际出发的原则,我国政府在援非过程中形成了具有自身特色的模式,即在项目选择上强调发展中小型项目,在领域选择上倾向农业和轻工业。这一原则在经过大量的实践之后逐渐成熟,成为我国对外援助八项原则的第5条:"中国政府帮助受援国建设的项目,力求投资少、见效快,使受援国政府能够增加收入,积累资金。"[2] 该原则一直是我国对非援助所遵循的原则,在改革开放之后得到了更为坚决的落实。周弘认为,改革开放后我国援外政策的重大调整主要有三个方面的内容,其中第一和第二点内容分别为:"第一,从受援国的实际生产和管理水平出发,从援建生产性项目转向援助标志性建筑,援建了一批纪念碑式的项目,如会议中心、人民宫、体育场和医院等……第二,从援建大型项目转向因地制宜援建贴近人民生活的中小型项目……"[3] 因地制宜不仅仅要求在援助非洲过程中考虑到非洲经济基础比较薄弱、发展不足的实情,还要求考虑到非洲在发展过程中出现的发展变化,并根据其发展变化来决定我国的援非政策、项目等。在20世纪90年代初,西方挟冷战胜利之威,以援助为手段迫使非洲各国推行私有化、自由化、市场化。非洲的经济制度在压力之下发生了迅速的变化,许多国有企业纷纷私有化,其中也包括了我国援建的企业。面对非洲发展出现的新情况,中国政府为了更好地做好援非工作,及时进行了对外援助领域的改革。从1995年开始,探索援外优惠贷款、援外项目合资合作、停止无息

---

[1] 中共中央文献研究室编.建国以来重要文献选编(11)[M].北京:中央文献出版社,1995:524.

[2] 周恩来.周恩来选集(下)[M].人民出版社,1984:429-430.

[3] 周弘.中国对外援助与改革开放30年[J].世界经济与政治论坛,2008(11):38.

贷款并适当增加无偿援助等三项改革，很好地适应了非洲的新变化，并继续为非洲发展事业提供有效的援助。

实事求是原则在受援国方面的表现是要求做到因地制宜，而在援助国方面的表现则是要求我国做到量力而行、尽力而为。周恩来总理在七千人大会上提出："必须勇于承担国际义务，同时又要实事求是。勇于承担，当仁不让，见义勇为，这是我们的志气，我们的义务；实事求是，能做的就做，不能做的要说清楚不能做或者以后做，不要使他们发生错觉，以为我们什么都行了。"1963年周恩来总理在会见索马里总理时提出了中国对外经济援助的四点政策，其中第四点为："我们的援助要根据我们的力量，有多大的力量就做多大的事。不能答应了做不到，要实事求是。如果我们提供的设备中有质量不好的，我们一定拿回来换。"[1] 量力而行是我国援非的一条重要原则，然而在实践中却遭到了违背，对外援助的支出在进入20世纪70年代初期之后迅速扩张，1973年，我国对外援助的支出额度达到当年财政总支出的12.43%。于1975年1月复出的邓小平在周恩来的支持下，在当年4月与李先念一起主持制定了《中共中央、国务院关于合理安排对外援助的决定》，该决定要求在"五五计划"中将援外资金降低到更为合理的水平。1978年，邓小平在关于我国援外工作的谈话中指出："我们现在还很穷，在无产阶级国际主义方面还不可能做得很多，贡献还很小。到实现了四个现代化，国民经济发展了，我们对人类特别是对第三世界的贡献可能会多一点。"[2] 应当看到，这一论述是对援外领域实事求是理念的彻底贯彻，从我国还比较落后这一国情出发作出关于对外援助的规定。中国政府于2011年发布的《中国的对外援助》白皮书中指

---

〔1〕 裴坚章. 研究周恩来——外交思想与实践 [M]. 北京：世界知识出版社，1989：139.

〔2〕 邓小平. 邓小平文选第二卷 [M]. 北京：人民出版社，1993：112.

出，我国的对外援助政策包括："坚持量力而行、尽力而为。在援助规模和方式上，中国从自身国情出发，依据国力提供力所能及的援助。注重充分发挥比较优势，最大限度地结合受援国的实际需要。"[1] 总之，实事求是、量力而行是我国对非援助理念中的重要内容，是我国政府在开展对非援助中不断总结、深化之后提出的重要原则，在实践中被证明是具有强劲生命力、应当长期坚持的理念。

第二节　欧盟援非理念

欧盟对非洲的援助理念由援非目标、援非动机、援非原则等三方面的内容构成。欧盟援非的目标包含内容较多，其中最高的目标是帮助非洲实现减贫。欧盟援非的动机主要有安全动机、权力动机。欧盟援非的原则是附加政治条件。

一、援非目标：减贫

欧盟的援非目标并不稳定，在经过几番变迁之后，于2000年确认了其最新的目标，其中，减贫成为重中之重。这一目标又包含如下几方面的内容：应对受援国贫困人群的食物、水、健康；加强初级教育；多种手段解决贫困人群的就业问题；市场化改革；保障和平、防止冲突、加强民主。[2] 2005年，欧盟出台的《欧洲发展共识》陈述了共同体与各成员国之间在对外援助方面所达成的共

---

[1] 中华人民共和国国务院新闻办公室. 中国的对外援助 [M]. 北京：人民出版社，2011：4-5.

[2] European Commission. Communication from the Commission to the Council and the European Parliament: The European Community's Development Policy, COM (2000) 212 final, 26/4/2000.

识，是一份权威性的文件，在该文件中，重新对欧盟援外目标进行了确定。该文件认为："欧盟发展合作首要的、压倒性的目标是在可持续发展的环境下实现减贫，其中包括对千年发展目标的实现。"同时，该文件又对何为"可持续发展的环境"这一概念进行了解释，即"可持续发展包括良治、人权和政治、经济、社会、环境领域"。[1]

欧盟于2005年发布的这一文件所确立的援外目标是一个综合体，由三个层面的因素所构成。首先，减贫是首要目标。欧盟并非国际社会中首个将减贫视为援助目标的国际行为体，在欧盟之前，世界银行等国际组织就开始了这方面的探索。世界银行和国际货币基金组织在1999年秋季年会中就减免债务与减贫问题进行了研讨。该会议最终决定的事项就是要求重债穷国提供减贫战略报告以换取援助资金。对于世界银行和国际货币基金组织来说，这是一次转型，从被实践证明失败的结构调整计划中摆脱出来，开启援助发展的新目标：减贫。欧盟援外的目标自20世纪80年代开始就深受世界银行和国际货币基金组织的影响，这一次同样如此，欧盟委员会在这次会议的次年就在其提交给欧盟理事会的通讯之中提出了以减贫作为其首要援助目标，并在五年之后再次重申并写入《欧盟发展共识》之中。

其次，欧盟对减贫的界定与世界银行等机构有所不同。世界银行发扬其"不问政治"的特点，将其注意力集中在经济与社会领域，但欧盟则认为减贫应当在"可持续的发展环境"之内取得，且这里所说的"可持续发展环境"首先就包括了良治、人权等政治目标。因此，欧盟在其设计的援非目标中，不仅仅在于减少非洲的贫

---

[1] European Parliament European Coucil European Commission： The European Consensus on Development 2006/c 46/02.

困,而更多地包含了对非洲政治发展目标设定。可以作为佐证的是,《欧洲发展共识》中在共同目标之后特别开出一节,为共同价值,提出欧盟在其行动中必须提升如下共同价值:尊重人权、基础性自由、和平、民主、良治、性别平等、法治、团结和法治。[1]这些共同价值包括了欧盟自身所认同的全部政治理念。

最后,在欧盟的援非目标中,还包括了千年发展目标。千年发展目标是于2000年召开的联合国千年峰会由世界189个国家的首脑所一致达成的关于发展的共识。该目标分为8项主要目标,48个相关指标。千年发展目标由于建立在国际社会的共识基础上,因而深刻地影响了各个国际行为体的援助活动,欧盟在设置其援外目标时也将千年发展目标纳入其目标体系。

通过分析欧盟援非目标的三个层次可以发现,欧盟在援助目标的设置上主要考量了如下三个因素,一是世界银行、国际货币基金组织等代表西方整体利益的机构,二是欧盟自身的全球抱负,三是国际社会关于发展的共识。之所以说欧盟的援外目标是一个综合体,正是因为该目标是在对上述三种观点、意见进行综合之后的结果。

欧盟当前以减贫为首要目标的援外目标并非凭空而出,而是具有其深刻的历史渊源。在20世纪60、70年代,欧盟的援外目标是以援助推动受援国的投资增长,进而带动整个经济步入"自我延续性增长轨道"。这一目标的理论基础即凯恩斯主义的政府主导观,在整个60、70年代引领了欧盟的对非援助活动。进入80年代后,欧盟的援非目标在内外因素的影响下开始变得模糊。外部因素主要有两点,一是世界银行发起的变革。埃利奥特·伯尔格受世界银行

---

[1] European Parliament European Coucil European Commission : The European Consensus on Development 2006/c 46/03.

委托进行了一项对撒哈拉以南非洲的调研，成果为"促进次撒哈拉以南非洲的援助：一项行动议程"，即著名的"伯尔格报告"。该报告在分析了撒哈拉以南非洲陷入经济困境的原因之后提出了援助非洲的新目标，即实现非洲经济的市场化、私有化、自由化。[1]世界银行的这一观点引起了欧盟内部关于援助目标与战略的激烈争论。这一时期，影响欧盟援非目标的内部因素主要是欧盟多年来对非洲的援助没有达到预期的目标，大量的援助似乎并没有推动非洲走上经济自我维系的发展轨道，这种现象引起了欧盟对援非目标的反思。80年代末，欧盟逐渐接受了世行所代表的西方主流援助观点，即在非洲等受援国积极推行结构调整计划，欧盟在《洛美协定》之外设置了用于结构调整计划的资金，其数量超过欧盟援外资金总额的10%。这意味着欧盟在援非目标上也逐步转向了通过实现非洲经济私有化、自由化、市场化，促进非洲经济的发展。

然而，结构调整计划在非洲的实施并没有达到预期的目的，非洲的经济并没有实现预期中的发展，经过近二十年的结构调整，非洲仍然是世界最贫困的地区之一，而且贫困人口数量不仅没有降低，反而继续扩大。事实证明，欧盟及整个西方社会所认可的实现非洲经济自由化的目标并非是促进非洲经济发展的合适目标。

进入新千年的欧盟援非目标正是经历了以上几个阶段之后的重新选择。欧盟虽然将具备广泛国际共识的千年发展目标纳入其援非目标体系之中，但给这种目标增加了具有欧洲特色的政治目标。非洲有五十多个主权国家，每个非洲国家都有选择本国政治发展目标的权利，而欧盟无权在其援助目标中越俎代庖为非洲各国制定政治发展目标。同时，以减贫作为新的援助目标，是欧盟等在结构调整

---

［1］ World Bank. Accelerated Development in Sub – Saharan Africa: An Agenda for Action, Washington, D. C. 1981.

计划失效之后的替代选择,这种选择是否真正能化解非洲当前面临的日益加深的经济、社会困境,仍然是一个值得思考的问题。

二、援非动机:欧盟共同利益

欧盟对非洲进行援助的动机是实现欧盟共同利益,具体而言,是实现欧盟各成员国的共同利益。不同的政策所能实现的利益类型各有不同,欧盟援助政策、对非洲的援助政策更多地集中于对欧盟各成员国共同的安全利益、文化利益的实现。

(一)援非与欧盟共同安全利益

作为重要的对外行动,欧盟对非洲的援助所追求的首要利益,即保护欧盟各成员国的共同安全。欧盟当前的主要安全利益即对非传统安全的防范,由此,欧盟的对非援助同样以保护欧洲非传统安全为其首要动机。欧盟援非的共同安全利益动机主要表现在第 4 期《洛美协定》《科托努协定》《发展政策战略文件》《欧洲发展共识》《欧盟安全战略》等文件之中。

冷战前,欧盟将苏联的军事入侵视为最大的安全威胁,所采取的防卫措施是以国土防卫为主,手段以军事手段为主,军种以大规模的重型机械化陆军为主。总之,冷战前的欧盟安全观是传统安全观。冷战结束后,诸如恐怖主义、地区冲突、非法移民等跨越国家蔓延的非传统安全问题被欧盟看作是首要的安全威胁。2003 年,欧盟指定当时的高级代表索拉纳起草了《欧洲安全战略》,这是欧盟第一次分析安全形势并指出欧盟所面临的主要威胁。该战略于 2008 年开始启动,至今仍是欧盟安全政策的纲领性文件。在分析欧洲安全威胁源时,该文件指出:"对成员国的大规模入侵现在不大可能了。取而代之的是,欧洲所面临的威胁更加多样化、更不可见、更不可预测。"[1] 该文件指出了当前欧洲安全所面临的五种威胁：恐怖主义、大规模杀伤性武器的扩散、地区冲突、失败国家、有组织犯罪，并对这五种威胁进行了较为具体的描述。由此可见，欧盟的安全观已经从冷战前的对传统安全威胁的防卫转变为对非传统安全威胁的防卫。

欧盟不仅实现了对新时代下安全威胁来源的认识转换，也实现了关于安全防卫战略、工具的认识转换。在战略层面上，欧盟放弃了冷战时期的国土防御型战略，采纳了全球干预型战略。这意味着，在欧盟政治精英看来，欧盟不能再满足于在欧洲境内构建各种防线，而应主动出击，对可能给欧洲造成威胁的地区的事态加以积极、预先的干预。在安全防卫手段层面上，在欧盟看来，冷战前应对可能来自苏联的传统武装入侵的最好办法是以陆军进行国土防卫，而冷战后为应对来源地不明、方式不明的非传统安全威胁，则需要新手段。"与冷战时期大型、明显的侵略截然不同的是，新的威胁没有一个是纯军事的，也不能靠纯军事手段解决。每个威胁都需要一种混合工具。"[2] 这一表述说明了，欧盟在保护欧洲安全方面不再单纯依靠军事手段，而是在积极寻求更为有效的新手段与军事手段相互配合。在欧盟新型安全战略视野内，援助是一个重要的因素。这一点表现在欧盟对五种威胁所产生的根源的认识上。《欧洲安全战略》作出这样的判断："在许多发展中国家，贫困和疾病导致了无尽的痛苦，引起了紧迫的安全关系……在许多情况下，经济的失败与政治问题和暴力冲突相联系。"[3] 欧盟在威胁欧洲安全

---

[1] EU. European security strategy, 2003, http：//www.consilium.europa.eu/uedocs/cmsUpload/78367.pdf.

[2] EU. European security strategy, 2003, http：//www.consilium.europa.eu/uedocs/cmsUpload/78367.pdf.

[3] http：//www.consilium.europa.eu/uedocs/cmsUpload/78367.pdf.

的因素与不发达国家的落后之间找到了联系，这种认识上的突破为欧盟对外援助提供了强劲的动力。欧盟委员会中负责对外关系与周边政策的委员瓦尔德勒认为："预防暴力冲突是这个时代最大的挑战之一，欧盟作为世界最大的经济体并拥有世界最大的援助预算，且与大多数敏感地区有历史文化联系，因此欧盟有潜力在冲突预防方面发挥重要作用。"[1] 有一份名为《发展政策——欧洲安全政策的核心因素》的报告对援助在欧洲安全战略中的作用进行了详尽的分析。[2] 总之，援助是欧盟实现其新安全战略必不可少的因素。

按照欧盟所确定的新的安全观，非洲是一个对欧盟安全构成严重威胁的地区，非洲既是国际恐怖主义新的藏身之所，又是世界地区冲突最多的地区，还是"失败国家"数量最多、程度最严重的地区。

西起大西洋东至红海的非洲萨赫勒地区成为了国际恐怖主义势力活跃的地区。该地区从西至东涉及11个非洲国家：塞内加尔北部、毛里塔利亚南部、马里、阿尔及利亚南部、布基纳法索、尼日尔、尼日利亚北部、乍得、苏丹、南苏丹北部、厄立特里亚。当全球性的反恐斗争开展之后，恐怖主义势力东躲西藏，萨赫勒地区成为了恐怖主义势力新的藏身之所。十多年来，"基地"组织的众多分支在该地区蔓延，与当地的极端组织相互勾结。同时，该地区在地理位置上距离欧洲较近，对欧洲的安全造成的威胁也随之加大。这一地区国际恐怖主义势力大肆涌入的原因除了非洲的贫穷之外，还有非洲国家政府的软弱。非洲国家政府的软弱为各类恐怖分子提供了活动场所、避难所和中转站，也给了恐怖主义势力胁迫当地民

---

[1] Benita Ferrero-Waldner, Conflict Prevention Looking to the Future, SpeechP06P513, on Conflict Prevention Partnership Dialogue, Brussels, September, 2006.

[2] Clive Bobinson, Whose Security? Inte - gration and Integrity in EU Policies for Security andDevelopment, Brussels, June 2005: 22 - 23.

众以可乘之机。

冷战后的非洲是世界上地区冲突最多的地区：刚果民主共和国、安哥拉、苏丹、塞拉利昂、布隆迪、埃塞俄比亚和厄立特里亚等都是卷入地区冲突的国家。其中非洲大湖地区的冲突持续时间最长、问题最复杂、涉及人口最多、程度最为严重，被称为"非洲的火药桶"。非洲的地区暴力冲突大面积出现，这种状况为世界各大国和国际组织所关注，欧盟更是积极干预。《欧洲发展共识》将"促进对话、参与和解、推进和平、预防暴力"视为欧盟发展援助的目标。[1] 1991年的《马斯特里赫特条约》将发展援助工具引入冲突预防、冲突管理等具有安全取向的领域。1996年发布了《欧盟与非洲冲突问题：和平建设、冲突预防及其超越》。2000年的《科托努协定》将发展合作与共同安全与外交领域统一，明确将冲突预防与管理列为其合作领域。2004年批准《非洲暴力冲突的预防、管理与解决的共同立场》，指出要加强非洲解决冲突的能力。

在欧盟的新安全观中，失败国家的存在对欧洲的安全是关键的威胁之一。而按照欧盟及整个西方的评价标准，非洲是世界上"失败国家"最多的地区。在美国《外交政策》杂志社和美国和平基金会对世界"失败国家"连续几年的排名中，非洲每年都有大量国家进入"失败国家"的行列，且大部分排名都较为靠前，即其失败程度较高。

（二）援非与欧盟共同文化利益

新世纪开始后，欧盟对于为什么要援助非洲这一问题给出的另外一个理由是增强欧盟的软实力。在整个冷战时期，欧盟都依赖于美国的军事保护，其自身军事力量在冷战格局中难以发展。这种历史经验使得欧盟更熟悉如何使用其软实力达到目的。同时，新世纪

---

[1] European Consensus on Development.

以后，国际政治形势发生了一些深刻的变化，各国相互依赖程度的加深使得军事实力的作用在寻求权力的作用上下降了，而软实力的地位开始得到越来越多的重视。欧盟对于这一点的认识尤为深刻，2003年的《欧洲安全战略》指出，在后冷战时期，国际国内事务紧密地联系在一起，单纯靠武力无法维持欧洲的内部安全和和平。[1] 恐怖主义、大规模杀伤性武器的扩散、地区冲突、有组织犯罪以及失败国家的缺陷等主要安全威胁，都不是单纯依靠武力就能解决的。应对这些威胁不仅要加强欧洲的防务力量，而且需要全面动用各种对外政策工具，包括有效利用援助政策的杠杆作用，全方位出击来发挥影响。

欧盟在其一体化进程中以经济为主体，但随着一体化程度的加深，欧盟各成员国之间也逐渐形成了一种共同的政治文化。而这种共同政治文化对于欧盟的内外政策起着重要的牵引作用，而欧盟对外援助作为欧盟对外政策的一个重要构成部分，同样也受到了欧洲共同政治文化的影响。

欧盟于1989年发布的《欧洲基本权和基本自由权》明确地提出了欧盟共同政治文化价值的内容，包括人权、民主、法治和个人自由等。在欧洲学界，同样对欧盟的政治文化价值进行了研究。其中具有代表性的是曼纳斯，他认为欧盟在其成长过程中形成了一套完整的价值理念，包括九个方面的内容：可持续性和平、社会性自由、共识性民主、相互联系的人权、超国家法治、平等性公平、社会团结、可持续发展、善治。[2] 在可持续和平方面，欧盟重视对世界其他地区的冲突预防，并从多个方面努力预防地区冲突的目

---

[1] European Council. A Secure Europe in a Better World: European Security Strategy, Brussels, 12 December 2003, http://www.consilium.Europa.EU/Me docs/ cams_ Data / docs/p ressda2ta /EN / reports/78367. pd, accessed on 31 January 2007.

[2] Ian Manners What Kind of Power Journal of European Public Policy 13（2）2006.

的。其中首选的办法是重视对冲突多发地区的发展援助,通过对该地区公共设施的建设消除不平等,进而达到维护稳定的目的。其次是重视联合国系统的作用,这包括对联合国机制、原则、行动的尊重。最后是以加强军备增强干预冲突的能力。在欧盟维护世界和平的整个战略中,发展援助的作用是首要的,以援助而非暴力平息冲突,这正是欧盟可持续和平这一理念的表现。社会性自由的特点在于,将自由权限定在社会合法性的范围之内,这是对反社会行为等滥用自由行为的一种修正。欧洲是自由理念最早的践行者,在实践中遭遇了种种过度自由带来的乱象,欧盟各成员国都意识到,过度的自由不仅破坏了社会的安定、大多数人的自由,也助长了极端个人主义。因此,社会性自由成为欧盟共同价值之一。共识性民主在欧盟得到了广泛的运用,比如欧盟各成员国选举体系中对代表成分比例的规定、欧盟的决策方式等。不仅在早先加入欧盟的成员国及共同体本身得到运用,还正在中东欧等后来的成员国中得到推广。相互联系的人权是指个人的人权和共同的人权这两者之间的联系,欧盟认为这两者之间存在相互依存的关系。超国家法治有两个方面的意义,一是有助于促进欧盟各成员国向共同体的主权让渡;二是强调各成员国不仅要遵守欧盟层面的共同法律,也要遵守整个国际社会层面的国际法。平等性公平要求反对各种形式的歧视,包括性别、种族、宗教、残疾等。社会团结是指对社会合作与社会公平的追求。这一原则不仅指导着欧盟内部的关系,对于欧盟与外部世界的关系也同样适用。在内部,欧盟认为政府对经济的干预应该磨平经济发展过程中不同地区与行业之间的差距。在外部,社会团结的理念对欧盟的发展和贸易政策起着指导作用。可持续发展的核心是经济发展与生态保护的平衡,欧盟对此作出了努力,在内部,欧盟努力提升其能源利用率、减少排放,在外部,欧盟通过外交、贸易、发展援助等手段将可持续发展的理念在全世界普及。善治理念表达了欧盟对何谓好政府的认识，即公开、参与性的、民主的政府，而非中央集权的政府。这其中包括了各成员国在本国政府建设的经验，也包括了欧盟本身的治理经验。这九种价值是欧盟悠久历史的积淀，也是欧盟各成员国在政治文化价值上达成的共识，对于指导欧盟的内部管理与对外行为上都有着强大的生命力。

欧盟共同的政治文化价值构成了欧盟对非援助的理论渊源。这一点可以从欧盟对非援助的理念与主要政策原则之中找到证据。欧盟于2005年发布的《欧洲发展共识》是关于欧盟对外援助的一份重要文件，对于欧盟共同体和各成员国的对外援助政策都有着规范作用。在该文件中，欧盟提出了其对外援助政策所必须遵循的几条原则，其中包括和平、性别平等、可持续发展、人权、民主、法治等。欧盟同时强调，这些原则是深层次的指导原则，必须体现在欧盟对各个地区、各个部门的援助行为之中。显而易见，这些原则同时也是欧盟共同的政治文化价值，是共同文化价值在其援外理念中的一种运用。

对非援助是欧盟提高其软实力的重要手段，主要通过以下两种方式。首先是附加政治条件。附加政治条件既是欧盟援非理念的内容，又是其动机的一种表现，即欧盟对非援助中之所以附加各种政治经济条件，正是为了向非洲推销其价值观，增强其软实力。2000年的《科托努协定》中将民主、人权等欧洲所信奉的价值观写入，还制定了对于侵犯人权行为的惩罚措施。2005年通过的《欧洲发展共识》对于人权问题也给予了足够的重视。同时，欧盟还在《欧洲发展共识》中强调，其共同价值是尊重人权、基本自由、和平、民主、良好治理、性别平等、法制、团结与正义。[1] 这些共同价值是欧盟各成员国共同信奉的价值体系，在对外援助过程中，欧盟

---

[1] European Consensus on Development, 2006/C46.

也将这些价值体系加入进去，使其成为对外援助的理念内核。

其次，欧盟在对非援助过程中设置了各种政治对话，以此向非洲灌输其价值观。欧盟强调其与非洲各受援国在伙伴关系中共担责任与义务，在与非洲的政治对话中强调要加强对人权、民主、法治的共同理解。2005年的对非战略文件附件中，提出了建立由欧、非双方专家组成人权论坛，经常性展开对人权问题的讨论。

欧盟在对非援助中处处以推销、宣扬其价值观为目的的做法与欧洲长期以来的"欧洲中心"优越感是分不开的。在援助过程中一味地强调自身文化影响力的扩张，而不管这些文化因素对于受援国是否能造成积极影响，这对于援助方与受援方都不是一件有益的事。

三、援非原则：政治标准

附加政治经济条件是欧盟对非援助的原则，其实质就是要按照欧盟所认可的政治价值观来改造非洲。冷战结束后欧盟对非援助开始附加各种经济、政治条件作为其援助原则。瑞典学者奥列夫·斯多克在《援助与政治条件》一书中提出，援助的附加条件分为第一代援助条件和第二代援助条件，前者是指发生于20世纪80年代的在援助中附加要求受援国进行经济改革的条件，后者是指90年代开始的在援助中附加要求受援国进行政治改革的条件。[1] 援助的附加条件是在对受援国进行援助时提出的义务要求，受援国在接受援助的同时也必须承诺履行这些义务。

欧盟之所以在对非援助中提出援助附加条件，首先是因为其对外援助并不是如公开文件上宣称的那样是一心为非洲的发展着想，而是具有自利动机的。可以说，没有对欧盟自身利益的考虑就不会

---

[1] Olav Stokes. Aid and Political Conditioning, London: Portland, ore, EADI. Book Series16. Frank ASS Publications, 1995: 1.

出现援助附加条件。其次，这与欧洲的宗主国心态有关。几百年以来非洲一直是欧洲的后院，欧洲是以"先生"的姿态开展对非援助的。这是欧盟提出援助附加条件的主观动机，最后还有客观条件。世界范围内，援助者的主体是发达国家，受援国者的主体是发展中国家，历史的大部分时候都是"北强南弱"。在这种南北力量对比的条件之下，援助者与受援者围绕援助附加条件的谈判是不对称的。这一点在欧盟的对非援助中表现得尤为明显，冷战时期，由于包括非洲国家在内的广大受援国激烈反对在援助中附加任何条件，欧盟对非的援助就很少附加经济条件，更谈不上政治条件。而冷战刚刚结束，随着发展中国家的战略位置下降，谈判能力也急剧下降，反对援助附加条件的呼声也越来越微弱。欧盟很快地就在第4期《洛美协定》中加入了附加条件。

为了保证援助附加条件的效力，欧盟采取了各种手段、机制予以实施。积极的方法是对满足了附加条件的受援国扩大援助份额，消极的方法则是对违反附加条件的受援国进行援助制裁，即减少或中止援助。前者当然是能得到受援国欢迎的，而后者往往引起欧盟与被实行援助制裁的国家之间的关系紧张。所以欧盟在启动这一机制上采取慎重的态度。然而一旦决定采取援助制裁，则将之与其他的经济手段制裁相结合，同时欧盟也会与其他援助方积极协调共同实施援助制裁，以此强迫受援国接受援助的附加条件并按照欧盟的意志进行政治改革。90年代以来，欧盟对不服从的受援国进行了为数不少的援助制裁，据 Gordon Crawford 的研究，仅在 1990－1996年之间，欧盟进行的援助制裁就达到了 22 次之多，这一数字与美国相同，而且双方在 20 次援助制裁中采取了共同立场。[1] 在这些

---

[1] Gordon Crawford. Foreign Aid and political Roform: a comparative Analysis of Democracy Assistance and Political Conditionality, New York palgrave Macmillan, 2001: 177－178.

被实施援助制裁的国家中，有不少是非洲国家：肯尼亚（1991年），马拉维、扎伊尔（1992年），尼日尔、布隆迪（1996年），塞拉利昂（1997年）等等。

90年代以来欧盟对非援助的附加条件主要是第二代条件，也就是政治条件。这些政治条件以非洲的政治改革作为直接目的，政治改革的内容是按照欧盟所理解的方式进行的。人权、民主、法治和后来的良治等成为这场政治改革中的价值取向。其中，人权原则成为欧盟对非援助附加政治条件的重要原则。这主要表现在三个文件上：第4期《洛美协定》和对该协定所做的"中期考察报告"、关于发展政策的"绿皮书"等。其中，第4期《洛美协定》第5条认为，发展应当包括和推进所有人权。尊重人权乃发展的一项基本因素。发展政策及合作关系因此与人权保障具有密切联系。欧共体及非加太国家坚定承诺人权与人的尊严是个人及人民合法期待。[1] 1991年6月，卢森堡欧共体高峰会人权宣言指出：界定发展政策的主要内容与策略，以及在与第三国签署的经济、合作协定引入人权条款。[2] 1995年，在对第四个《洛美协定》进行中期评审时，对协定进行了修改，将尊重人权、民主、法治等当作发展合作的基本要素写入协定之中，为了更好地保证人权等政治条件的实现，欧盟还修改援助方式，将原来的直接发放贷款改为直接参与援助项目。

欧盟这种在援助中附加政治条件的做法引起了广泛的争议，由此而造成了对援助附加效果的评价差别较大。本书认为，欧盟在对非援助中附加政治条件是现实主义政治在援助领域中的延续，违背了发展援助的根本目的，也违背了国际法原则，对于非洲受援国的发展起到了负面的作用。

---

[1] Fourth ACP – EEC Convention Signed in Lome on 15 December1989：12. HTTP：Pip pa. Pitt. eduP4220P01P001701 – 1. pd.

[2] European Council. Declaration on Human Rights. Bull. EC 6 – 1991, para. I. 45.

斯多克认为，在对外援助中所附加的政治或经济条件并不是目的，而只是实现其他目的的工具。[1] 援助本身的直接目的当然是对他国的一种帮助，发展援助则是对他国发展的帮助。而在这一政策之外又加入各种附加条件，显然其援助的目的已背离了帮助他国发展的初衷，而成为了地地道道的利己工具。

欧盟在对非援助过程中特别强调人权的导向，也是不切实际的。有学者认为，发达国家与其过分关心发展中国家的人权问题，不如更切实际地关心发展中国家的发展权问题。对于处于极度贫困之中，连温饱问题都难以解决的国家来说，空谈人权是虚伪而不负责任的。[2] 这一批评对于欧盟来说是合适的。欧盟固然是非洲最大的援助方，但多年以来援助效果甚微，与欧盟对非的投入是不成比例的。之所以产生这样的失败，有学者认为附加政治条件是一个重要的原因。[3] 附加政治条件是欧盟对非援助理念的重要内容，这深刻地影响了欧盟对非援助的政策制定与执行。由于这种理念本身的不合理而导致了其在政策层面上对资源的错误安排，最后的结果自然是令人不满意的。

这种以欧盟政治理念主导的非洲政治改革产生了恶劣的后果。无论是经济的发展还是政治的发展，非洲都必须尊重自己的特殊性、创造性。欧盟强行将其发展思路引入非洲，结果必然是糟糕的。在90年代，包括欧盟在内的西方援助者以援助为工具迫使42个非洲国家建立多党制度、选举制度并更换了领导人。如此仓促的

---

[1] Olav Stokes. Aid and Political Conditioning EADI. book series16. frank CASS. 1995: 2.

[2] 熊文驰. 人权、援助与发展问题——以非洲国家为例 [J]. 世界经济与政治论坛, 2010 (8): 82.

[3] 熊文驰. 人权、援助与发展问题——以非洲国家为例 [J]. 世界经济与政治论坛, 2010 (8): 84.

政治改革并没有带来预想的发展,反而是导致了非洲大面积的冲突与动荡。"一些匆忙接受了西方政治要求和价值观实施政治变革的非洲国家,此后不久便出现了各种形态民主适应症。20 世纪 90 年代后,大多数非洲国家经济衰退,政治动荡尤甚于前,民主援非之路前景似乎愈走愈黯淡。"[1] 这与 80 年代西方在非洲以援助为手段推行的"经济结构调整"如出一辙。由此可见,无论欧盟的第一代的经济附加条件还是第二代的政治附加条件,对于非洲发展都是弊大于利。

第三节 中欧援非理念比较

中欧援非理念既有共同点也有不同点。双方最大的不同点在于对非援助附加政治条件的援助原则,这也正是中国与欧盟对于主权原则不同理解与实践在援助问题上的一种延伸。在援非动机上,中国和欧盟都有以援助促进自身政治、经济利益实现的动机,这是共同点;然而,欲以援助所促进的利益是否对受援国产生负面影响,这是中欧援非理念的不同点。

一、中欧援非目标的比较

中国与欧盟对非援助的目标的差异是非常明显的,中国的目标是希望帮助非洲早日走上自主发展之路、实现经济自立,而欧盟的目标则是希望帮助非洲解决贫困问题。具体而言,中国与欧盟的援非目标有如下两点差异。首先是对待非洲经济增长的态度。创造条件,争取一定程度的经济增长,是中国援非目标中的一个重要内

---

[1] 胡美,刘鸿武. 意识形态现行还是民生改善优先?——冷战后西方"民主援非"与中国"民生援非"政策之比较 [J]. 世界经济与政治论坛,2009(10):19.

容。通过观察中国在援非资源的分配上可以明显地发现,这些资源的分配指向经济的增长。截止到2009年,中国对外援助的成套项目总数为2025个,其中经济基础设施项目、工农业项目就占了1240个。再比如,数额巨大的援外优惠贷款,截止到2009年,投向经济基础设施、能源、工农业领域的占了贷款总额的90.3%。这些都表明了促进经济增长是中国援非目标中的重要子目标。而欧盟与中国大相径庭,经济增长并不是欧盟援非的重要目标。在欧盟援非的文件中极少可以看到对经济增长的强调及相关安排。同时,从援非的资源分配上也难以看出其对非洲经济增长的重视。

其次,是对待扶贫救济、健康、教育等民生目标的态度。这些目标同样被纳入到中国援非目标框架之中,但是中国的做法包含如下两个特点,一是这些目标并不在中国援非目标中占据头等重要的地位,这一点从中国援非资源在这些领域的分配中可以看到。二是中国更多地是围绕经济增长的主要目标来规划对扶贫救济、健康、教育等目标的。也就是说,中国将扶贫救济、健康、教育等领域的发展视为促进经济增长必不可少的内容。而在欧盟对非援助中,这些目标也占据了头等的位置。2005年欧盟出台的《欧洲发展共识》中明确提出:"欧盟发展合作首要的、压倒性的目标是在可持续发展的环境下实现减贫,其中包括对千年发展目标的实现。"[1] 无论是减贫这一欧盟视为首要的、压倒性的目标,还是千年发展目标,都是以扶贫救济、健康、教育为援非目标的重中之重。

之所以中欧在援非目标上出现这样的差异,与各自的发展观是有着密切关系的。以经济建设为中心,是中国改革开放之后谋求发展的中心。自改革开放以来,尽管中国人对于发展的认识越来越深

---

[1] European Parliament European Coucil European Commission : The European Consensus on Development 2006/c 46/02.

刻、全面，但是对于以经济建设为中心并没有放弃。新的发展举措都是以承认这一观点为前提而得以做出，并且其实现自身的发展的头号问题就是如何处理各方面与经济建设这一中心之间的关系。以经济建设为中心、重视经济增长，是中国改革开放后实现经济发展奇迹的重要经验。因此中国自然而然地将这一目标应用于援非目标的设计中。而欧盟的援非目标与中国不同，是在国际援助趋势的影响下形成的。欧盟在 20 世纪 90 年代开始接受世界银行和国际货币基金组织的援助范式，将结构调整计划作为援非的重要工作。结构调整计划是一种以推动非洲实现经济私有化、自由化、市场化为目标的援助计划。而该计划在非洲遭遇了失败，并没有帮助非洲实现经济发展的目标。进入新世纪后，世界银行率先将减贫作为其新的援助战略目标。随后包括欧盟在内的整个西方援助俱乐部吸收了这一新的援助目标。

二、中欧援非动机的比较

无论是作为主权国家的中国，还是作为新型政体的欧盟，在援非中都有自己的动机，即促使其提供对非援助的动力。双方都有在政治上与经济上的自利动机。但是，双方的自利动机却有着显著的不同：中国更侧重于对本国经济利益的实现，而欧盟则侧重对欧洲共同安全利益的维护；且中国在援非中没有试图寻求对非的控制权，而欧盟却有着迫使非洲各国按欧洲模式发展的强烈动机。

（一）中欧援非动机的共同之处

中欧双方在对非援助中，都包含实现自身利益的动机。对于中国而言，援助是经济外交的一种，服务于国家的核心利益，而台湾问题的解决，则是我国的核心利益之一。自 20 世纪 50 年代向非洲提供援助以来，解决台湾问题就一直是我国的援非动机之一。长期以来，台湾凭借其经济力量试图通过援助向非洲渗透以扩展其"外交空间"。这使得我国的对非援助不得不注意消除台湾谋求分裂的影响。关于台湾问题的考虑一直贯穿于我国对非援助的工作中。为了顶替台湾在非洲的农耕队，从1971年10月到1983年这十多年间，我国向塞拉利昂、卢旺达、加纳、多哥、扎伊尔（刚果民主共和国）、塞内加尔、贝宁、冈比亚、上沃尔特、乍得、毛里求斯、加蓬、尼日利亚、尼日尔、马达加斯加、中非共和国、利比里亚、博茨瓦纳等18国派出几千名农技队员进行农业援助。[1] 通过长达十余年的农技援助，有效地清除了台湾在非洲的影响。

欧盟的对非援助同样有着维护欧洲共同利益的动机，其首要动机在于对共同体安全的维护，其次是对其文化利益的实现。在冷战期间，面对苏联从欧洲南翼包抄的战略，非洲特别是北非，是欧共体地缘战略安全的屏障，欧盟在这一时期的对非援助有着巩固冷战前沿阵地的作用。冷战结束后，非传统安全的维护成为欧盟的头号利益。而非洲则成为影响欧盟非传统安全的地区。非洲医疗水平低，而导致各种疾病蔓延，欧洲作为非洲的近邻不能幸免。非洲的贫穷及治理不善导致恐怖主义势力将非洲作为基地，进而威胁欧洲大陆的安全。非洲向欧洲的大量移民更是成为影响欧洲各国的重大社会问题。对于欧盟而言，帮助非洲发展是直接保护自身安全的必要手段。

中欧援非动机的共同之处还在于对自身经济利益的实现。改革开放前的中国对非援助虽然主要是谋求政治上的互利，但仍然努力使对非援助有助于本国经济的发展。周总理提出"抓援外，促国内"的方针。[2] 在援非设备的生产中，定厂生产积累经验，一旦生产成功，成果既用于援非，也可用于国内建设。在援非的过程

---

〔1〕 蒋华杰. 农技援非（1971-1983）：中国援非模式与成效的个案研究［J］. 外交评论，2008（4）：30-31.

〔2〕 周总理关于援外工作重要谈话，第14页，载《一九七三年援外工作会议材料（附件）》.

中，我国也重视向非洲学习其技术。周总理曾指示，要求中国工程技术人员向摩洛哥等国学习沙漠筑路技术。[1] 改革开放之后，我国国家建设的重心转移到经济建设上来，对外援助同样也要服务于经济建设这个大局。经过长期的改革，我国的对外援助已经成为促进中非经贸合作的有效政策工具。在拓展我国商品在非洲市场的份额、争取非洲战略资源、扩大对非投资等内容上，对外援助均发挥了重要作用。纵观欧盟对非援助的历史，同样可以看到其经济动机的作用。在后殖民时代，欧洲资本主义仍然需要发展，对于非洲各种资源的需求仍然存在。这就决定了欧盟在对非援助中不可避免地要服务于其成员国的经济利益。在欧盟对非援助的许多项目中都以稳定、扩大原材料的进口为直接目的，鼓励各成员国企业直接投资于非洲的原材料加工业。在殖民时代，欧洲列强之所以要在非洲开拓殖民地，基本的动力也是为了攫取各种资源以保证欧洲各国资本的顺利发展。到现在为止，欧盟作为一个整体仍然是非洲最大的贸易伙伴，而且其份额远远超过中、美、日等国，援助在其中起到了巨大的作用。

此外，扩大自身的文化影响力，是中欧双方在援非中的共同动机。随着大规模杀伤性武器的发展，暴力的运用在国际关系中难以达到理想的效果，而软实力则成为一种达到本国目的的有效而低成本的手段。在这一点上，中国和欧盟是相同的。2002 年，Ian Manners 提出了"欧洲规范性强权"。他认为，欧盟的发展本质上是观念层面上的，而非军事的或者经济物质层面上的。他认为，欧盟有着五种核心价值，即和平、自由、民主、人权、法治，还有四种非核心价值，即社会团结、公平、可持续发展、善治。他指出，不仅

---

[1] 周总理同驻西亚非洲大使关于工作问题的谈话纪要，第 4 页，《周恩来总理同驻西亚非洲大使关于工作问题的谈话纪要》，外交部档案馆，档案号：203-00319-04.

欧盟自身的建立是以这些价值为基础，欧盟还应该在其对外行为中贯彻这些价值观，成为国际上有影响力的规范性的强权。[1] Ian Manners 的思想实际上就是对欧盟软实力的一种概括。欧盟的对非援助贯彻了其作为规范性强权的动机，欧盟在对非援助中通过附加政治条件、对非洲各国政治的民主、人权、公民社会领域的直接援助等手段，达到了将欧盟所确认的欧洲价值观传递给非洲的目的。中国在对非援助中同样抱有扩大本国软实力的动机。这一努力早在约瑟夫·奈将软实力理论建构出来之前就已经开始了。20 世纪 50 至 70 年代的对非援助中，在工业方面，我国的援助项目着重帮助非洲建立国有企业；在农业方面，我国努力将合作社、农场等符合社会主义价值的经济组织形式在非洲进行推广。这些措施对于向世界分享我国的社会主义建设经验，有着重要的作用。在冷战前的几十年内，非洲有大量的国家宣布自己搞社会主义，这与我国在对外援助中努力传播社会主义价值是分不开的。

（二）中欧援非动机的不同之处

中欧双方在援非动机方面的不同之处在于：中国更侧重在援非中实现本国经济利益、兼顾政治利益；欧盟则更侧重对欧洲共同安全的保护、兼顾文化利益。

改革开放之后的中国对外援助与外交共同服务于国内经济建设这个大局，经济利益成为了中国援非的主要动机。而欧盟在冷战结束后，实现了安全观的调整，将非传统安全视为威胁欧洲安全的主要危险，其对非洲的援助也将保护欧洲共同安全作为自己的主要动机。中欧之所以出现这样的差别，与双方的发展水平、发展战略密切相关。中国是一个发展中国家，承担着加快经济发展、实现现代

---

[1] Ian Manners, Normative Power Europe: A Contradiction in Terms? JCNS, Vol. 40, No. 2, 2002: 235-258.

化的重任。而欧盟各成员国绝大部分都是标准的发达国家，内部经济发展的压力较轻，如何防范来自外部的威胁、保护既有的利益则是其面临的重要任务。因此，中欧各自的利益诉求有着很大的差别，这种利益诉求理所当然地反映到了其对非洲的援助中。

同样是在对非援助中抱有实现国家政治利益的动机，但中欧对政治利益的认识却不一样。总的来说，中国所要实现的政治利益是在合法的限度之内，而欧美的要求则是超过这些限度的。这里所说的合法是指国际法所划定的国家与国家之间相处的各项准则，这些准则的核心就是主权平等原则。虽然欧盟并没有强大的军事力量，在国际社会中也更多地强调其民事性力量和规范性强权。但这只是其因时因势而提出的新的争取其不合理政治利益的手段。这从其在援助中追求规范性强权这一点中得到表现。规范性强权不仅被欧盟用来当作其自身所信奉的准则，也被用来向非洲推行。自冷战以来，欧盟在其对非援助中就一直贯彻其认定的各种普适准则，在经济层面上强调自由、私有、市场，在政治层面上强调民主、人权、法治。欧盟或者在援助中附加政治条件强制非洲遵循其意志，或者以援助为名直接插手非洲各受援国的选举、公民社会等政治建设事务。这表明，欧盟在对非援助中所要追求的是按照权力所定义的利益，即追求对受援国的控制。而这种利益，则既不合乎国际关系新进程，又不合乎国际法原则。反观中国在援非中的政治利益诉求，则是遵循法度的。在改革开放前的援助中，我国也曾试图以社会主义的意识形态来影响非洲各受援国，但这种影响是建立在平等原则上的。我国从来不曾以附加政治条件等措施向非洲受援国强制灌输社会主义的意识形态。在援助项目的选择上，我国政府也一再强调要尊重受援国的意见，在有意见分歧的情况下，坚持以平等协商的态度方式对待，而不是强迫受援国接受。在改革开放后，我国在对非援助中所要求的政治利益同样没有超出国际法规则。

三、中欧援非原则的比较

中欧援非理念中最大的区别就在于是否附加政治条件。近年来,随着我国在国际发展援助领域中的影响日益增大,中欧之间关于附加政治条件的差异演变成为争议。2006 年开始,欧盟在援助问题上对我国非议不断,而问题的焦点正在于对非洲的援助理念上。大致归纳一下,欧盟的意见主要有如下几点。首先,认为在援助中不少附加的政治条件是发展援助委员会(DAC)所通过的,而这些规则对于各国的对外援助都有约束力。中国不附加政治条件的做法违背了援助领域的国际体制。2008 年 4 月,欧盟出台了《关于中国非洲政策的决议》,其中指出,中国在对非援助中无视"环境""社会"标准。其次,认为我国对非援助不附加政治条件的做法目的在于"引诱"非洲国家给予中国企业更多的方便。最后,认为我国不讲政治条件是对受援国政府和人民的不负责任,容易导致援助依赖,而向少数"流氓国家"提供援助则将全球推入不安全的境地。从欧洲方面的批评看来,中欧双方在附加政治条件方面的分歧是非常深刻的。

产生这种分歧的原因很多。首先是历史的不同。中国和欧盟自近代以来的历史发展轨迹有非常大的差异性,中国沦为半殖民地社会,奋斗了一百多年才彻底解决主权问题。深刻认识到殖民主义的危害与主权的作用。因此在新中国成立后的对外政策上,积极主张主权平等原则,反对干涉内政。而欧盟各大成员国都曾经是称雄一时的殖民主义国家,认为是欧洲将文明带给了世界。其次是在对外政策上的不同。欧盟将人权、法治、民主等概念确立为自身得以建立的基础,也将这些看作是普世的标准,在对外政策中不遗余力地推销这些价值。而我国在对外政策上强调主权平等、不干涉内政等原则。认为各国有权选择发展道路,这是国家的主权所在,不容他国以各种手段进行干涉。最后,双方在发展的问题上也有不同的认识。欧盟认为非洲的发展必须建立在实现人权、民主、法治的基础上，舍此别无他途。而中国认为非洲的发展应该由非洲人民根据本地实情走出新的道路，创造出新的文明。

由此可见，造成中欧双方在附加政治条件上出现分歧的原因很深刻，涉及中欧双方在价值观、世界观上的差异。

中欧双方在附加政治条件上的差异演变为国际发展援助体制内的分歧。欧盟在国际发展援助体制内有着巨大的影响力。它首先是现行国际发展援助体制的建立者，也是该体制的遵守者，同时还是体制各种规范的执行者。而我国作为新兴大国的重要成员，在不附加政治条件问题上抱有一贯坚持的态度。这种分歧逐渐演变成为新兴大国的援助理念对由传统援助者建成的现行国际发展援助体制的一种冲击。

既然该问题关系重大，因而引发了欧盟一系列的动作，其用意无非是希望凭借其影响力将中国"招安"进传统国际援助体制中。而该原则既然构成了中国援非理念的核心内容，必然极力坚持己见。双方围绕这一问题展开了博弈。欧盟的政要、媒体、学者通过各种途径在国际上制造舆论，对我国的不附加政治条件原则进行批评，以施加压力。英国前外交大臣杰克·斯特劳于2006年访问尼日利亚时说："中国现在在非洲做的一切，多数是我们150年前在非洲做过的。"[1] 即认为中国对非援助具有殖民主义的性质。欧盟认为中国不附加政治条件的援助是无视人权。对此，中国的官员、学者进行了反驳。我国的政府领导人多次在对外访问的讲话中强调不附加政治条件是我国对外援助的政策之一。除了舆论层面上的博弈外，欧盟也试图以对话的方式影响我国的援非理念。

---

〔1〕 李安山. 为中国正名：中国的非洲战略与国家形象 [J]. 世界经济与政治论坛, 2008 (4)：8-9.

第四章
中欧援非政策比较

政策是对外援助的中心环节,援助政策是援助理念的具体体现,而援助理念则通过援助政策的设计,以及政策实行之后产生的效果来实现。本书第三章揭示了中欧援非理念上的差别,这种理念上的差别如何反映到中欧援非的政策设计之中,则是本章所要解决的问题。

第一节 中国援非政策

援助非洲是中非关系的重要内容,对中非关系的发展历来起着重要作用。对非援助包括对非援助的理念、政策、实践等多个要素,选择对非援助的政策进行分析有助于更好地理解中国对非的援助。进入21世纪以来,中非关系进入新的发展阶段,适时对新中国成立以来的援非政策发展历史及其最新变化进行梳理,并探究新世纪援非政策变化的背景,对于进一步优化、改善我国的援非政策具有积极意义。

一、中国对非援助的地区分布

援助资源的地区分配是援助政策的重要内容。援助者面对众多的受援国如何分配稀缺的援助资金,往往体现了援助者在援助动机、援助原则方面的倾向，同时援助资源的地区配置也极大地影响了援助的效应。对于中国援非资源分布的研究包括两项内容，首先是非洲在中国援外资金分配中的份额，这是指在中国援外分配中，非洲地区与其他地区之间的关系。其次是中国对非援助中对非洲各国家的资金分配状况。

（一）非洲在中国援外资金地区分布中的份额

2011年发布的《中国的对外援助》白皮书公布了中国对外援助的地区，包括非洲、亚洲、拉丁美洲和加勒比、大洋洲、欧洲和其他等六大地区。[1] 其中，对欧洲地区的援助主要是指对东欧的援助和对欧洲其他地区的人道主义援助，其他地区主要是指对北美的人道主义援助。援助者根据何种标准与原则对有限的援助资源在各大地区之间分配，是一个值得研究的问题。本书认为，援助者自身因素与国际环境因素两者的叠加决定了援助者在各地区进行选择的首要标准。

图2描述了自1956年开始直到2012年这一较长时期内非洲在中国援外资金分配中所占比例的变化。由于时间跨度较大，所以该图较能体现非洲在中国援外资源分配中的总水平。图3描述了新世纪后非洲在中国年度援外支出中的份额。可以看到，作为中国六大受援地区之一的非洲，所接受的援助份额始终是较高的，基本维持在50%上下。非洲之所以占据了中国对外援助资源的一半，有以下几个影响因素。首先是中国的援外目标。中国的援外目标是促进广大发展中国家的自主发展，援助并不会永远存在，而是以受援国是否能达到自主发展为界限，当受援国能够实现自主发展之后，则援助没有存在的理由。因此，中国在各地区进行资源分配时，必然考

---

[1] 中华人民共和国国务院新闻办公室编.中国的对外援助 [M].北京：人民出版社，2011：10-12.

虑各地区在实现自主发展方面所达到的水平,对于那些已经走上自主发展轨道的国家,应减少或停止援助,对那些尚未实现自主发展的国家,则应继续或者扩大援助。其次是世界各地区的经济发展形势。纵观二战之后世界各地的经济发展史,非洲是唯一一个始终没有走上自主发展道路的地区。全球发展问题专家杰弗里·萨克斯对非洲发展有着深入研究,他将经济发展从低到高划分为四个阶段,包括发展阶梯之前的阶段、发展的初级阶段、发展的中级阶段、发展的高级阶段。不同国家、地区处在不同的发展阶段,非洲到目前为止仍处于踏上发展阶梯之前的阶段,也就是说,非洲还谈不上发展,仅仅处在维持基本生存的阶段。[1] 而与非洲相比,其他地区在二战之后都基本走上了发展之路,特别是亚洲,经济发展迅速。一是中国的援助目标,二是世界发展的形势,这两个因素的重叠决定了非洲在较长时期内在中国援外资源分配中的占比。

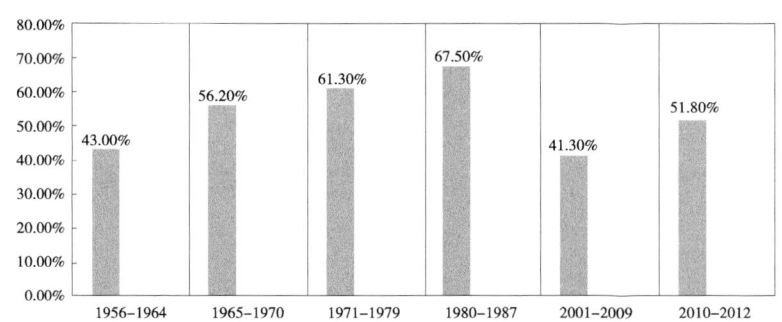

图 2　非洲在中国援外资金分配中的份额变化

资料来源:作者根据中国官方的援助白皮书、张郁慧博士学位论文、Wolfgang Bartke 和 Deborah Brautigam 等人的成果计算。其中,从 1988 年到

---

[1] 杰弗里,萨克斯. 贫穷的终结 [M]. 邹光,译,上海:上海人民出版,2007:9-21.

2000 年的中国援非资金数额难以确定。官方没有公布这一时期的援非资金数量，国外学者布罗蒂加姆在 Chinese Aid and African Development: Exporting Green Revolution 一书中估算的该时期的数据疑似有误。

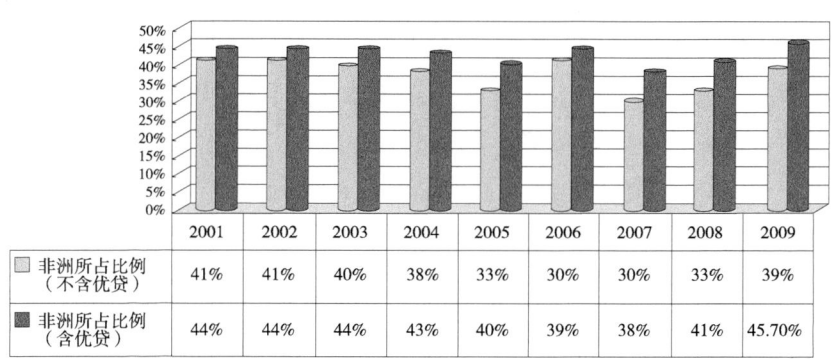

图 3　新世纪以来非洲在中国援非地区分配中的份额年度表

资料来源：作者根据中国援外白皮书和布罗蒂加姆的研究成果自制。

（二）非洲各国在中国援非资源中的份额

研究中国援非资源的地区分布，不仅要了解非洲作为一个整体在中国援外中的份额，还要关注非洲不同国家在中国援非中的份额。官方公布，截至 2009 年，共有 51 个非洲国家经常接受中国援助。[1] 中国的援助资源如何在这众多的非洲国家之间进行分配以及分配的标准，同样是一个值得关注的问题。

本书认为，非洲发展的需要与中国自身发展的需要这两者的叠加是决定中国援非资源国别分布的主要标准。这一标准依据非洲与中国发展的不同时期而表现出阶段性。在非洲发展的主题是解放与独立时，中国主要从非洲独立运动的全局出发来决定援助资源在不

---

〔1〕　中华人民共和国国务院新闻办公室编. 中国的对外援助 [M]. 北京：人民出版社，2011：9-11.

同非洲国家的分布。图 4 是从 1956 年到 1996 年中国援非资源在不同国家的分布。可以看到，坦桑尼亚和赞比亚是这一时期内中国援非资源的重点国家。之所以出现这种状况，主要是坦赞铁路的修建占用了大量的援助资源，而修建坦赞铁路的目的，是打通援助中东非和南部非洲解放运动的通道，为这两个地区的解放运动提供一个有力的后方。当时中国政府认为：铁路建成，可以加强赞坦联合，促使赞比亚采取同坦桑尼亚同样的政策，防止赞比亚倾向马拉维、南罗和南非。削弱帝国主义在中、东非的殖民势力，而且对南非和葡属殖民地的民族独立运动也将产生深远的影响。[1]

在非洲各国相继获得政治独立后，经济发展成为各国的要务，这时，中国对非援助资源的地区分布主要是以非洲各国经济发展和自身经济发展的共同需要为标准。图 5 是新世纪以来中国援非资源重点分布的前十个国家。其中，安哥拉最有代表性。安哥拉进入新世纪后才获得政治稳定，重点发展经济，并向各国寻求援助，而西方诸国反应冷淡，中国则给予了大力的援助。从 2000 年到 2011 年这 12 年间，中国对安哥拉的援助大幅上升，安哥拉成为中国援非的重点国家，形成了著名的"安哥拉模式"。中国之所以在安哥拉配置较多的援助资源，既是为了安哥拉的经济发展，同时也是为自身经济发展保障资源。援助的成效清楚地反映了中国援安所遵循的标准：新世纪以后，安哥拉成为中国第二大石油进口来源国，安哥拉在中国的援助之下经济发展迅速，成为了非洲大陆上为数不多的经济表现良好的国家。

---

[1] 外交部档案馆，档号：108 - 00448 - 01，"坦桑尼亚对第二次亚非会议的态度"1964 年 10 月 1 日，第 18 页，转引自沈喜彭. 中国援建坦赞铁路：决策、实施与影响 [D]. 上海：华东师范大学，2009.

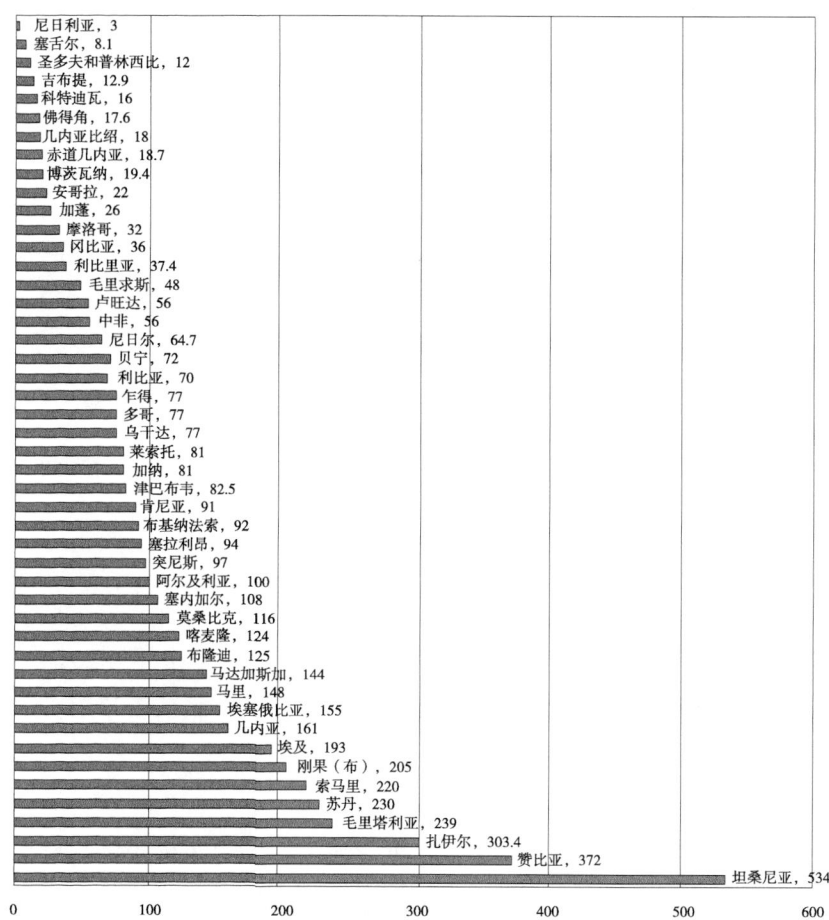

图4　1956年到1996年中国对非援助的国别分布图（单位：百万美元）

资料来源：作者根据 Deborah Brautigam 在 *Chinese Aid and African Development: Exporting Green Revolution* 中提供的资料制作。

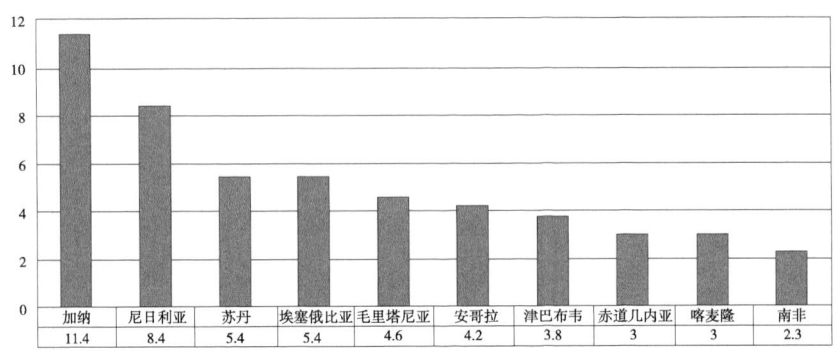

图 5　中国援非资金分配最多的前十个国家 (2000 – 2011)

(单位：十亿美元)

资料来源：根据 Strange "China's Development Finance to Africa: A Media - Based Approach to Date Collection" 制作。

二、中国对非援助的领域分布

进入新世纪后，中国经济实力、形势与国际格局都发生了显著的变化，在这种环境下，中国的对非援助政策也发生了显著的变化。这表现在中国对非援助的结构得到了优化，金融的力量引入对非援助之中。

(一) 中国对非经济领域的援助

进入新世纪后，中国在对非援助领域上开始寻求硬援助与软援助更好地结合。一方面，硬援助方面更加明确地提出以经济基础设施为援助的重点领域，另一方面，开拓新的援助领域，采纳新的援助方式。

中国从自身建设的经验出发，十分重视经济基础设施的开发，认为这是推动社会经济发展、进而促进社会整体变革的核心领域。图 5 显示了中国在经济基础领域的资金投入。在非洲的领导人们看来，经济基础设施的落后是非洲发展的重大制约，并且，非洲一体化建设不仅需要制度上的建设，同样需要有能将非洲联为一体的道路、桥梁等物质手段。第十九届非盟首脑峰会提出《非洲基础社会发展规划》，要建成将非洲大陆联为一体的公路网、铁路网、通信网、水利网。中国历来重视对非洲的经济基础设施援建。在2000年中非合作论坛成立以来，非洲的基础设施被确立为中非合作的重点领域。2006年北京峰会上，中国承诺提供50亿美元优惠贷款，2009年承诺提供100亿美元优惠贷款，2012年则承诺提供200亿美元。由于中国对非优惠贷款的重点领域是经济基础设施，因此这些迅速增加的贷款额可以反映出中国对非洲经济基础设施建设援建力度的扩大趋势。新世纪后的中国对非洲的经济基础设施援建特点如下。其一，综合运用各种筹资渠道，特别是扩大优惠贷款。基础设施建设规模都比较大，对资金需求大，单靠无偿援助和无息贷款难以供给，因此充分发挥优惠贷款的作用可以有效地弥补资金缺口。其二，在援助方式上，对非洲的经济基础设施援建属于硬援助，仅仅授人以鱼还不够，还必须授人以渔，应当帮助受援国人员掌握独立经营管理基础设施的本领。因此中国一般在项目竣工以后会通过技术合作和人力资源培训这样的软援助方式帮助受援国提高管理能力。

新世纪以来，中国同时扩大援助领域，采用其他援助方式。软援助就是新世纪以来逐渐得到重视的内容。软援助主要指对受援国人力资源的支持，以增强受援国人民自主发展的能力为目的，具体的方式包括人力资源培训、派遣志愿者和医疗队等。2000年中非合作论坛发表《中非经济和社会发展合作纲领》，其中提出设立"非洲人力资源开发基金"，十多年来，该基金不断扩大。中国对非洲的人力资源培训每三年都会翻一番。2013年开始的3年内，中国将实施"非洲人才计划"，为非洲培训3万人，提供奖学金名额18 000个。不仅仅是政府在进行能力建设，中国的企业也逐渐成为重要的能力建设的参与者。随着中国企业越来越多地走向非洲，中国企业已经成为一支重要的对非人力资源援助力量。有学者认为，面对能力建设这一难题，"更具持续性的方法可能是将中国企业的需求与他们满足这些需求而采取的实际策略结合起来"。[1] 中国企业正在非洲建立培训机构，以解决他们在开展自身项目和商业计划时所面临的当地技术人才短缺的问题。比如中国石油公司，参与苏丹石油开发建设以来，每年选派苏丹籍员工到中国的高校培训，为苏丹培养了大批石油行业的技术和经营人才。[2] 中兴通讯与埃塞俄比亚电信公司建立了一个联合通信机构，培训了2000名埃塞俄比亚电信工程师。援外志愿者作为新世纪以来出现的新的援助方式，也是对非洲人力资源的一种补充。2002年共青团组织第一批志愿者到老挝和缅甸服务，2005年援外志愿者工作由商务部接管。2006年胡锦涛在中非合作论坛上宣布，中国将在2001－2009年向非洲派遣300名志愿者。2007年，10名志愿者到赛舌尔服务，这是中国援外志愿者第一次到非洲。援外志愿者的工作领域十分广泛，涉及汉语教学、中医、农技、体育培训、计算机培训、国际救援等。中国的援外志愿者直接服务于非洲当地群众、传播中华文化、增进中非友谊，取得了很好的效果。

---

[1] [美] 黛博拉·布罗蒂加姆. 龙的礼物——中国在非洲的真实故事 [M]. 北京：社会科学文献出版社，2012：140.

[2] 贺文萍. 中国对非洲：授其以鱼，更授其以渔 [J]. 金融博览，2013（5）：16.

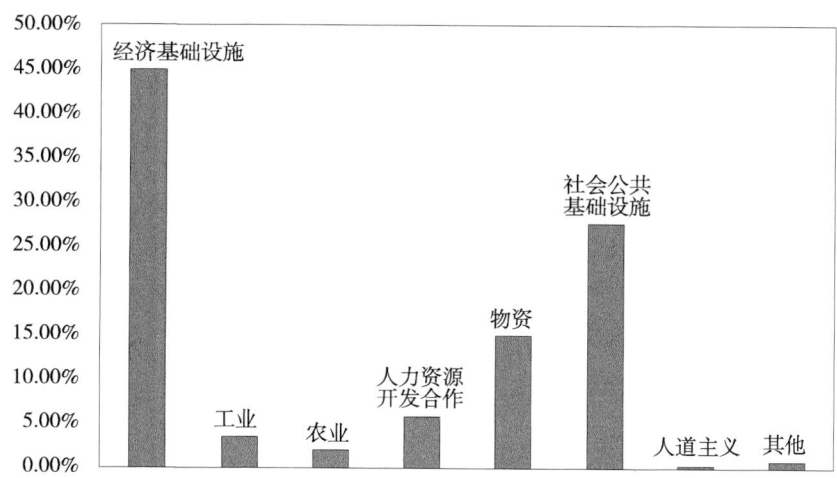

图6 20010-2012年中国援外资金在各领域的分布

资料来源：作者根据《中国的对外援助（2014）》制作。

中国对于非洲政治领域的援助极少涉及。从图6中可以看到，中国政府在对非援助中没有对政治领域的援助。中国之所以极少对非洲的政治领域进行援助，是因为中国政府一直秉承不干涉受援国内政的理念，非洲的政治事务几乎是我国援助的禁区。

（二）中国对非医疗健康领域的援助

中国重视对非洲医疗健康领域的援助，中国在援助过程中实现了互利，即对非医疗援助与中国医药事业发展的相互促进。

1. 我国对非医疗援助的基本情况

自1963年向阿尔及利亚派遣援外医疗队以来，我国对非医疗援助已有51年的历史。我国对外医疗援助的方式多种多样，主要有：援建医院、医疗卫生中心、疟疾防治中心、派出援外医疗队、为受援国培训医疗卫生人员等，其中以对外派遣医疗队为主要形式。

援外医疗队是我国对非医疗援助中历史最长、影响最大的项目，我国对非医疗援助也是从对发展中国家派出援外医疗队开始的。1963年4月，应阿尔及利亚政府要求，我国派出一支由24名医疗专家组成的援外医疗队赴阿开展医疗援助。到60年代末，我国又对索马里、坦桑尼亚等国派遣医疗队。进入70年代后，要求我国提供医疗援助的国家增多，这一时期的医疗援外力度也随之加大。在整个70年代，我国共向30多个国家派出援外医疗队，其中以非洲国家居多。改革开放以后，随着我国对外援助政策的调整，援外医疗队在规模上有所缩减，但仍然保持了一定的稳定性。在90年代，我国向60个国家派出医疗队。进入21世纪后，随着我国经济实力的增强，援外事业也得到了进一步的发展，对外医疗援助进入了一个崭新的时期。自1963年以来，我国共向世界上69个国家和地区派出医疗队，累计派出的医疗人员达2.3万人次，有2.7亿病患接受治疗。2014年，仍有1200名医疗队员分布在49个国家的113个医疗点上服务。在我国医疗队的地域分布中，非洲是我国援外医疗队的重点所在，接受我国医疗队援助的49个国家中，有42个是非洲国家。

在援建医疗卫生设施方面，从1963年到2009年，我国共对外援建100多所医院和医疗服务中心，其中从2007年到2009年，共对外援建30所疟疾防治中心。从2009年到2014年，我国对发展中国家的医疗卫生设施援助力度加大，5年间援建了80个医疗设施项目，包括综合性医院、流动医院、保健中心、专科诊疗中心、中医中心等。为与这些医疗设施项目配套，另外还捐赠了120批医疗物资。

在卫生医疗人力资源的培训方面，我国也进行了大量的援助。这主要通过三种形式实现。首先就是由我国派出的援外医疗队在受援国开展的培训。援外医疗队不仅仅是为受援国诊治病人，还以现场教学的方式对受援国的医护人员进行培训。其次是政府奖学金。

我国政府从20世纪80年代开始设立政府奖学金,资助受援国的老师、学生、学者来华进行医疗学习。最后是对发展中国家卫生领域官员的培训。从20世纪90年代末开始,我国大规模开办卫生领域的官员研修班和技术培训班。

中医药在我国对外医疗援助中占据重要地位,体现在对外医疗援助的各个方面。在我国对外派出的援外医疗队中,有一定比例的中医。援外医疗队的中医不仅运用针灸等传统中医技术治病救人,还为受援国培训了一大批懂中医的医疗服务人员。医疗队在受援国开办针灸培训班,以传帮带的形式对受援国医生进行针灸培训,开展学术报告和手术表演。通过这些方式,医疗队为广大发展中国家培训了大量的中医人才,传播了中医理念。医疗队以其杰出的中医技术在受援国为中医赢得了地位,促进了中医进入受援国的医疗体系。突尼斯政府要求中国援建针灸中心。1994年,中国援建突尼斯的马尔萨针灸中心成立。该中心在提供针灸医疗服务的同时,还担任教学任务,每两年开办一期针灸培训班,学员在经过学习之后进行考试和论文答辩,成绩合格者取得针灸专科医生证书。不少受援国在见证了中医药的实效之后,在本国大学也开设针灸课程、针灸班。

2. 中国对非医疗援助促进我国医药事业的发展

首先,医疗援助为中医药赢得海外市场。

中医药是我国的民族瑰宝,经历了几千年的发展历史,无数次的实践证明了其强大的生命力。然而,在其他国家与地区,由于历史上文化交流的不足而导致了消费者对中医药的效力认可度并不高。

我国的对外医疗援助五十年来的工作在争取广大发展中国家对中医药认可方面,起到了重要的推动作用。我国的医疗队员有不少是中医行家,运用中医在广大发展中国家治病救人,使受援国民众从对中医药的疗效半信半疑到完全认可。以非洲为例，非洲是我国最早派出援外医疗队的地区，也是我国医疗援助资源分布最多的地区。我国的援外中医专家不仅通过治疗普通的疾病使非洲消费者看到了中医药的效力，更通过在疟疾与艾滋病这两大病症上的努力使非洲人民认识到了中医药在解决困扰非洲的这两大顽症上的巨大作用。坦桑尼亚自20世纪80年代就是艾滋病的重灾区，严重影响其经济社会发展。1987年，我国的中医专家应邀援助坦桑尼亚，以中医治疗艾滋病，至今已有二十多年历史，有超过一万人接受治疗。中国医疗援外队的中医专家在坦桑尼亚抗击艾滋病取得了丰硕的成果，1991年10月召开的北京国际传统医药大会上，中国援坦中医专家发表了一篇名为"用中医治疗158例达累斯萨拉姆市艾滋病毒感染者"的论文，介绍了中国援坦专家用中医中药使6位艾滋病患者血清抗体阳性转为阴性的情况。该文引起了国际医学界的震动。[1] 中国援外中医专家在抗击艾滋病这一非洲头号疾病中取得的成绩使得非洲民众建立起了对中医的信赖。

疟疾同样对非洲造成了巨大的危害，有大约1.83亿人生活在疟疾高发地区，每年有几十万人死于疟疾。而对于疟疾，经过我国援外中医专家的努力，以实践证明了中医在治疗非洲疟疾的作用。这方面的典型案例就是对科摩罗疟疾的治疗。2007年，中国国家中医药管理局启动了"青蒿素复方素快速灭疟项目"，多部门协同，由广州中医药大学实施。在科摩罗莫利埃岛和昂儒昂岛的近40万人口中实施灭疟方案，所使用的主要药物是由我国自主研发的治疗疟疾的中药。该项目促使了疟疾肆虐的两岛在很短的时间内就实现了从高疟疾流行区向低疟疾流行区的转变，实现了疟疾的零死亡率。我国的对外中医药援助以其扎实的成绩改变了非洲人民对中医

---

〔1〕 费茂华. 中医药给非洲艾滋病人带来希望［N］. 中国医药报，2003-10-14.

药的态度，为我国中医药服务贸易在非洲的大发展打下了可靠的基础。

我国的医疗援助在帮助中医药进入广大发展中国家消费者视野并争取消费者认可方面取得了成绩，在促进中医药融入各发展中国家医疗体系，获得各发展中国家医疗人员、医疗卫生主管部门的承认方面，同样起到了重要的作用，为我国中医药服务贸易的后续发展铺平了道路。在我国中医药服务贸易发展的过程中，面临的一个瓶颈是难以融入目标国的医疗体系。西方发达国家以"质量""标准"等为理由为我国中医药走出去设置了极高的门槛。欧盟作为世界最大的植物药市场，每年有 50 亿欧元的需求，而我国出口到欧盟的中医药仅占其 2%。欧盟药监局要求中药不得以药品而必须以食品和保健品进入欧盟市场。这类贸易壁垒阻碍了中医药的出口，对中医药服务贸易的发展也构成了威胁。

我国对各发展中国家的医疗援助为中医药服务的发展揭示了另外一条道路。我国对发展中国家提供的医疗援助展示了中医药的作用，在接受中国医疗援助的人群中，不仅有民众，还有许多政府要员。这些政府要员亲身体会了中医的作用，这使得其对于中医的认识有了转变，并在制定本国医疗政策与实施管理时给予中医应有的地位，这极大地便利了我国中医药服务贸易的发展。以南非为例，中国对南非的医疗援助推动了中医药融入南非的医疗体系。2000年，南非议会通过《综合医药法案》，次年生效。南非成为继中国之后世界上第二个以立法形式对中医针灸进行管理的国家。在卫生行政管理机构方面，南非卫生部下的综合卫生专业委员会负责对包括中药、印度医药、欧洲草药等方面进行管理。2002 年，南非政府发布了一个为期半年的中成药注册登记通告允许中成药进入南非市场，这在国际上尚属首例。我国 100 多家医药企业的 300 多种中成药通过申请登记，获得了合法进入南非市场的机会。目前有数百名持有南非卫生部临时中医执照者，其中绝大部分为南非当地人。2005年南非卫生部主持了南非史上第一次中医师永久注册考试。通过该考试者将获得由卫生部发放的终身中医师行医执照。从2005年开始，南非卫生部决定每年都会主持一次中医师永久注册考试。

其次，对外医疗援助为我国医药事业提供科研支撑。

青蒿素是其中的代表。20世纪60年代，越南战争爆发后，交战双方都遭受了疟疾的困扰，美越双方因疟疾造成的减员是战斗减员的4－5倍。而当时在越南流行的疟疾对于传统药物已经产生了抗药作用，能否开发出新的抗疟药物，成为战争的头等大事。美国为此投入大量人力物力研发新药。为了打赢战争，越南方面向中国申请医疗科研援助。中国政府领导人很快接受了越南的申请，决定举全国之力开发抗疟新药，援助越南。在周总理的指导下，国防科工委和总后勤部牵头，联合了卫生部、中国科学院等多个单位，组建"疟疾防治研究领导小组"。并于1967年5月23日召开"全国疟疾防治研究协作会议"，以"523任务"作为此次医疗援助的代号。为了完成这项医疗援助任务，来自全国10个省市和军队的60多个机构，500多名科研人员参与。523项目在各地建立了办公室，并组建了合成药筛选、中医中药发掘、现场防治与临床验证等多个协作组，共同攻关。各地办公室在统一调度下"任务上分工合作、专业上取长补短、技术上互相交流、设备上互通有无"。这种社会主义大协作的科研努力收获了丰厚的结果——青蒿素的价值被发现了。

青蒿素是我国对外医疗援助的成果，获得了国际的广泛承认。医学统计表明，青蒿素复方药物对恶性疟疾的治愈率达97%。2004年，世界卫生组织将青蒿素复方药物列为抗疟首选药物。世界卫生组织屡次呼吁中国增加青蒿素的产量以应对在非洲等地的疟疾蔓延。我国已经围绕青蒿素形成了较为完备的产业链。而青蒿素产业链在接下来的中医药服务贸易业将成为不可或缺的主导力量。

从青蒿素的案例可以看到,对外医疗援助,特别是医疗科研援助,不仅为受援国治病救人,同时极大地促进了我国中医药科研水平的提高,进而为我国中医药服务贸易提供了有力的科研支撑。

(三) 援外金融创新与中国援外领域的变化

自20世纪60年代以来发生于西方世界的金融创新对世界经济的影响深远,我国自改革开放以来的金融创新活动所产生的影响同样深刻。我国对外经济援助领域的金融创新同样取得了不俗的成绩。研究援外领域的金融创新对于我国的对外经济援助事业也有重要意义,有助于从新的视角认识金融创新。

1. 中国对外经济援助中的金融创新过程

自新中国成立之初我国就开始对其他发展中国家展开援助,最初的援助资金类型只有无偿援助。比如建国初期对越南和朝鲜的援助,绝大部分都是无偿援助。在万隆会议之后,与我国建立外交关系的国家逐渐增多,请求我国给予援助的国家也随之增多。在我国自身建设任务也非常繁重的条件下,无息贷款成为我国对外援助的一种重要资金类型。我国援外的无息贷款期限一般为20年,其中试用期为5年,宽限期5年,偿还期10年。自建国到2009年,我国对外无息贷款总数为765.4亿元人民币。无息贷款的出现在当时是一种创新,在一定程度上减轻了对外援助给我国带来的财政压力。但是无息贷款也有其不足之处,主要是无息贷款收回的比例不高,在经济上我国收获较少。

自1995年开始我国引入政府贴息优惠贷款这一新的对外援助方式。援外优惠贷款是由我国政府向其他发展中国家提供的低息贷款。这一援助方式的出现有其国内国际背景。国内方面,当时我国的社会主义市场经济改革已初见成效,企业成为经济活动的主体,金融在市场经济中的地位也日益凸显。国际方面,冷战结束之后许多发展中国家实行私有化和经济自由化，我国原有的援助方式已无法满足广大受援国的发展要求。在国内外新形势下，我国引入援外优惠贷款方式。在我国的优惠贷款模式中，有如下几个参与者。首先是管理者，商务部是归口管理部门，财政部、中国人民银行等机构参与管理。包括援助总量、国别分布、利率、期限等内容的援外优惠贷款新签年度计划由以上几个部门报国务院批准。商务部在该计划内安排本年度的签约。其次是执行者，中国进出口银行和企业是主要的执行者。中国进出口银行是援外优惠贷款的唯一承贷行，并在优惠贷款所要支持的项目选择上有决定权。该行负责与受援国的转贷机构或者最终用款人签订贷款的协议。在项目的实施过程中，该行还负责贷款的发放与管理及贷款的回收等事项。企业也是援外优惠贷款的执行者之一。由双方政府与银行认可的项目，最终执行人仍然是企业。企业派出自己的考察团队到受援国详细考察将使用优惠贷款的项目，并将申请材料提交中国进出口银行审批。审批通过后，企业与该行签订贷款协议。

我国的援外优惠贷款初期规定的年利率上限 5%，贷款期限上限 15 年，目前的年利率上限降为 2%，贷款期限为 20 年。优惠贷款方式根据有无受援国转贷机构分为转贷和直贷两种方式。转贷的流程如下：首先由援受双方政府签订框架协议，其次由我国进出口银行与受援国政府制定的转贷机构签订贷款协议，最后由受援国转贷机构将款项贷给最终用款人，受援国转贷机构负责将该贷款的本息还给我国进出口银行。直贷的流程如下：首先由援受双方政府签订框架协议，其次由我国进出口银行将款项贷给最终用款人，最终用款人负责将该贷款的本息还给我国进出口银行。以转贷方式，最终用款人都有三种可选类型：中外合资企业、受援国企业和部分转贷给受援国企业部分直贷给中方企业。其中第二类企业建设的项目往往含有中方企业的投资，第三类做出区分是为了减少受援国转贷机构收取的转贷费用对中方企业增添的成本。以直贷方式，最终用款人也有三种可选类型：中外合资企业、中方企业和受援国企业。

债务减免，是我国对外援助中金融创新的又一个新举措。债务减免是指中国政府免除其他发展中国家到期的对华债务，这类债务即之前我国政府以无息贷款方式发放给受援国政府的贷款。在2000、2006、2009年中非合作论坛，2005年联合国发展筹资高级会议，2008、2010年联合国千年发展目标高级会议上，中国政府六次宣布减免受援国对华到期无息贷款。到2009年止，我国共免除各受援国到期无息贷款255.8亿元人民币。

2. 金融创新对中国援外领域扩大的作用

首先，金融创新扩大我国对外经济援助资金。在1995年引入援外优惠贷款之前，我国的援外方式很简单，只有无偿援助和无息贷款两种。援助方式的简单化制约了我国对外经济援助的资金总量。我国是一个发展中国家，自身的发展任务仍然非常繁重，不顾本国发展的需要将资金大量转移到其他发展中国家的做法既不合理也不现实。20世纪70年代的大量对外援助对我国自身的发展就造成了很大的负面影响。而援外优惠贷款的出现在不增加我国财政负担、不影响我国自身发展的前提下，极大地扩充了我国对外援助的资金。

国务院新闻办于2011年发布的《中国对外援助白皮书》显示了自新中国成立以来至2009年我国对外援助的资金总量与结构。我国对外援助的资金总额为2562.9亿元人民币，其中，无偿援助1062亿，无息贷款765.4亿，而优惠贷款为735.5亿。在1995年之前，我国对外援助的方式仅有无偿援助与无息贷款两种，也就是说，从1949年到2009年这六十年间，这两种援助方式的资金总额为1827.4亿元人民币。相比之下，从1995年开始的优惠贷款，到2009年底共15年，其资金就达到了735.5亿元人民币。而国务院新闻办于2014年发布的《中国的对外援助（2014）》白皮书显示了自 2010 年到 2012 年 3 年间我国对外援助的资金总量与结构。这三年间，我国对外援助资金的总量为 893.6 亿元人民币，援助资金方式仍然为无偿援助、无息贷款和优惠贷款三种。其中，无偿援助资金为 323.2 亿元人民币，无息援助 72.6 亿元人民币，两者占援外资金总量的 44.3%。而优惠贷款则为 497.6 亿元人民币，占援外资金总量的 55.7%。从 2009 年到 2012 年的援外资金结构变化表明，优惠贷款的作用明显得到加强。援外优惠贷款在实践中被证明是一种更能做到"互利"的援助方式，因而自首次被引入援助之后，迅速增加。这种方式的大量运用反过来也证明了金融援外方式的创新在扩大我国对外经济援助资金来源方面的可行性与适用性。

其次，金融创新扩大了我国对外经济援助的领域。援外优惠贷款与债务减免扩大了我国对外经济援助的领域。在改革开放之前，我国对外经济援助的领域是非常广泛的，从铁路铺设这类大型经济基础设施到学校修建这类民生项目建设，我国的援助都实现了覆盖。但是改革开放前的援助却是一种在经济上无法持续且有损我国经济利益的方式，也是我国国力所无法承担的。在改革开放后，我国对外援助在理念上强调要"量力而行"，援助总量缩小，在援助的领域上也大为收缩，大型经济基础设施等项目的援建也都减少了。然而随着全球化的加深，国际共同利益逐渐凸显，部分不发达国家经济落后衍生出许多国际公共问题。我国作为一个发展中大国，改革开放之后经济实力迅速提升，同时国家利益也在全球化中发生改变，他国的不发达所导致的全球性问题也给我国的经济发展带来了消极的影响。这些状况决定了我国的对外援助领域必须扩大，必须着眼于受援国经济发展的大局。而大部分的受援国经济发展都受制于其经济基础设施的落后，这一现实决定了我国的对外经济援助领域必须将对受援国的经济基础设施等包括进来。但是经济基础设施的援建往往耗资巨大，无论是以无偿援助还是以无息贷款都将给我国财政带来不小的压力。而援外优惠贷款则很好地解决了这个矛盾。《中国对外援助白皮书》指出："优惠贷款主要用于帮助受援国建设有经济效益和社会效益的生产性项目和大中型基础设施，或提供成套设备、机电产品、技术服务以及其他物资等。"在我国援外优惠贷款的结构中，投向受援国经济基础设施的资金占61%，投向工农业和能源类项目的资金占29.3%，共计89.3%。我国以金融创新为手段，很好地解决了自利与利他之间的矛盾，为广大发展中国家的经济发展注入了强劲的动力。这一点也获得了国际社会的承认，2008 年，世界银行发表了一份报告《搭建桥梁：中国在撒哈拉以南非洲国家基础设施融资中不断增长的作用》。在这份报告中，世界银行充分肯定了中国在撒哈拉以南非洲基础设施建设中的重大贡献。该报告认为：中国承诺投资 33 亿美元建设的十个基础设施，可以将整个撒哈拉以南非洲的水利发电能力提升30%，或将该地区的装机容量扩大 6000 兆瓦。中国在该地区修复1350 公里铁路，新建 1600 公里铁路，对于非洲大陆的铁路网建设都起到了重大的推进作用。

三、中国对非援助的政策一致性——以援非促进我国境外经贸合作区发展为例

1. 我国境外经贸合作区的发展与问题

自新世纪以来，我国制造业的成本逐年上升。与发达国家相比：2005 年美国制造业成本高于我国成本 22%；2008 年降到 5.5%。与发展中国家墨西哥相比：2006 年中国制造业成本比墨西哥低 5%，2009 年我国制造业成本高出墨西哥 20%。成本的上升包括几个方面的因素：劳动力价格的攀升、原材料成本的提高、融资难。自2010 年开始在各地出现的"用工荒"表明，我国已经进入了一个高劳动力成本的时代，低廉劳动力成本不再是我国企业发展的优势。而原材料价格，也自 2009 年开始迅速上升。我国的中小企业在融资方面也遇到了困难，超过80%的中小企业依靠自筹资金解决企业发展融资问题。外部欧美等发达国家的贸易保护主义严重，自金融危机以来，针对我国的贸易摩擦迅速增多。这都为我国本小利薄的中小企业增添了几乎难以克服的障碍。在这种内外交困的形势下，境外经贸合作区的发展具备了其合理性与迫切性。

我国的境外经贸合作区是分批进行的。第一批于2006年11月审批通过了8家境外经贸合作区，第二批于2007年底通过了11家。其做法由三步构成：第一步，先由我国政府（商务部牵头）与政治相对稳定、与我国关系较为友好的国家协商完毕；第二步，商务部审批通过的企业与该国政府再签约，在该国负责建设经济贸易合作区；第三步，该企业在国内外吸引企业进入合作区，形成产业集群。我国的境外经贸合作区有如下几个特点：首先，从运行模式来看，政府是主导、企业是主体、市场化经营是原则，这是我国境外经贸合作区运行的原则；其次，从境外经贸合作区分布的地区来看，非洲、南亚、拉美等发展中国家占据了主体；再次，入园企业多从事能源、资源、农业、轻工、冶炼、电子等行业；最后，主导企业一般是国内的大型企业，多为国有企业，而入园企业则以中小企业居多。

赞比亚中国经济贸易合作区总经理昝宝森认为："经贸合作区投资和收益上具有初期投资大、直接回收慢的特点，这成为开发建设境外经贸合作区的最大挑战。"赞中经贸区曾被商务部认为是最好的经贸区，其面临的问题也不小。到2013年，赞中经贸合作区投资1.4亿美元用于园区的各项基础设施建设，而合作区取得收益的渠道却较为狭窄，包括出租厂房、办公场所、土地、供电、提供物业服务、开发商业项目等。可见，赞中经贸合作区的投资大，而收益口径小，成为了经贸合作区发展的一个重大问题。同样建在非洲的另外一个经贸合作区——苏伊士合作区，其前三年的年均利润为41.8万美元，而其已投资总额则达到了8000万美元，投资利润率仅为 0.52%。按照这样的情况且在没有政府补贴的条件下，合作区需要 192 年才能收回其投资。从这两个经贸合作区的状况可以看到，投资与收益是不成比例的，而盈利能力的低下，则是制约经贸合作区进一步发展的重大问题之一。经贸合作区的运作模式是以市场化为其原则的，政府的补贴只能是一种辅助性的与初期性的启动机制，合作区能否走得远，关键还是要靠其盈利的能力。只有盈利能力提高了，国内大量受成本攀升制约而急于寻找投资机会的企业才会转移到合作区来。

我国境外经贸合作区发展面临的第二个问题是东道国投资环境不够完善。由于我国境外经贸合作区的布局大多在发展中国家，其中在非洲的为数不少。发展中国家虽然具备劳动力成本低、原材料成本低、国际贸易条件相对较好等优势，但其政局不是很稳定、社会各项制度相对比较欠缺、针对合作区的政策也不够稳定。这些因素都为我国的经贸合作区的发展带来了不好的影响。以赞比亚为例，2006 年，赞比亚通过了《发展署法》，并成立了服务外部投资的机构，也实施了不少优惠投资的政策。但是这些政策与机构运行的稳定性都成问题，在这一届政府通过的政策到下一届政府是否仍然有效，这都是经贸合作区所担忧的问题。

我国境外经贸合作区发展所遇到的第三个问题则是布局有待合理化、定位需要科学化。我国在东南亚国家如柬埔寨、越南、泰国都建立了经贸合作区，其中，在越南就建立了两个经贸合作区。这几个国家面积不大、人口不多，同时建设这么多的经贸合作区，反而导致了各合作区之间的恶性竞争，造成了重复建设和资源的浪费，对于合作区的整体发展无利。在经贸区的自我定位方面，也存在一定的问题。大多数的经贸合作区都存在行业覆盖过大过全的问题，希望将经贸区建成一个无所不包的多功能区域，这对于经贸合作区并不是一个妥善的选择。在定位方面，另外一个问题就是有些经贸合作区没有与我国国内对外投资的大趋势对接，这方面的例子有埃及的苏伊士合作区等。我国在各地的经贸合作区主要服务于国内中小企业对外投资，是为了促进这一运动而建设的平台，而我国的对外投资有其特殊的形式与要求。只有符合了这一要求，才能保证有大量的企业涌入到合作区内来。而现有的一些合作区在自我定位时没有对此做出周全的考虑。

2. 援助服务于境外经贸合作区发展

从境外经贸合作区的发展历程来看，其与对外援助有着密切的联系。我国的境外经贸合作区最开始是作为援助的一种手段被提上议事日程的。1995 年 10 月，中共中央召开改革援外工作会议。这次会议在新中国的援外史上具有重要的作用，开启了我国援外工作的新局面。在这次会议上，中央提出要将我国改革开放的经验用于援助发展中国家的发展。在我国的经济改革中，深圳、厦门等经济特区有着独特的贡献，经济特区是中国经济腾飞的一个重要经验，因此可以帮助其他发展中国家建立类似于深圳、厦门这样的开发区，带动其整体发展。由此可见，我国境外经贸区的最初建设思路，是从改革对外援助工作起步的。中国和埃及共建的苏伊士特区就是这一思路的实践产物。1996 年，江泽民主席访问埃及。埃及方面提出可以划一块土地给中方，用以建设一个自由区。1997 年，埃及总理访华，与我国政府就此事签订备忘录。我国政府承诺帮助埃及建设一个自由区，按照我国建设经济特区的经验对该自由区提供指导。1998 年 10 月，中埃苏伊士特区成立。从苏伊士特区的后续发展状况来看，我国对于该特区的功能更多地是看重其带动埃及经济发展、促进两国友谊的方面。也就是说，合作区更多地具有援助的性质，而不仅仅是解决我国对外投资问题的方案。

对外援助是将援助国的资源转移到受援国，以帮助受援国发展，这是对外援助的目标。然而，这并不意味着对外援助必然是一种专门利人、毫不利己的行为。援助的理论表明，对外援助不仅是一种帮助受援国实现发展的办法，更是一种实现援助国政治、经济、文化利益的有效政策工具。我国自新中国成立以来即对其他国家开展援助。在改革开放前，是以实现本国的政治利益为主。改革开放之后，更为强调互利原则，这里所指的互利，主要是经济上的互利。因此，对外援助不仅是帮助其他发展中国家发展的手段，也是实现我国经济发展的政策工具。

在如何开放援助对本国经济促进的功能方面，我国援外部门已经做了许多有益的探索。目前发展得比较成熟的是援外对于带动我国出口、投资方面的作用。援外对于促进我国出口的作用是显著的。首先是无偿援助的货物质量上乘，在受援国起到了展示与广告宣传的效应。与西方发达国家的产品相比，我国产品在知名度上不具优势，许多发展中国家更加相信发达国家的产品。而我国在对外援助中所提供的产品充分展现了其优良性能，在与西方产品争夺市场上起到了重要作用。有大量的发展中国家是先通过我国的援助认识、接触并逐渐信任"中国制造"的，我国的对外援助成为"中国制造"出口的一种营销手段。其次，自 1995 年后迅速增长的优惠贷款这一援助形式要求受援国在工程采购中购买中国的机械，这直接扩大了我国的出口。与无偿援助不同，优惠贷款的数量非常大，所支持的受援国发展项目也都是大型项目，该贷款对设备购买的限制所带动的出口数量和规模都是不容忽视的。成套设备援助是我国对外援助的重要形式。在该类援助中，我国在援建项目中使用中国的标准，同时在工程项目建设、后续的维护中所需要的原料和设备都是从中国进口。这些技术标准和进口路线将会使受援国产生一定的进口依赖，这种依赖对扩大我国产品的出口是有利的。

援助对于投资同样具有推动的作用。Steve Prefer 对 52 个国家从 1982 – 1995 年的面板数据进行检验时得出结论：虽然普通援助与投资的规模间没有明显相关性,但对经济基础设施的援助则对投资产生了明显的促进作用。张汉林等就中国对非洲 ODA(官方发展援助)和 FDI(对外直接投资)之间的相关性进行实证研究,得出结论:中国对非洲援助与中国对非直接投资之间呈正相关关系。

3. 援非对我国境外经贸合作区发展的促进作用

首先,我国对外援助中很大一部分是援建受援国的经济基础设施,如道路、电信等。这些经济基础设施不仅对受援国的经济发展起到了巨大的推动作用,同时也极大地便利了我国企业在海外的投资活动。许多发展中国家虽然有丰富的自然资源,但这些资源所处的位置却比较偏远,且这些国家本身的基础设施非常不完善。我国的企业在投资办厂时,首先就面临交通不便的问题。这一问题是我国企业在其他发展中国家投资的一个障碍,抵消了东道国在劳动力、资源上的优势。我国对外援助非常重视对交通等经济基础设施的建设,极大地便利了我国企业的对外投资。

其次,我国的对外援助为我国企业对外投资提供了风险保障的作用。对海外的投资是一个具有高风险的事业,对于外国的风俗、民情、社情信息把握不足都可能导致企业投资的失败。我国的对外援助将许多项目交由我国的企业来运行,使得这些企业能够在政府的帮扶下进行一次投资的演习,在建设援外项目过程中熟悉海外的情况。自改革开放以来,我国对外援助引入市场机制,各类企业成为执行对外援助任务的主体。我国政府在规划好对外援助的项目之后,便会就这些项目向各类企业招标。许多有意向在海外投资发展的企业可以利用这些机会。这极大地减少了企业对外投资的风险。

到目前为止,对外援助对于我国的经济发展特别是对于扩大出口和促进投资方面起到了积极的作用。由此可以看到,对外援助在促进经济发展方面是大有可为的。但是援助的潜力尚未完全发掘出来。从当前的实际情况来看,援助对于投资的影响并不十分显著,在机制上也比较单一。特别是当境外经贸合作区成为促进对外投资的重要平台之后，对外援助作为重要的政策工具使用并不充分。

四、中国对非援助的政策协调

多边援助与双边援助是对外援助的两种不同方式。目前国际援助领域对多边援助的定义仍然以 OECD 的定义为参照标准。OECD 认为，多边官方发展援助接受机构必须满足以下条件：从事或部分从事发展事业，以政府为成员的国际机构、制度或组织，或此类机构自主管理的基金，聚集援助资金使其成为机构金融资产的内在组成部分。根据 OECD 的定义，信托基金、垂直基金等非核心捐款被划入双边援助范畴，[1] 而非核心捐款在国际上已是大势所趋，OECD 的计算方式受到质疑。本文所探讨的是中国对非援助的政策变化特点，与此主题相关的多边援助机构有如下几类：联合国多边发展系统（包括联合国开发计划署、联合国粮农组织、联合国工业发展组织、国际农业发展基金、联合国教科文组织、世界卫生组织）、全球性多边开发银行（世界银行集团）、地区性开发银行（西非开发银行、东南非开发银行）和目前正在开发之中的南南合作性质的开发银行（金砖国家开发银行）。

自 20 世纪 50 年代向国际红十字会认捐 1 万瑞士法郎以来，我国就一直通过多边援助的方式对非洲的发展事业进行援助。[2] 进入新世纪以来，我国对非的多边援助出现了一些显著的变化。中国对多边机构的援助无论从总量还是与双边援助的比较来看都显著提高了。有学者估计，中国多边援外的数额在 80－90 年代都很小，而且呈现逐渐减少的趋势，这种趋势在新世纪后大为改观，从 2000

---

[1] DAC List of ODA – Eligible International Organizations: General Methodology, OECD – DAC, December 2011, http://www.oecd.org/ac/stats/49194441.pd.

[2] 给红十字国际委员会捐款，我国红十字会汇出一万瑞士法郎 [N]. 人民日报，1958－6－24.

年的 700 万美元到 2003 年的 1200 万美元，2005 年达到 4000 万美元，5 年之间跃升了 4 倍。多边援助占总援助额的比例也同样出现了较大的提高，70 年代是 0.08%，80 年代略有回升，但幅度非常小，而进入新世纪以来，多边援助占总援助额的比例上升很快，2007 年达到了 3.41%。[1]

我国在 1971 年恢复在联合国的合法席位之前，很少进行多边援助。在 1971 年之后，由于意识形态等方面的影响，我国虽然开始对其进行资助，但总量仍然很少。改革开放之后，在外交上更加重视联合国等国际组织，但我国此时对外援助的规模被削减，因此用于多边援助的份额也非常少。直到 2005 年多边援助的总量和份额才开始迅速扩大。这是由于以下几个因素导致了多边援助的增加。首先是我国的综合国力和经济实力经过二十多年的改革开放迅速上升，为多边援助的扩大创造了条件。其次，我国政府在理念上越来越重视多边外交的作用，作为外交的一部分，援外工作自然也应增加多边外交的分量。

中国不仅通过向国际组织捐献资金参与多边援助，同时也按照国际援助体制的规范对自身的援助政策进行了一些调整。在联合国召开的千年首脑会议上，中国政府承认了千年发展目标。为了兑现这一承诺，中国政府对自身的援助政策进行了调整，逐年地增加对外援助的比例，逐渐增加对最不发达国家援助的比例，加大对非洲的援助比例，调整援助结构，将更多的援助资源分配在千年发展目标所提出的教育、医疗、环境等领域，对最不发达国家免除关税，免除重债穷国的到期债务等。从中国在新世纪后这一系列的政策变化可以发现，中国政府的援非政策很大程度上接受了多边援助组织对于援助政策的建议。

---

[1] 熊厚. 中国对外多边援助的理念与实践 [J]. 外交评论, 2010（5）: 55 - 57.

中国给多边援助体系带来的变化表现在三个方面。首先是以我国卓有成效的发展经历影响多边援助机构的援助理念。联合国开发计划署和世界银行分别与中国共建知识共享中心，以总结和推广中国发展的经验。同时，中国在不少场合倡议国际金融机构改革不公平的治理结构。其次，中国试行了新的捐助方式。近年来，信托基金、垂直基金等非核心捐款方式在国际社会中发展迅速，因其有针对特定问题且便于出资者控制等特点，受许多援助国欢迎。新世纪以来，中国开始在一些多边发展机构中设立信托基金。如 2009 年在联合国粮农组织中捐 3000 万美元的信托基金。再次，中国在新世纪以来开始尝试支持南南合作性质的多边发展银行，其中与援助非洲相关的有金砖国家开发银行。中国支持金砖国家开发银行的建立计划，该计划在 2013 年宣布，将用于促进金砖国家以及非洲的基础设施建设。[1]但是与其他国家相比，中国多边援助的比例仍然非常少，而且对国际援助体制的认同度也不高。中国用于多边援助的比例在各个时期均很低。

表 8　不同时期中国多边、双边援外金额比较（估计）　单位：百万美元

	1973	1987	1997	2007
双边援助	2787.7	375	420	1103
多边援助	23	25	8	39
总计	2790	400	428	1142
多边援助占比	0.08%	6.35%	1.86%	3.41%

资料来源：熊厚《中国对外多边援助的理念和实践》，载《外交评论》2010 年第 5 期，第 58 页。

---

[1]　熊厚. 中国对外多边援助的理念与实践 [J]. 外交评论，2010（5）：55-57.

最后，我国对外援助在遵守国际援助体制方面还有待提高。在援助理念和一些核心的援助政策上与西方有所不同，这是正常且有益的，也正是我国援助政策的特色所在。但在一些其他的方面比如援助资金的透明度等问题上，我国还比较欠缺。

第二节　欧盟援非政策

欧盟对非援助政策的内容丰富，本书主要从如下几个方面进行论述。首先是欧盟的援助在非洲各地区之间的分配状况及其原因。其次是欧盟对非洲的政治援助，这是欧盟对非援助政策的重要内容，反映了欧盟对非援助政策的本质特点。再次是欧盟对非洲的经济援助政策。然后是欧盟对非援助政策中的政策一致性问题探讨。最后是欧盟对非援助政策中的政策协调性，本书侧重分析欧盟共同体与各成员国之间的协调，兼顾欧盟与其他多边援助者之间的协调。

一、欧盟对非援助的地区分布

欧盟援助在非洲与其他地区之间的分配以及在非洲各国之间的分配，是研究欧盟援非政策的重要问题。本书图 7 描述了欧盟在 2000 年到 2011 年这一时期内对外援助的资金总量与对非援助的资金数量，图 8 描述了欧盟在 2000 年到 2011 年这一时期内对非援助在欧盟援外资金总量中所占的比例，图 9 列出了从 2000 年到 2011 年间接受欧盟援助最多的前十个非洲国家。从图 7 和图 8 中可以看到，非洲接受欧盟援助的资金及其比例从 2000 年较低的水平逐步提高，到 2005 年以后，稳定在 40%－45%之间。这表明新世纪以来非洲在欧盟援外格局中的重要性有所提升。图 9 则反映了欧盟援非的国别偏好。

本书认为，欧盟援非的地区分布主要由欧盟内部权力博弈所决定。欧盟内部权力博弈既包括各成员国之间的博弈，又包括欧盟共同体层面与各成员国之间的博弈（超国家与国家之间的博弈）。这两种权力博弈的重点随着欧洲一体化的发展程度而有所变化，大致的划分是，在20世纪90年代之前，欧洲一体化程度较弱，这一时期各成员国之间的博弈是欧盟内部权力博弈的主流，而之后，随着欧洲一体化逐渐加强，欧盟共同体与各成员国之间的博弈（超国家与国家之间的博弈）则占据主体位置。

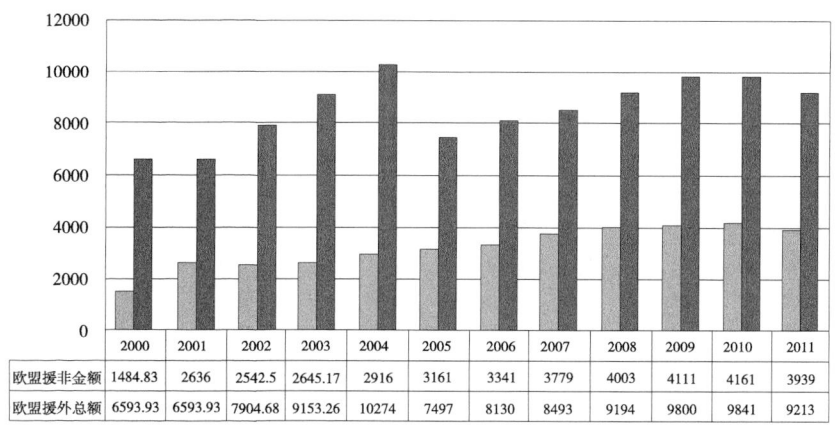

图7 欧盟援非资金数量及援外资金总量（2000－2011）

资料来源：作者根据欧盟2000年至2012年年度报告（Europeaid Annual Report：2000－2001）制作。

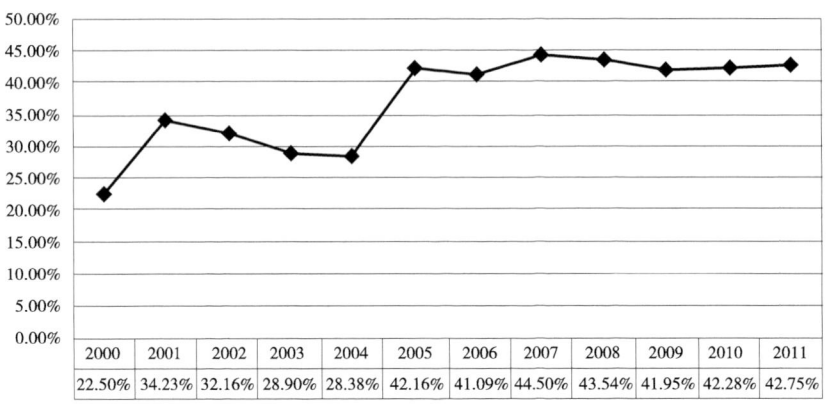

图 8　新世纪以来非洲在欧盟援外总资金中所占的比例

资料来源：作者根据欧盟 2000 年至 2011 年年度报告制作。

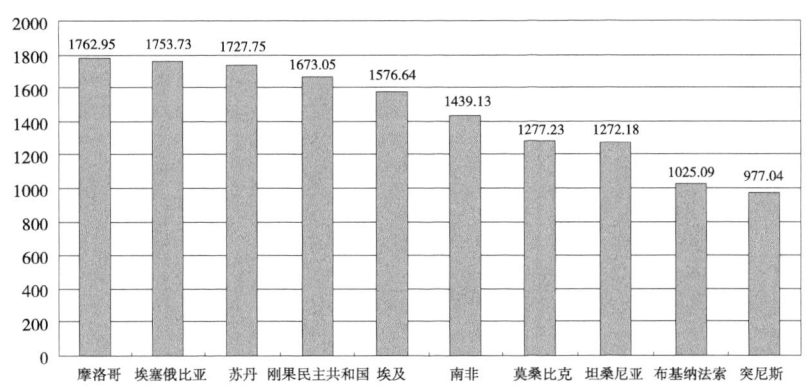

图 9　2000–2011 接受欧盟援助最多的十个非洲国家

资料来源：作者根据 2000 年至 2011 年欧盟发展合作年度报告制作。

20世纪60年代，欧共体的成员国有六个：法国、意大利、联邦德国、荷兰、卢森堡、比利时。这一时期，围绕欧共体对非援助政策地域分配产生了两派，即地区主义与全球主义。地区主义由法国与比利时所坚持，认为欧共体的对外援助对象应该以其成员国的殖民地及海外领地为主，而全球主义则由西德与荷兰所坚持，认为欧共体的对外援助对象不应该局限在其殖民地范围内。[1] 双方的主张与各自的殖民历史、国家利益紧密相关。在1973年英国加入欧共体之前，法国是欧共体内最大的殖民国家。自1605年在新斯科舍建立皇家港开始，法国就一直在努力拓展其殖民地。先后经历了法兰西第一殖民帝国和法兰西第二殖民帝国，到20世纪60年代时，它是仅次于英国的第二大殖民帝国。面对20世纪60年代的殖民地独立浪潮，法国试图以援助为手段保持其与前殖民国家的"特殊关系"。基于这样的殖民历史和国家利益，法国成为欧共体内最坚决的地区主义拥护者。而与法国持同样立场的比利时，也有其殖民地利益。在1901年到1962年之间，比利时的显著殖民地一共只有两块，分别是比属刚果和卢旺达—布隆地，两者都在非洲大陆上。这种殖民地决定了比利时在援外地域分布上也赞同地区主义。而反对地区主义的联邦德国与荷兰，其立场也与其殖民地利益相关。1871年德国统一之后才开始考虑争夺殖民地的问题，这时世界各地的殖民地已基本瓜分完毕，有些地方甚至开始了殖民地独立的趋势。尽管如此，德国还是侵占了一些殖民地。第一次世界大战结束后，德国的殖民地丢失殆尽。因此，20世纪60年代的联邦德国没有殖民地利益，其对于欧共体援外政策的地域分配是持全球主义态度的。在英国等国加入欧共体之前，地区主义占上风。从1963年到1973年，欧共体对非洲的援助额为13.73亿美元，而同期对欧洲、美洲、大洋洲、亚洲的援助总额仅为3.68亿美元，而在对非洲的援助中，绝大部分又分布在法国和荷兰的前殖民地。[2]

进入20世纪70年代后，随着英国等国的加入，欧共体内关于

---

[1] Karin Arts and Anna K. Dickson eds. EU Development Cooperation: From Model to Symbol [C]. Manchester and New York: Manchester Press, 2004: 113 – 122.

[2] "Stat Extracts", http://stats.OECD.org/WBOS/Index.asp Data = TABLE2B.

全球主义与地区主义的较量也出现了变化。英国曾是世界最大的殖民帝国，其殖民地在世界的分布也与法国、比利时有所不同。这样，70年代欧共体对外援助的地域分布走出了法语非洲的范围。到80年代初期，欧共体对亚洲地区的援助额度为1.78亿美元，较英国等国加入之前的年均援助额0.13亿美元高出了13.7倍。[1]

80年代的欧共体援助范围向南部扩展使得拉丁美洲地区获得了更多的援助，这应该归功于西班牙对欧共体的影响。从1960年到1986年，欧共体对美洲的援助额年均0.25亿美元。1986年西班牙、葡萄牙加入欧共体，直到冷战结束，这一时期欧共体对美洲援助额年均2.37亿美元。在东欧剧变之前，欧共体对非援助政策的地域分布取决于欧共体各成员国的殖民地利益，而且每一次欧共体的扩大都会"稀释"其对非援助的份额。

从欧共体在20世纪80年代之前的援助资源对非洲的分配情况来看，其政策受成员国的影响很大，而欧共体对其的影响则相对弱小。造成这种状况的原因是，在《马斯特里赫特条约》签署生效之前，欧共体并没有在对外援助领域取得足够的职权，事实上，这一时期欧共体对外援领域的介入更多的是依靠其具有完全职权的共同贸易政策工具。在欧共体缺位的条件下，对共同体援外资源的地域分配就主要取决于各成员国之间的博弈。

进入21世纪以后，欧盟内部权力的博弈并没有停止，反而随着欧盟发展合作办公室的建立而更为复杂。欧盟发展合作办公室作为代表欧盟共同体层面的机构不断地扩大其在欧盟援外事务中的权力，进入21世纪以后，欧盟发展合作办公室所动用的援助资源接近欧盟对外援助总额的60%。欧盟共同体相对各成员国权力的加强，迅速地反应到了欧盟对外援助地区分布上，非洲在外援中所占

---

[1] "Stat Extracts", http://stats.OECD.org/WBOS/Index.asp? Data = TABLE2B.

比例在 21 世纪的提升即这一权力变化的表象。

二、欧盟对非援助的领域分布

发展包括的内容非常广泛，经济基础设施、教育、卫生、科技等各个部门都对发展起着不可替代的作用，而援助资源都是相对稀缺的，这样就出现了如何将援助资源在基础设施、教育、卫生等各个部门进行分配的问题。有限的援助资源如何在受援国的各个部门进行分配，这是所有发展援助政策都面临的问题。本书认为，欧盟对非援助在部门分配上严重地受到超国家与国家间博弈的影响。

欧盟对非援助的领域分布是一个复杂的集合体，遍布于非洲发展的各领域。图 10 显示了从 2003 年到 2007 年间欧盟对非加太地区的主要援助领域。

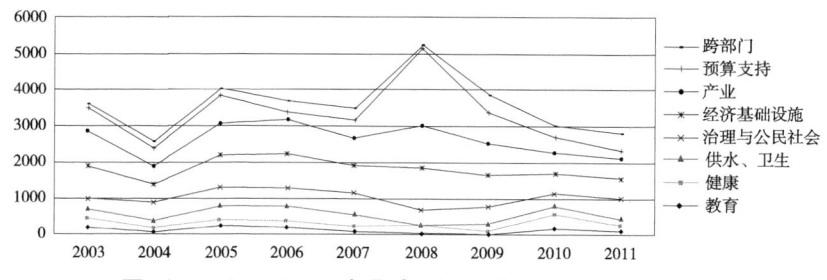

图 10　2003－2011 欧盟对 ACP（非加太地区）援助的主要分布领域（单位：百万欧元）

资料来源：作者根据欧盟 2003 年至 2011 年援助年度报告制作。由于 2003 年之前欧盟官方统计方式与之后有区别，因此本图只显示 2003 年之后的主要援助领域。

该图虽然显示的是欧盟对非加太地区的援助领域分布，但非洲占据了欧盟对非加太地区援助的绝大部分份额，因此该图能准确地表示出欧盟对非援助的领域分布状况。本书从经济、社会、政治等三大领域对其进行分类论述。

在经济领域的援助，主要包括经济基础设施、三大产业部门和预算支持等三项内容。在经济基础设施方面，欧盟援助覆盖的范围比较广，包括运输和仓储、通信、能源更新、银行和财政支持、商业等，但其中运输和仓储成为了欧盟对非援助的主体部分，每年投入该子领域的援助金额远远超出其他几项。欧盟对于非洲三大产业部门的支持力度也较大，其中包括非洲农林渔业、工矿业和建筑业、贸易和旅游业等三个子领域。从 21 世纪以来的情况来看，对于农林渔业的援助占据了主要的份额，其次是对贸易和旅游业的援助，分布最少的是工矿业和建筑业。在对农林渔业的援助中，对农业的援助所据份额最大；在对贸易和旅游业的援助中，贸易是主体部分，应该注意的是，欧盟对非的贸易援助集中在对非各国的贸易政策和贸易体制的援助上。预算支持是一种属性较为复杂的援助，就其流入的领域而言，当然是属于对经济领域的援助，但是预算支持及其前身结构调整计划具有深刻的政治内涵。欧盟通过对非洲各国政府提供预算支持而获得了参与其内部决策的权力，这深刻影响了受援国的政治进程。因此，可以从图中看到，欧盟每年对非加太地区的预算援助数额是非常大的，其所有援助中高居第二位，如果考虑到跨部门实际上是各部门的一种组合，那么预算援助则是位居第一位的援助。

欧盟对非洲受援国社会领域的援助也是值得关注的，其覆盖范围很广，包括：教育、健康、供水、卫生设施和跨部门援助。在欧盟对非教育援助中，基础教育和中等教育占据了主要的份额，而分配给高等教育的份额则很少。这与欧盟对非洲教育发展战略的认识分不开，欧盟历来认为非洲的教育发展应该将重点放在基础教育和初级教育上。欧盟对非健康领域的援助包括一般健康援助与基本健康援助，这两者的数额基本相当。另外，没有在图中显示出来的是欧盟对非洲生育的援助,这也属于对健康领域的援助。由于非洲水资源奇缺的现状,欧盟给予非洲供水的援助份额是比较高的,其平均水平高于健康和教育领域的援助。欧盟援助中的跨部门援助主要是指对环境、女性发展等领域的援助。欧盟认为女性、环境等议题是一个综合性议题,应该贯穿到各具体领域之中。比如,欧盟在供水、医疗、健康等领域的援助就特意安排了对相关环境和对女性参与的支持。

民主援助是欧盟对非洲政治领域援助中最显著的内容。欧盟对非洲的民主援助主要包括如下几个方面的内容:选举援助、政府机构改革的援助、公民社会的援助。其中选举援助在整个援助中占据重要地位,这主要是由于欧盟认为,尽管民主不仅仅指选举,但选举确实是民主过程中的关键阶段。[1] 政府机构改革的内容很丰富,包括对受援国立法、司法、行政机关、地方政府的改革援助,其中包含了欧盟对于三权分立、地方分权等政治理念的推崇。对于公民社会的援助与公民社会在欧洲政治生活中日益增强的影响力密切相关,欧盟认为民主社会离不开有效的公民社会活跃其中,因而在对非洲的民主援助中重视对公民社会的支持。

人权援助也是欧盟援非的重要领域。欧盟不仅通过在援助之前提出各种附加性政治条件来要求非洲受援国执行政治改革,还对人权发展等被认为是对发展具有重大意义的领域进行直接援助。在欧盟的年度报告中,一般会专门就民主、人权援助开辟一节予以论述。在这之外,还有一些比较重要的与人权发展相关的援助,比如对妇女、儿童、残疾人权利的保障。特别是对妇女权利的保障,在欧盟的各类文件之中得到了充分的关注。2005年的《欧洲发展共识》甚至将性别平等列入共同价值之中,认为:"性别平等和妇女

---

[1] EU, European Consensus on Development [Z]. 2006.

权利的提升不仅本身是重要的,而且也是一种基础性的人权和一个社会正义的问题,还是实现千年发展目标的重要工具……"[1] 从欧盟在援非的各项目的具体设计上也可以看到其对妇女权利的重视。

对冲突的干预也是欧盟对非洲政治援助中重要的内容。20世纪90年代中期,欧盟发展总司就提出要以援助为工具介入非洲的冲突。《欧洲发展共识》则将冲突预防纳入工作范围之内,并提出了较为详细的措施:支持受援国加强早期预警能力的建设,加强受援国的民主治理能力,在有严重冲突可能的受援国发展综合性的预防计划,对受援国进行评估以提高其发现冲突风险的能力。[2]

在冷战之前,欧共体因为在美苏冷战的局势之下安全问题突出,不得不在非洲避开敏感的政治原则,而专注于经济和民生领域的援助。欧共体在援非领域布局上的转变是在冷战之后出现的。冷战改变了欧洲的安全形势,也改变了欧共体在国际政治中的自我定位和政策,由此而来的是欧共体对非援助政策的调整。欧共体开始对冷战前长期援非政策进行反思,认为援非成效不明显的原因在于回避了对非洲政治发展的援助,而非洲发展的阻碍恰好根源于缓慢的政治发展。因此,欧共体开始注意对非洲各国政治领域的援助。经过几十年的发展,欧共体对非洲政治领域的援助达到非常全面的地步,欧共体在非洲政治发展的许多重要领域都开展了援助,从对选举制度的援助到对媒体自由的援助,从对公民社会的援助到对女权的支持,欧共体以援助为手段将欧洲的政治发展思想在非洲各国付诸实践。2011年10月欧盟委员会发布的《增加欧洲发展政策的影响:改变议程》(以下简称"改变议程")指出:"良治,在政治

---

[1] EU, European Consensus on Development [Z]. 2006.
[2] EU, European Consensus on Development [Z]. 2006.

的、经济的、社会的和环境方面对于可持续的发展是至关重要的。"《改变议程》列出了其对受援国政治领域援助的内容：民主、人权和法治，性别平等，公共部门管理，税收政策和管理，反腐败，公民社会和地方权力，自然资源保护，发展和安全关联。其中对民主、人权、法治的援助包括对选举公平性、选举机构的有效性、媒体自由度、互联网普及、司法系统等内容的支持。欧盟对非政治领域的援助重点是选举援助。欧盟对非洲选举援助的方式一般有两种，一是对选举执行机构进行援助，二是派出选举观察团。由于女权主义在欧洲的盛行，欧盟在对非政治援助中将女权保护作为一个重要的领域。从2005年的《欧洲发展共识》到2011年的《改变议程》，欧盟对非洲女权的援助从未停止。《改变议程》指出："性别平等和妇女赋权作为发展的因素和和平的建造者，应当被纳入到所有的欧盟发展政策中。"从欧盟一系列的援非项目来看，欧盟在许多经济和民生领域的援助项目中也非常注意对女性的保护。女权作为一个重要的援助政策体现在欧盟许多援非项目之中。欧盟对非援助中，非常重视对公民社会和地方权力的支持。前者在现代欧洲政治生活中地位越来越重要，被认为是真正的民主政治所不可或缺的因素。而地方权力的扩大，则自欧洲资产阶级革命初期就被认为是保证避免专制政权的安排。这些因素都被欧盟运用到对非洲的政治援助中。欧盟在非洲支持了许多当地的公民社会组织和地方政府，特别是在受援国中央政府表现出对民主、法治、人权等缺乏兴趣时，欧盟将改造非洲政治的希望更多地寄托在地方政府和公民社会之上。欧盟除了将援助资源用于非洲的政治层面，还对非洲各受援国的行政机构进行援助。这包括对非洲各受援国政府的政策规划能力、公共财政管理、机构建设、人力资源管理等内容的援助。其中，对受援国税收系统和腐败问题，欧盟给予了特别的关注。欧盟还对部分非洲政治不稳定的国家进行了援助，其目的在于减少这些国家政治冲突对发展的影响。对这一领域的援助出现得比较晚。由于欧盟自身的发展道路是以经济一体化来为政治一体化开路，因此在很长一段时期内欧盟在外交和安全问题上难以以一个声音说话。因而对非洲的政治援助也是在较晚的时期才涉及非洲的安全事务。从北非萨赫勒地区到非洲之角再到整个北非地区，都是欧盟实行安全援助的地区。

欧盟之所以大规模对非洲进行政治援助，不完全是对国际组织和其他大国的反应，也与其内部的博弈密切相关。国际行为体的对外政策与其内部政治过程之间的关系是国际关系理论中的重要内容。在很长时期内，国际关系的研究都习惯于将内部因素剔除，或者说将行为体内部所发生的事情与外部的事务相区别开。这种研究取向忽视了这样一个基本的事实：国际行为体的对外政策仅仅是其诸多政策中的一种，而任何政策都不可避免地受行为体内部政治的影响，在许多时候，这种影响甚至是决定性的。欧盟是一种"不明政治物""后现代国家"，其与传统国家行为体有很大的差异，这种"后现代国家"的对外政策同样也受其内部政治过程的影响。《马斯特里赫特条约》规定欧盟由三大支柱构成：欧洲共同体事务、共同外交与安全政策、司法与民政事务合作。第一大支柱的对外政策内容主要有：贸易、发展、人道主义援助、环境、能源、竞争、移民问题等。第一大支柱具有超国家性质，欧盟在这根支柱内的权力颇大。作为第二大支柱的共同外交与安全政策仅具有政府间合作的性质，各国出于国家利益的考虑而难以达成一致。这对于一直寻求更大权力的欧盟而言是不小的障碍。在既有体制无法迅速改变的条件下，欧盟只能尽量运用具有超国家性质的对外援助政策来达到其在外交、安全领域的目标。在传统权力上无法实现扩张，这是欧盟援非政策向政治领域分配加大的一个原因，另外一个就是欧盟对于权力扩大的新认识。传统的权力观认为权力是以军事力量为核心的，这种观念现在依然很普遍，这也是为什么欧盟在共同外交特别是防务问题上要取得各成员国的授权困难重重。但是随着全球化的加速，国际社会出现了一些意义深远的变化，即低级政治在国际关系中的地位越来越重要。这种趋势给了欧盟一个机会：当旧的权力资源难以获取时，可以利用其优势取得新的权力资源。在 2003 年的《欧洲安全战略》中可以看到这一点。该文件分析了后冷战时代国际社会安全问题的新特点，认为这些问题不是单纯依靠武力能够解决的，因此有必要在加强防务之外重视对外援助、贸易等政策工具的使用。[1]

三、欧盟对非援助的政策一致性

冷战结束初期，DAC 在其召开的高级会议上提出了援助一致性的概念。其定义为："不同的政策群体共同工作，他们拥有更强有力的工具以及为所有人考虑的政策产品。这也就意味着寻找和谐与互补并弥补不同政策领域之间的沟壑以寻求共同的、共享的目标。"之后，埃佛沃米尔基金会给出自己的定义："跨政府部门和机构的政策行为间相互加强的、系统的促进，它可以创造彼此间的协作以便实现国际一致的目标。"[2] 挪威专家奥拉夫·斯多克从欧盟的政策一致性实践经验出发，对政策一致性的概念进行了改造，使其包含了从国内行政管理到国际合作的广泛内容。因而其定义也更为抽象："某项政策的各项目标，在某一个特定的政策框架内具有内在的连续性，且同该体系内的其他政策框架的目标相一致，至少不会互相冲突。与此同时，战略及机制同目标一致，至少不同目标或产生目标的动机和目的产生冲突，结果应该同目标和目的具备一致

---

〔1〕 European Council. A Secure Europe in a Better World: European Security Strategy [Z]. Brussels, 12 December 2003.

〔2〕 单宁. 欧盟对非加太发展援助中的政策一致性探析 [D]. 石家庄：河北师范大学，2007: 6.

性，至少不应互相冲突。"[1] 奥拉夫·斯多克介绍了符合政策一致性定义的四种制度框架，其中第二种是指在同一政治体系内各种部门政策之间的一致，比如援助政策与贸易政策、安全政策之间的一致。这也是本书所指的政策一致性。

欧盟对于援外政策一致性的实践很早就开始了，几乎与 DAC 同步进行。在1993年生效的《马斯特里赫特条约》第一编之共同条款第 C 条中写道："欧洲联盟尤应在对外关系、安全、经济与发展等政策的范围内，保证其对外活动的一贯性。理事会和委员会应负责保证这种一贯性。它们应根据各自的权利，保证这些政策得到贯彻。"[2] 在此之后，欧盟在援外政策中一直致力于实现这种政策上的一致性。2005年5月，欧盟确认与发展合作政策相关的政策领域有12个之多：贸易、环境、气候变化、安全、农业、渔业、社会福利和就业、移民、研究和创新、信息安全、交通、能源等。从2005年开始，欧盟委员会每两年发布一次推进政策一致性的发展报告。2007年发布的第一份报告指出：各成员国在保持政策一致性上意识仍然不足，因此有必要采取高层承诺等手段来实现政策一致性等要求。[3] 而2009年发布的报告则指出，金融危机这类全球问题直接冲击了发展援助，并提出要在未来加强环境变化与发展援助政策之间的一致性。

欧盟之所以对援助政策的一致性问题保持高度的关注，积极响应 DAC 的倡议，是因为政策一致性的概念既是欧盟共同体层面上扩张权力、加速一体化政治进程的有效工具，还是其内部援助部门

---

[1] 周弘. 对外援助与国际关系 [M]. 北京：中国社会科学出版社，2002：38.
[2] 欧共体官方出版局. 欧洲共同体条约集 [M]. 戴炳然，译，上海：复旦大学出版社，1993：386.
[3] European commission EU report on policy coherence for development, commission working paper COM（2007）545final Brussels 20 09 2007.

扩大其权力、影响其他各部门的必要途径。欧盟一体化的过程就是一个主权让渡的过程，是各成员国将其部分主权让渡给共同体的过程。欧盟一体化一直走的是经济政治化的过程，希望通过经济一体化的"溢出效应"推进政治层面上的一体化。1993年生效的《马斯特里赫特条约》正式将共同外交和安全政策当作欧盟的三大支柱之一，这是欧盟从经济一体化走向政治一体化的重要阶段。然而欧盟在外交和安全政策方面的融合却非常艰难。根据马约的规定，三根支柱构成了欧盟，这这三根支柱分别为欧洲共同体事务、共同外交与安全政策、司法与民政事务合作。其中第二、三根支柱属于政府间合作范畴，不受共同体管辖。马约第J.4条规定，根据本条采取的联盟政策不得损害某些成员国的安全与防务政策的特殊性，并应尊重某些成员国在北大西洋公约下承担的义务且与该框架内的集体安全与防务政策相一致。按照这样的规定，安全与防务政策由欧洲理事会来决定，各成员国均有否决权。从马约的规定来看，外交与安全政策的决定权仍然由各成员国所把持。之后的时期里，共同体努力地争取了一些权力。比如1997年签订的《阿姆斯特丹条约》对马约中关于外交与安全政策的规定作出了一些修改，代表共同体的欧盟委员会的权力有所加强。然而总的来看，进步离预期还比较远。

而在发展援助政策方面所强调的政策一致性所起的作用就是以发展援助政策来促进外交和安全政策方面的进步。发展援助政策属于共同体事务，由共同体管辖。欧共体从1957年就开始对非援助，在这一领域实现了较高的一体化水平。同时，发展援助这一政策本身既是一种经济行为，又具有深刻的政治功能。发展援助政策的这种特性使得欧盟必然强调政策一致性，以发展援助政策推动外交与安全政策融合。同样是以实现外交与安全政策的融合为目的，但从发展援助政策所要求的政策一致性出发，则可以减少各成员国在外交、安全这些涉及主权的敏感领域上的反对阻力，而且发挥了共同体在发展援助政策领域已经取得的权利与优势。

在援助政策领域提出的政策一致性不仅反映了共同体与各成员国的权力之争，也反映了共同体内部援助部门与其他部门之间的权力之争。马约之后的外援政策还能保持一定的独立性，主要目的仍然是减贫。而政策一致性的加强带来了深刻的变化，政策一致性在实践中逐渐剔除了谁与谁保持一致的问题，不仅仅援助政策对安全、环境等政策领域提出一致性的要求，后者也同样对前者提出一致性的要求。而事实上，由于安全这样的问题更加能够在决策圈和民众中引起关注，因而安全政策大有将援助政策纳入其体系的趋势。Gangrene Woods 认为，援助与安全政策的融合是必然的，而且援助将转变成为共同外交与安全政策的子系统。[1] 也就是说，政策一致性的发展引起了援助政策群体与外交、安全政策群体之间的权力斗争。

四、欧盟对非援助的政策协调

援外政策的协调是指通过促进各援助方之间援助政策的合作、协调，减少援助竞争与不必要的重复，从而达到更好的援助效果。值得注意的是援外政策协调与政策一致性的区别。援外政策的协调更多的是不同援助主体之间的合作，比如欧盟与中国对外援助政策的协调合作、欧盟与联合国系统对外援助政策的协调合作等。而援外政策一致性则主要指同一个援助主体内部，援外政策与其他政策之间的协调、配合，比如援外政策与投资政策间的协调、援外政策与环境政策间的协调等。对于欧盟这一复杂的政治体而言，其援非政策协调比其他主权国家的援助协调更为复杂，不仅要探讨欧盟与

---

[1] Gangrene Woods. the Shifting Politics of Foreign Aid. International Affairs, Vol. 81, No. 2, 2005.

其他双边、多边援助者之间的政策协调，还要考虑欧盟共同体与各成员国之间的政策协调。事实上，对欧盟这样一个正在构建之中的新型政治体来说，后者更加重要。

1993年正式生效的《马斯特里赫特条约》第一次提出加强共同体与各成员国的援助政策合作以后，政策协调成为欧盟援非政策的重要内容。[1] 然而政策协调的起源与发展状况都取决于共同体与成员国之间的职权比例关系。政策协调之所以能够出现在欧盟援非政策之中，完全是由于共同体在发展援助领域取得了足够的职权，而援非政策协调的每一个进展又反过来加强了共同体对于各成员国的控制。

对外援助是实现欧盟外交政策的重要工具，因而在对外援助的早期，欧共体各成员国都将该政策划入主权国家的职权范围内。1957年签订的《罗马条约》对于共同体在对外援助领域的职权甚至没有规定。之后很长一段时间内，共同体介入对外援助领域的方式都是通过运用其在关税同盟和贸易政策的职权进行的，这一时期谈不上共同体在援非政策上的协调。

1993年11月1日，《马斯特里赫特条约》正式生效，发展援助政策被纳入第一支柱，由共同体与成员国共享权能。欧盟第一次以条约的形式确定了共同体在发展援助政策领域的职权。该条约第17章130款u规定："作为其成员国相应政策的补充，共同体在发展合作领域的政策促进发展中国家，特别是最不发达国家，持续的经济和社会发展；将发展中国家逐渐地纳入世界经济；消除发展中国家贫困现象的措施。"[2] 可以看到，虽然条约规定共同体只是对成员国的补充、辅助，但毕竟已经赋予了共同体在援助领域的职

---

[1] EU. Treaty of the European Community [Z]. December 1991.
[2] EU. Treaty of the European Community [Z]. December 1991.

权，这次职权的赋予是理解之后共同体一连串促进援助政策协调行动的关键。就在该条约上，共同体与成员国在援助政策上的协调问题被首次提出，作为之后援助协调的依据："共同体和成员国之间应该相互协调，在援助项目上应该相互协商，可以采取联合行动，成员国应在必要时协助共同体援助项目的执行。"[1] 该条约的赋权使得欧盟能够在政策协调上有所作为。在这之后的《阿姆斯特丹条约》《尼斯条约》都反复强调了援外政策要注意一致性、协调性和互补性。在共同体促进援助协调的过程中，开放性协作机制发挥了较大的作用。2000 年 3 月，开放性协作机制作为实施"里斯本战略"的工具被提出来，主要用于共同体权能不够的领域，是共同体加强其成员国政策一致性的方法。自《马斯特里赫特条约》签订生效以来，发展援助政策一直由共同体和成员国共享权能，而且共同体只是起辅助性作用，因此，开放性机制在对外援助协调上也得到了广泛的运用。

2005 年《欧洲发展共识》生效，这是欧盟对外援助史上的一个重要文件。该文件确立了欧盟及其成员国对外援助的共同目标、价值与政策。不言而喻，这一文件对各成员国的援非政策起着重要的规范作用，在政策目标、政策原则等方面提出了明确的标准，促进了对非援助政策的协调。2007 年制定《欧盟发展政策分工规范》，该文件的出台是对《欧洲发展共识》的后续行动，目的是为了解决欧盟各成员国援助过于分散的问题。该文件提出了各成员国在援助上的分工，要求各成员国根据其优势将在受援国的援助行业集中到两个，要求在每一个战略行业至少有一个欧盟成员国参与，

---

[1] EU. Treaty of the European Community [Z]. December 1991.

保证到2010年前每个行业至少有三个欧盟成员国参与。[1]

2009年《里斯本条约》的生效宣告了欧盟新时代的开始。共同体在援助政策领域的职权进一步扩大,该条约明确规定:"在分享权能的领域,欧盟各成员国只可以在欧盟未能实施或者决定权能之时行使权能。"[2] 共同体由此成为援外政策领域中的领导者。《里斯本条约》的这一职权重新划分扩大了共同体的权力,释放了共同体在援外政策协调方面的能力,加快了援非政策协调的进程。在《里斯本条约》生效后的第二年,即2011年10月,欧盟委员会制定了《增强发展政策的作用:新的变革议程》,该文件提出了欧盟与成员国构建共同框架以加强援助政策协调的倡议。非洲成为这种援助政策协调的试验地。2012年欧盟确定的五个进行联合援助实验的受援国有三个来自非洲:埃塞俄比亚、加纳、卢旺达。[3] 经过援助协调之后,丹麦成为西非地区水资源及卫生项目的最大援助者,荷兰也大幅减少其援助对象,并将其在受援国的行业减少到2-3个。

欧盟通过逐步加强其在援助政策领域的职权而得以推进其援助政策的协调性、一致性与互补性。但是正如欧盟在其他领域所遇到的超国家与国家之间的矛盾一样,援助政策的协调同样由于各成员国出于对其主权的维护、对主权让渡的疑心重重而遭遇困境。法国和比利时因为目前的援助协调体制能最大程度反映其国家利益,因而支持欧盟委员会加强权力、促进协调。而英国、丹麦、瑞典等国则认为双边援助是维持其国际影响力的有效途径,因而对共同体的

---

[1] EU commission, EU code of conduct on division of Cavour in development policy, communication from the Mission to the council and the European parliament [r]. Brussels, February 28, 2007.

[2] EU Lisbon Treaty December [Z]. 2007.

[3] Europe aid agenda for change [Z]. October 2011.

协调持消极态度，英国就经常对共同体援助的各种问题提出批评，认为发展基金应该直接由成员国来管理。[1] 在一个民族国家占统治地位的国际体系中，欧盟各成员国的主权在很长一段时期内将继续占主导地位，这也决定了共同体所获得的职权及其在援非政策协调上的作用终究是非常有限的。

在 90 年代前，欧盟与国际多边援助组织交往很少，在援助理念和援助政策上与国际多边援助组织也少有交集。而 80 年代末，由世界银行在非洲主导的结构调整计划引起了欧盟内部关于援助理念的争论与反思。1987 年至 1989 年期间，世界银行和国际货币基金组织在许多国家实施结构调整计划，其中包括了大多数的欧盟受援国。这给欧盟施加了压力。冷战结束后，欧盟从理念和政策上迅速转变态度，向世界银行和国际货币基金组织等重要的国际多边援助组织靠拢。进入 21 世纪以后，随着国际多边组织在国际社会中地位的进一步提升，欧盟更加重视对国际多边援助组织的参与。不仅如此，随着欧盟实力的提高，其关于多边援助组织的态度正从接受与参与到意在多边援助组织中发挥主导作用，并进而在整个国际援助体制中充当领导。

第三节　中欧援非政策的比较

本节从地区分布、领域分布、政策一致性、政策协调性等四个维度对中欧援非的政策进行比较。通过比较可以更为清晰地发现中欧援非政策的各自特征，这对于提高中国援非政策水平有着启示

---

[1] Stephen Booth&Herbert. EU External Aid: Who is it for? [M]. London: open Europe Report Publications, 2011.

意义。

一、中欧援非的地区分布比较

中欧对非援助在地区分布上的比较可以从非洲所占份额、国别分布、影响因素等三个方面进行。

图 11 显示了 2001 年到 2009 年间非洲在中欧援外资金总量中的份额。可以看到，非洲在中欧的援外分配中所占的比例并不是一成不变的。中国从 2002 年开始分配给非洲的份额逐年下降，到 2007 年开始迅速回升，这九年间的平均水平保持在 40% 左右。而欧盟这九年的趋势是大致上升，平均水平在 35%－40% 之间，略低于中国。总的来看，非洲在中欧援外资金中的占比大致接近。

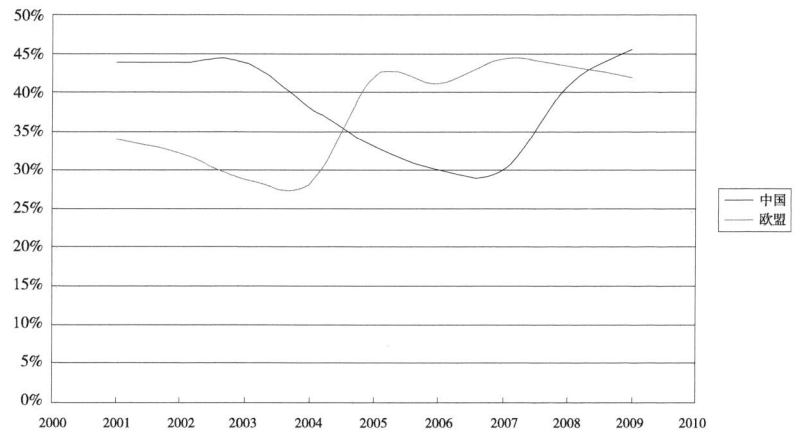

图 11　2001－2009 非洲在中欧援非资金分配中所占比例比较

资料来源：作者根据中国援外白皮书、欧盟 2001 年至 2009 年度援助报告、布罗蒂加姆的研究成果制作。

在资源的国别分布上，中欧既有共同之处又有不同之处。苏丹、埃塞俄比亚和南非这三个国家都在中欧援非资源国别分配中进入前十名。而不同之处在于，摩洛哥与突尼斯这两国都在欧盟援非资源国别分配中进入前十，其中摩洛哥接受份额最多，排名第一。而这两个国家都没有进入中国援非资源国别分配的前十。导致中欧援非资源国别分配共同之处的原因在于，中欧在援助地区分布中都试图将资源配置到最能推动非洲整体发展、最需要援助的地区，同时也试图将资源配置给最能实现自身利益最大化的国家与地区。苏丹与埃塞俄比亚都属于贫穷国家，特别是埃塞俄比亚，人口众多，发展严重不足，同时这两个国家都有着丰富的自然资源，都是红海这一国际战略通道的沿岸国家。造成中欧援非资源国别分配不同之处的原因在于，中国在非洲的利益重点在于经济利益，而欧盟的利益重点在于安全利益。摩洛哥紧邻欧盟成员国西班牙，在地缘战略上对欧盟而言是一个关键国家，因此在非洲各国中接受欧盟援助最多。

从影响地区分布的因素来看，中欧差异性较大。中国是一个中央集权的单一制国家，中央在援外问题上有高度的权威性，这使得中国援助者在对非援助地区分布上能更加集中在对非洲发展的需要与本国发展的需要这两者间寻求平衡。而欧盟是一个既有国家特点又有政府间组织的新事物，欧盟共同体无法完全按照其意志对援非地区分布问题作出决定。欧盟对非援助的地区分布只能是欧盟共同体与各成员国之间、各成员国之间权力博弈的结果。该结果不是纯粹的在非洲的发展需要与欧盟作为一个整体的需要之间的平衡，而是夹杂了欧盟成员国各不相同的国家利益考虑。

二、中欧援非的领域分布比较

中欧对非援助的领域分布的共同点在于，双方对非洲的经济领域和社会领域都有所涉及。中国在 1975 年之前重点关注非洲的经济发展，而 1975 年之后则逐步将非洲的社会领域纳入援助体系，特别是联合国千年发展目标提出之后，对非洲社会发展的重视日益增强。虽然欧盟致力于推动非洲政治变革，但并没有忽视对非洲经济与社会发展的关注，在援助资金的领域选择上，经济与社会的发展仍然占有重要份额。

中欧援非的领域分布不同之处主要有如下两点，首先是对于政治领域的援助，中国极少涉足对非洲政治领域的援助，而欧盟对该领域给予了大量的援助。不仅如此，中国对非援助的经济、社会项目也很少涉及该项目所关联的政治问题，比如与医疗援助密切相关的受援国医疗体制、与教育援助密切相关的受援国教育体制等。而欧盟则在其对非洲经济领域、社会领域的援助中加入了对相关政治问题的关注，比如，在欧盟的政治理念中女权主义是一个重要的内容，这一理念也成为欧盟援非的综合部门，即贯彻到所有领域之中的议题，在其援非的供水、卫生、医疗健康、教育等项目中都强调了对男女平等议题的关注。

其次是同样对于非洲的经济领域进行援助，中欧在不同方面的援助分布大不相同。图 12 和图 13 显示了中欧在这方面的几处不同。一是中国援助有 50.4% 分布在经济领域，而欧盟则仅有 35.3% 分布在经济领域。二是在中国分配给经济领域的援助资源中，有绝大部分用于经济基础设施建设，而欧盟则是在经济基础设施建设、产业建设、预算支持等三个方面平均分配。三是欧盟有对非洲受援国的预算支持，而中国则没有。之所以中欧在对非经济领域的援助有这样的区别，有以下几点原因。一是中国援助者基于自身的发展经验，重视经济建设的基础地位，因而更为重视对非洲经济领域建设的援助。二是中国援助者从自身的发展经验及援非的经验出发，更为重视对非洲经济基础设施建设的援助，三是中国援助者在涉及受援国经济管理方面非常谨慎，尽量避开对此类领域的援助以不干涉受援国的主权。

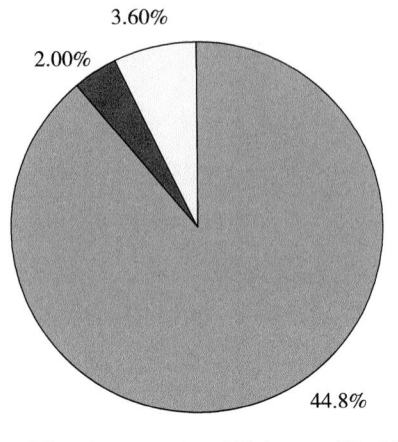

图 12　2010－2012 中国对外经济领域援助的构成

资料来源：作者根据《中国的对外援助（2014）》制作，图中比例是指该项在中国援外总额中的比例。

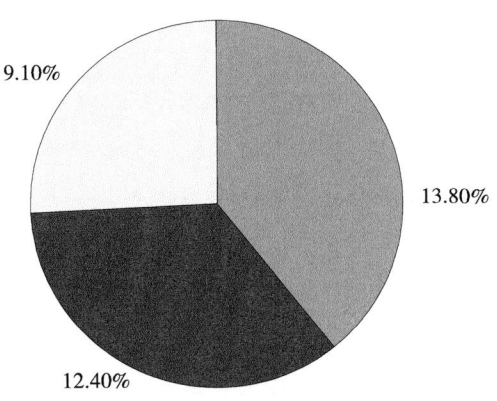

图 13　2009－2011 欧盟对非加太地区经济领域援助的构成

资料来源：作者根据 2009 年至 2011 年欧盟年度援助报告制作，图中比例是指该项欧盟援非加太总额中的比例。

三、中欧援非政策一致性比较

（一）政策一致性的理论内涵

在援助领域中所论及的政策一致性，在公共政策及公共管理学科中被称为政策协同性。政策协同性的研究属于整体政府理论研究与实践的一个分支领域。关于政策协同性的概念界定，本书赞同梅吉尔斯的观点，即政策协同在本质上是一个政策整合的过程，在政策制定过程中遇到的跨界问题，这些问题往往超越单项政策、单个部门的范围，因此需要多个政策主体的共同参与。[1] 这里所说的多个政策主体，既指不同部门之间的协同，也包括了同一部门内部不同单位之间的协同。梅吉尔斯将政策协同划分为政策合作、政策协调、政策整合三个层次。政策合作的特点是不同部门在合作时保持原有的政策目标，彼此之间的合作更好地促进了各自目标的实现。而政策协调则在实施协调的不同组织之间形成了一个新的共同目标，该共同目标比不同部门原有的目标有所改进。而政策整合则导致了一个一体化新政策的出现。OECD对实现政策协调的方式、方法提出了这样一种看法，即政策协调可以通过结构性协调机制和程序性协调机制两种机制予以实现。其中，结构性协调机制是指通过政策机构上的安排达到政策协调的目的，比如部际联席会议的设置就是其中一例。而程序性协调机制则是指在政策制定的程序上做出安排以达到政策协调的目的，比如在决策、信息、财政分配等阶

---

[1] Metiers Evert and Dominic Stead (2004). Policy integration what does it mean and how can it be achieved? A mufti-disciplinary review, paper presented at the 2004 Berlin Conference on the Human dimension of Global Environment Change: Greening of Politics – Inter linkages and Policy Integration.

段的协调。[1]

(二) 中欧援非政策的一致性比较

中国对非援助政策与其他政策的一致性尚处于第二层次,即政策协同的层次。而欧盟对非援助的政策与其他政策的协同则处在第三层次,即政策整合的层次。

我国的援非政策主要与我国对外经贸政策相协调。改革开放之后,我国元政策转变为"一个中心,两个基本点",国内经济发展成为一切政策所要遵循的总原则,整个外交政策也转变为"外交为经济服务"。在这种政策环境之下,对外援助政策同样也开始以促进国内经济发展为其首要的原则,并根据对外援助的特点,促进国内经济发展即促进对外经贸合作的发展。从20世纪80年代开始,我国对非援助的数量大幅度削减,以腾出财政资源用于国内经济建设,同时强调援助"互利合作",挖掘对非援助促进对外经贸合作的空间。按照我国经济发展不同阶段的需要,我国对非援助先后经历了主要促进对非出口贸易、扩大在非工程承包、促进对非投资等几个不同的发展阶段。在少数情况下,我国对非援助的政策与金融等政策表现出一定的协调性。比如20世纪90年代初期,我国的金融政策出现较大幅度的调整,又由于金融在现代经济中的核心作用,很快对我国的援外政策产生了影响。1995年我国的援外政策引入援外优惠贴息贷款方式,与同时进行的金融政策相互配合,产生了很好的效果,我国的援非政策借助金融的力量,在不增加财政负担的前提下扩大了援非的资金来源,扭转了80年代削减援非支出以来援非资金数量过小的局面。而我国的金融政策也通过对援非

---

[1] Metiers Evert and Dominic Stead (2004). Policy integration what does it mean and how can it be achieved? A mufti – disciplinary review, paper presented at the 2004 Berlin Conference on the Human dimension of Global Environment Change: Greening of Politics – Inter linkages and Policy Integration.

政策的支持而进一步发挥了作用。

在协调的路径选择上,我国更多地通过组织机构的安排达到援助政策协调的目的,这突出地表现为如下几点。首先,为了保证我国的援外政策与对外经贸政策的协调,我国主管援外事务的援外司就设置在商务部之内。这种组织机构上的安排保证了援外司在政策的制定上与管理对外经贸事务的商务部保持一致。其次,为了保证援外政策与财政、外交等政策的协调,我国建立起了多种部际联席机构,这也是一种典型的结构性协调机制,较好地解决了援外政策与其他政策领域之间的协调问题。

也应该承认,我国的援非政策在与其他政策领域的协调方面还有较大的发展空间,这主要表现在政策协调的范围较为狭窄,协调的深度较浅。这可以通过与欧盟的情况比照予以认识。

欧盟的援非政策在与其他政策领域的协调层次上基本属于第三个层次,即政策整合层次。欧盟非常重视援外政策与其他政策领域之间的协调性,不仅在许多重要的条约和文件中反复强调,在每年的对外援助报告中也会专门对本年度的政策协调进行论述。《马斯特里赫特条约》第130条C款指出:"联盟应特别确保其在对外关系、安全、经济与发展等政策范围的整个对外行动的协调性与一致性。"为了贯彻落实该条约关于保持政策协调性的规定,2005年,欧盟委员会发布了《发展政策一致性——加速向千年发展目标前进》,提出将欧盟的对外援助政策与贸易、环境、气候变化、安全、农业、渔业、社会全球化、就业、移民、科研、信息、交通、能源等12个政策领域开展政策协调。从这一年开始,欧盟每两年发布一份关于对外援助政策与其他领域政策协调的评估报告,以保证政策协调性的落实。由此可见,欧盟在援外政策与其他政策的协调性上已经进入政策整合的阶段,朝着建立一体化新政策的目标进发。

四、中欧援非政策协调性比较

用于衡量比较中欧援非政策协调性的指标主要包括与其他双边援助者在援非过程中的共通性、对多边组织的贡献大小、对国际援助体制影响的大小等内容。

就与其他双边援助者在援非过程中的共通性而言，欧盟发展更为成熟。欧盟援助相对各成员国具有较大独立性，同时欧盟作为超国家的行为体，一直谋求整合各成员国的援外政策，力图将共同体的援非模式渗透到各成员国之中，这使得欧盟在援外政策的协调性与协调能力方面得到了很大的加强。同时，欧盟作为欧洲共同利益的代表者，其认同的理念与政策都在西方世界中具有典型性，与美国、加拿大、澳大利亚等西方其他国家有共同的文化背景，这些因素都导致了欧盟所提出的援外政策主张与西方其他援助者不会出现较大的冲突，也更容易与西方其他援助者协调。中国作为最大的发展中社会主义国家，与印度、巴西等其他新兴的发展中国家从发展历史和政治诉求上有较大的共同之处，这使得中国的援非政策与其他发展中国家援助者具有更多的协调可能性。然而，国际援助领域是一个西方援助者占绝大多数的问题领域，欧盟与中国在该领域中所具备的协调能力有较大的不同。

在对多边援助者的贡献方面，欧盟比中国有更大的优势。欧盟是一个发达国家的集合体，发展程度高于中国，其可用于对外援助的资金总量远高于中国。同时，欧盟本身是一个兼具超国家组织特点与国家间组织特点的行为体，自身就具有多边援助者的特点，这使得欧盟对多边援助者所发挥的效应理解更为深刻、掌握更为熟练。这些有利因素都导致了欧盟对多边援助者的贡献较大。

对国际援助体制的影响大小方面，中欧各有优势。中国虽然援非总量不大，但具有独特的理念模式与政策模式，这使得中国在国际援助体制中独树一帜，进而对西方主导的援非模式构成有力的挑战。而承载着欧洲复兴梦想的欧盟，力图主导国际发展援助范式。通过对成员国的有力协调，欧盟共同体影响了大部分成员国的援助模式，进而在 DAC、联合国等国际援助体制中发出更大的声音，成为国际援助体制的重要构建者。

第五章
中欧援非管理比较

援助管理是实现援助政策的载体,援助政策从决策到执行都依靠援助管理实现。援助管理包括两个方面的内容,即与援助相关的政府机构和在援助管理过程中形成的援助管理体制。援助管理并不是独立于援助国政府机构与体制存在的,而是深受这些因素影响,或者说,援助管理是政府管理的一个缩影。本章就中欧在援助领域的政府管理进行比较。

第一节 中国援非管理

对外援助政策与其他政策一样,其实施情况也是依赖于政府管理的质量,对外援助政策的实践归根到底是要依靠政府机构来进行,因此,外援管理的水平直接决定外援政策的实践效果。

一、援非行政管理机构
（一）援非行政主管机构

2003年,中国成立了商务部,下设对外援助司,负责援外事务的管理。2008年中国政府对援外机构和职能进行了调整。根据新的职能分工,援外司的职能一共有六项,分别是:拟定实施援外政策与方案、进行援外方式改革、进行援外谈判并签约、处理政府间援助事务、编制并实施援外计划、监督援外项目的实施。援外司下设14处1室。其中综合部门共7个，包括办公室、综合处、计划信息处、法规处、质量监管处（总工程师办公室）、国际交流与合作处、人力资源开发处。另外还有8个管理不同地区的处，其中与非洲相关的处有4个：非洲一处、非洲二处、非洲三处、西亚北非欧洲处。援外司负责对经济合作局、交流中心、培训中心这三个负责援外项目组织管理工作的事业单位进行监督、指导。

国际经济合作事务局负责实施对外援助成套项目。国际经济合作事务局下设17个处室，其中10个为综合管理单位，分别为：办公室、综合审计处、行政财务处、制度监督处、经济技术咨询处、项目预算管理处、资审管理处、招标管理处、审价管理处、信息化管理处等，另外还有7个管理不同地区的处，其中与非洲事务直接相关的处包括：东南非处、中非处、西非处、西亚北非欧洲处等。国际经济合作事务局与援外相关的职能大概可以分为三类，第一类是规则，参与援外成套项目预算的编制工作，提出援外成套项目的预算建议；第二类是服务，负责援外成套项目的技术资料管理、专家队伍建设、项目统计及信息服务；第三类是管理，负责援外成套项目的招标组织管理、决标（考察设计除外）和初步设计对外审查后的实施管理工作，负责项目投标企业资格预审，负责与受援国机构商议成套项目管理事项，负责管理成套项目内部承包合同、指导实施企业商签对外合同、监督合同执行、组织项目内部竣工验收。

中国国际经济技术交流中心于1983年成立，是商务部直属的事业单位，自成立后负责管理我国与联合国开发计划署和联合国工业发展组织的合作，2008年职能调整后又负责我国对外援助一般物资项目立项后招标的组织、决标和实施管理工作。该中心内设18个处室，其中负责援外物资项目管理的分别为：援外物资项目招标一处、二处，援外物资项目执行一处、二处，援外物资项目综合处。

商务部培训中心是商务部部属事业单位，自1980年成立后主要的培训内容是商务领域的业务培训和部内的党校培训，自1998年开始承担对全国援外培训项目承办单位有关培训项目立项后的管理、协调、监督与评估工作。培训中心内部共有10个处室，其中负责援助培训事务的有6个，分别是：援外培训联络办公室、援外培训执行协调管理办公室、援外培训执行综合处、援外培训执行一处、援外培训执行二处、援外培训执行三处。

目前，商务部的部领导一共有10名，其中部长负责全面管理，援外司也在其管辖范围之内。除部长之外，还有两位副部长分管援外四个司局，援外司、国际经济合作事务局、培训中心由一位副部长分管，中国国际经济技术交流中心由另外一位分管。

(二) 中国援非管理支持机构

1. 外交部

在外交部机构中，与援非事务直接相关的是中国驻非各国大使馆内的经济商务参赞处（以下简称经商处）。目前，中国在非洲51个国家（地区）派驻经商处。

经商处的职能比较广泛，凡涉及中国与东道国经贸关系的事务都在其职责范围之内，援外事务仅是其职能之一。经商处内部专门负责援助事务的人员多少与分工随着东道国大小、中国与东道国的援助关系不同而有所变化。在接受中国援助较多的国家，经商处内负责援助事务的管理人员通常比较多，而且会根据援助类型的不同进行分工。在接受中国援助较少的国家，经商处内专司援助事务的人员比较少，通常只有一个，甚至没有专门的人负责，而由负责其他事务的人员兼任。比如中国驻埃塞俄比亚的经商处内一共七名工作人员，其中有三名专门负责中国援埃事务，一名负责援外培训工作、联系援外医疗队和农业示范中心，一名负责援埃工作、联系农业职教中心和专家组，还有一名负责对非盟的经贸援助。而在安哥拉，经商处内共有五名工作人员，其中一名负责援安事务，且援助事务仅仅是他的众多事务之一。这种情况在中国驻非经商处是普遍的，因为非洲许多国家人口比较少，且接受中国援助数量有限。

经商处由商务部向中国各驻外大使馆派出，接受商务部与所在大使馆的双重领导。这样的机构设置对于中国援外的管理有着特殊的作用。在中国的援外管理格局中，商务部援外司归口管理机构，而由商务部派出的经商处则既是大使馆的一部分，又要接受大使馆领导的管理，但大使馆则直接接受外交部的领导。这样的安排使得援外事务的运作离不开外交部的参与。由于大使馆的领导班子主要从双边政治关系来考虑问题，因此，更侧重双边经贸关系的经商处在援助问题上受到外交部门的影响。

驻非大使馆接受外交部总部的领导，主要是外交部非洲司和西亚北非司。这两个机构负责中非外交关系的规划与办理，并对驻非各国的使馆进行工作指导。援非事务涉及中非外交关系，其发展规划受到主管中非外交关系的非洲司、西亚北非司的影响。非洲司与西亚北非司由同一位副部长分管。

2. 卫生计划委员会

中国援非医疗队由卫生计划委员会主管。卫生计划委员会下属的国际合作司负责组织和指导中国卫生计划领域内的国际合作事务，医疗援外事务也在其职责范围之内。在国际合作司内有 6 个处，中国医疗援非事务由其中的非洲（援外）处负责管理。非洲（援外）处负责对医疗援非统一领导，而具体事务的承办，则交由各省、市、自治区的卫生计划委员会管理。各省市自治区卫生计划委员会内部通常会设立对外交流合作处，组织指导对外援助事务由该处管理。在长期的医疗援非过程中，我国在管理上也形成了自己的特点，即由各省对非洲进行对口援助。国内每个省、市、自治区都对一到两个非洲国家进行对口医疗援助，派出医疗队。这样的安排强化了省、市、自治区层面上对医疗援非事务上的管理权，省级层面的卫生管理部门在本地区范围内统一调配人力完成医疗援非的任务。

3. 财政部

财政部对于援非事务的管理主要体现在对援非预算的编制上。商务部在制定好下一年度的援外支出预算草案后，将其报送财政部。财政部则根据对下一年度中央收支情况的预测，以商务部的草案为参考，编制下一年度的援外预算草案，并将其报送国务院和全国人民代表大会批准。在全国人民代表大会批准之后，财政部负责对商务部批复其当年的援外预算。随后，财政部根据商务部的申请，分期拨付预算资金。在预算决定之后，如有特殊需要，财政部负责办理由商务部提出的追加援外预算的申请。财政部同样负责办理由商务部提出的减少援外支出的申请。在每个财政年度的中期，财政部负责检查由商务部报送的上半年援外预算执行情况表和相关材料。在该财政年度结束之后，财政部负责检查由商务部报送的该年度支出决算。除在财政年度之前、之中、之后的审批与检查之外，财政部还有权对商务部使用资金的情况进行定期、不定期的巡视检查，且有权对违反法规使用资金的情况进行处罚。

4. 进出口银行

银行系统同样参与到了对援非事务的管理之中，进出口银行负责援非优惠贷款的发放与管理，进出口银行是我国对外援助优惠贷款的唯一承贷行。进出口银行对援外优惠贷款的管理职责包括：对优惠贷款项目进行贷前调查、贷时审查、贷后检查，对借款人和担保人在使用贷款和偿还本息等方面进行监督。在其内部设立的优惠贷款部专门负责援外优惠贷款和优惠出口买方信贷业务。优惠贷款的贷后管理事务由优惠贷款部专门负责，包括：对贷款项目的管理、对借款人和担保人的管理、对受援国的国别情况管理、对贷款的支取和本息收回的管理。

（三）管理机构之间的协调

2003年开始的第八次政府机构改革就明确提出要以促进部际协调为改革的重要内容。这一趋势发展到2007年，党的十七大报告提出"加大机构整合力度，探索实行职能有机统一的大部门体制，健全部门间协调配合机制。精简和规范各类议事协调机构及其办事机构，减少行政层次，降低行政成本，着力解决机构重叠、职责交叉、政出多门问题"。至此，大部制成为我国政府改革的焦点。在此背景下，我国援外机构也进行了促进部际协调的探索。

中国对外援助涉及包括商务部、外交部和财政部在内的二十多个部门，有学者认为，主管援外具体工作的商务部援外司和国际合作局负责与其他有关部委协调，但这种协作关系只停留在转账和招投标等工作层面上，并没有承建部体制时期的责任关系。[1] 这反映了新时期的援外工作迫切需要加强部际协调工作，建立部际协调机制。有学者对围绕援外工作建立的协调机制进行了梳理。从2006年开始，围绕援外事务建立起了越来越多的部际协调机制。商务部、外交部和财政部三部门援外工作联动机制，商务部、中国人民银行、财政部以及国家开发银行、进出口银行等部门和机构的减免债务工作机制，商务部、外交部、解放军总参谋部等部门的紧急人道主义援助联动工作机制，23个部委之间的援外合作机制，商务部与地方省区商务部门的工作联系机制，商务部部内14个司局援外工作联系机制；商务部、外交部、财政部及部内财务、人事、纪检和地区司等单位和技术专家建立的援外项目巡检机制，与进出口

---

[1] 周弘. 中国对外援助与改革开放30年[J]. 世界经济与政治论坛，2008(11): 42.

银行优惠贷款联席会议工作机制等。[1] 这些协调机制的出现是为了解决部门合作的问题。

二、中国援非行政管理体制

(一) 政企分开

理顺政府与企业的关系是我国援外行政管理体制中的核心问题。在改革开放前，计划经济体制决定了企业是政府的附属物，企业本身没有对于产、供、销等行为的决定权，企业的所有权、经营权都在政府（中央收权时就在中央部委，中央向地方放权时就在地方政府）。这样的政企关系决定了改革开放前我国的援外管理方式调整，即从总交货人部制到承建部制，都是在政府内部进行。

改革开放后，援外领域内同时也开始了以政企分开为主攻方向的改革。1982年，成立中国成套设备进出口公司，负责援外成套项目的执行。1983年12月，对外经济贸易部出台《对外经援项目承包责任制暂行办法》，规定由国际经济技术合作公司或其他国企、事业单位对援助项目进行竞标，援外主管部门根据竞标参与企业的报价、工期、技术能力等因素择优选择。[2] 该文件的意义在于，首次明确了对援外管理体制进行改革，探索政企分开。1985年，从中央到地方的援外机构都实现了将援外项目的执行向所属国际经济技术合作公司的转移。1993年，外经贸部下属的中国成套设备进出口公司脱离外经贸部，实施企业化管理。

当前，我国援外管理基本实现了政企分开。援外行政管理机构不再从事具体援助项目的执行，从微观经济中抽身而出，将其职能锁定在对援助政策的规划、援助项目的储备、立项、监督管理之

---

[1] 黄梅波. 中国对外援助机制：现状和趋势 [J]. 国际经济合作，2007 (6)：6.

[2] 石林. 当代中国的对外经济合作 [M]. 北京：中国社会科学出版社，1989：73.

中。而在改革之前附属于援外行政机构的企业，也成为了独立核算、自主经营、自负盈亏的企业，其中的重点企业，如中国成套设备进出口公司，则被列入国务院国有资产监督管理委员会的央企序列，接受国资委的监督管理。

（二）援非行政审批

在当前中国行政管理体制中，行政审批制度是政企关系的重要内容。根据商务部于2014年2月发布的《商务部关于公开现有行政审批事项目录的通知》，在当前援外行政审批中，主要是援外行政机关对援外项目实施企业资格的认定。[1] 所审批的对象包括在无偿援助、无息贷款、优惠贷款等资金项下实施的成套项目和物资援外项目的相关申请企业。商务部在2004年出台了《对外援助成套项目施工任务实施企业资格认定办法（试行）》，在2011年出台了《对外援助物资项目实施企业资格管理办法》，以行政条文的形式对这两类审批的流程进行了规范。

图14显示了企业在申请援外项目实施资格时所要经历的审批过程。援外司将申请资格审批的企业分为两类，第一类是中央企业和在国务院工商行政管理机构登记的企业，反映在该图中即中央企业集团；第二类是除第一类之外的其他企业，反映在该图中即地方企业。对这两类企业的审批流程不同。中央企业可以直接向商务部提出申请，央企下属企业在央企同意后同样可以直接向商务部提出申请；地方企业则需向所在地的省级商务主管部门提出申请。省级商务主管部门并非仅仅向商务部传达申请材料，而是具有初审的权力，在初审通过后负责将初审意见和企业的材料一并报送商务部。申请企业的材料在进入商务部行政事务服务中心后，还需经过部内

---

[1] 商务部. 商务部关于公开现有行政审批事项目录的通知［EB］. http：//www.mofcom.gov.cn/article/h/redht/201402/20140200490124.shtml，2014 – 02 – 17/2015 – 06 – 08.

的两次审核，第一次由分管副处长、处长负责初审，第二次由分管副司长、司长负责复审。从审批所需的时间来看，中央企业与地方企业完成审批的时间是相同的。根据 2011 年发布的《对外援助物资项目实施企业资格管理办法》规定，省级商务主管部门须在收到企业材料的 5 个工作日内作出决定并报送商务部，而商务部则须在收到省级商务主管部门所交材料的 15 个工作日内作出决定，再加上公示的 10 个工作日，一共需 30 个工作日。而按规定，商务部在收到中央企业材料的 20 个工作日内须作出决定，再公示 10 个工作日，一共需要的时间同样是 30 个工作日。

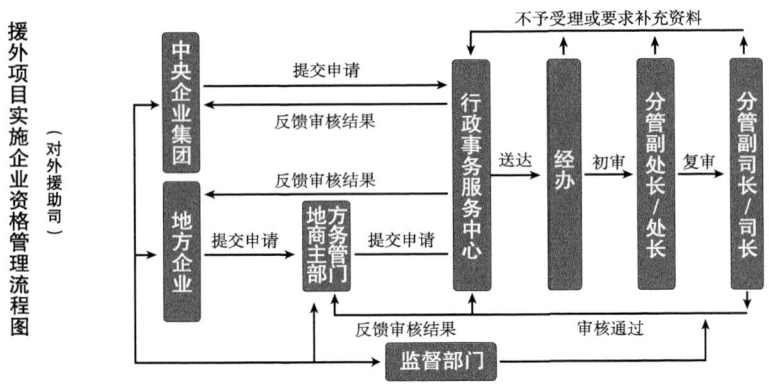

图 14　援外项目实施企业资格申请审批流程图

资料来源：商务部网站 http://ywzggl.mofcom.gov.cn/.

三、中国援非管理方式

项目管理是我国援外管理中的重要方式。无论是从援外管理的整体还是针对具体类型援助的管理，项目管理都已成为一种普遍运用的管理方式。

（一）援非的项目管理方式

随着援外管理实践的发展，项目管理方式已成为援外的重要管理方式，这体现在如下几个方面。

中国援外主管部门在进行援外政策规划时，围绕项目的行为成为必不可少的内容，这主要体现在建立援外项目的储备制度。援外主管部门负责收集、审核和确定具体受援国的援外储备项目，对其进行动态管理，并以此为依据进行援外资金的计划预算和新项目的建立。中国援外主管部门将援外项目分为五种：成套项目、物资项目、技术援助项目、人力资源开发合作项目、志愿服务项目。

中国援外主管部门的管理流程主要依据项目运作的流程设置，包括：援外项目的立项、对援外项目的监督管理、对援外项目人员的管理。在援外项目的立项阶段，主要的内容包括：从援外储备项目中确定待拟定的项目，立项前对项目可行性的分析，国务院与援外主管部门负责决定项目是否立项，立项之后，援外主管部门与受援国政府签订立项协议。在援外项目的实施阶段，主要的内容包括：在中国、受援国之间确立项目实施的分工，在援外主管部门与援外项目管理机构之间确立明确的分工，在援外项目管理机构与援外项目具体实施主体之间确立明确的分工，援外主管部门负责建立关于援外项目的评估制度并对项目实施进行评估，援外主管部门负责建立援外项目的预算编报、执行、调整等项目资金管理制度。在援外项目人员管理方面，主要内容包括：明确规定援外项目执行人员所享有的待遇和权利、对援外项目具体实施主体与援外项目执行人员之间的关系进行规定。

（二）成套设备项目的管理方式

成套设备项目是我国援外项目中的重点内容。自新中国成立以来到改革开放前，先后出现两种对该项目进行管理的方式，即总交货人部制和承建部负责制。从1980年开始，成套设备项目的管理开始了新的探索，投资包干、承包责任制等管理方式前后相继。与计划经济体制时期不同的是，这时的成套设备项目管理引入了市场的机制，政府内部关系被政府和市场的关系所取代。1980年12月，对外经济联络部发布《关于对外经援项目试行投资包干制的暂行办法》，投资包干制实行的时间很短，从1980年12月到1983年12月，属于过渡性质的体制。这一体制的主要做法是国家将某一援建项目包给某一部门或地区，该部门对项目负有全部责任。与之前的体制相比，减少了责任主体。不过可以看到的是，这一体制并没有实现政府与市场关系的转换，仍然是政府内部权力关系的调整。1983年12月，对外经济贸易部发布《对外经援项目承包责任制暂行办法》。这一体制的主要内容是将原来作为承包单位的部委、地方政府转换成了部委或者地方政府下属的外经企业或其他国有企业、事业单位，同时通过招标选择承建单位。这一体制体现了当时正逐渐铺开的经济体制改革方向，企业开始成为经济活动中的主体。而从实践的情况来看，这一办法增强了效益观念，提高了项目建设的质量与速度。不过限于整个经济体制改革的大环境，该方式也有其不足，比如承接项目的都是部委或地方政府下属的国有企业、事业单位。而这些企业或单位与政府部门的关系本身尚在调整之中，很大程度上都沿袭了计划经济时代的特征，企业仅仅是政府的末端。1993年3月开始，外经贸部将中国成套设备出口公司从事业单位改为企业，并更名为中国成套设备进出口总公司，同时，援外司被要求转变职能。援外司的职责进一步得到明确：制定政策、规章制度，对整个援外活动进行宏观管理；签订政府间协议；运用竞争机制、监督机制等选择、监督企业实施项目，保证项目的质量等，这些都是对承包责任制的延续与完善。政府日益从项目的具体实施中抽身，企业则成为项目实施的主体。

经过长期的探索，我国当前的成套项目管理模式如下。成套项目可以划分为考察、勘察设计、施工、工程监理等几个部分，援外管理部门将项目划分为几个部分向不同企业招标。在招标过程中，援外司将招标、议标的工作委托给国际经济合作事务局代办，同时组建、管理援外项目评审专家库，建立援外成套项目招标监督委员会。在招标执行过程中，经济合作局须从评审专家库中随机抽取专家组成评标专家委员会承担评标工作。援外司组建的招标监督委员会则负责对投资1亿元以上的成套项目决标事项进行审核，并提出监督意见。从招标、议标的过程来看，援外司的职能定位于监督而非执行。而负责执行招标、议标工作的则是直属商务部的事业单位。

通过招标和议标确定项目的考察企业、勘察设计企业、施工企业、施工监理企业。接下来是考察阶段。这一阶段实施的主体是考察企业。商务部从如下几个方面对其考察行为进行管理。考察企业在进行考察前须将考察组成员、考察方案、考察工作计划和技术数据提纲等内容交给商务部审定。考察企业应根据考察的资料，分析论证项目建设的必要性和经济技术可行性以及对环境影响，并向商务部提交项目可行性意见。考察企业负责与受援国商定设计方案、建设标准、双方分工、项目建设场址等事项。当受援国提出原则性修改意见时，考察企业应提出处理意见并报商务部审批。

考察阶段结束后即进入勘察与设计阶段。成套项目的设计一般包括方案设计、初步设计和施工图设计三个阶段。勘察设计企业在完成初步设计之后应交由商务部审查，通过后才能进入施工图设计环节。在施工图设计结束后应交由商务部进行审查。

在项目施工过程中，施工企业负责施工，施工监理企业负责监督。在施工过程中，施工企业如需调整施工组织设计，应当报施工监理企业批准并向商务部委托管理机构备案。施工企业应向商务部受托机构申请项目中期验收和竣工验收。竣工验收通过后，商务部与受援国对项目联合验收，联合验收通过后，商务部或中国驻外使馆与受援国办理移交手续。

从项目过程可以看到援外管理体制的两个特点。一是援外管理部门与执行企业之间的关系更为规范，管理部门在下放了项目执行权的同时保持了在关键节点对企业行为的监管。二是商务部内部行政管理机构与事业单位之间出现了分工。如果说从1993年开始的援外体制改革的特点在于实现政企分开，那么下一个阶段改革的重点则是政事分开。

第二节　欧盟援非管理

新世纪后，欧盟在援非管理上同样进行了改革，改革之前的管理机构设置与体制构成了欧盟援非管理改革的起点。欧盟援非管理的改革是以分权化为其首要特征的，改革的一系列安排都可以发现分权化的影响与作用。其次是国家战略文件在欧盟援非管理中的运用，评估在欧盟援非管理中得到重视。在欧盟层次上，欧盟援非的管理模式则是欧盟治理模式改革的一种体现。

一、欧盟援非管理主要机构

欧盟涉及援非管理的机构非常之多，主要有：属于欧盟委员会的国际合作与发展总司内设的D司和E司、全面负责欧盟外交安全事务的欧盟对外行动署内设的非洲总司、欧洲议会内部的发展委员会等。

（一）欧盟委员会下属的国际合作与发展总司（Directorate-General for International Cooperation and Development）

1. 机构更替回顾

在1957年到1985年这一时期内，欧共体委员会下设发展总司，由该总司管理欧共体对外援助事务。1985年，对地中海区域、亚洲和拉丁美洲的援助事务从发展总司中分出来，交由其他部门管理，而对非援助事务仍然由发展总司管理。90年代初期，发展总司改为第八总司。1992年，成立欧共体人道主义援助局，由该局负责管理欧盟对外人道主义援助。1995年，新成立的DGIB负责管理对地中海沿岸国家（含北非国家）、拉美、亚洲国家的援助。1998年设立对外关系共同服务署，统一负责欧共体对外援助中除具有政治性质的援助政治决策之外的援助实施工作流程。其内容包括援助项目的识别、评估、执行、评价。2001年成立欧洲援助合作署以取代对外关系共同服务署。欧洲援助合作署的任务是对包括欧洲发展基金在内的大多数对外援助的技术和财务方面进行全程管理。2011年1月1日，欧盟援助合作办公室与对非加太关系合作总司合并成为"发展合作—欧盟援助总司"。2015年1月1日，"发展合作—欧盟援助总司"改为"国际合作与发展总司"（Directorate - General for International Cooperation and Development，简称DG DEV-CO）。

2. 国际合作与发展总司机构设置

国际合作与发展委员（The Commissioner in Charge of International Cooperation and Development）是国际合作与发展总司的主管领导（相当于中国的部长），同时又是欧盟委员会中的委员。这一职位的当前职责是：保证欧盟援助贯彻千年发展减贫目标、对欧盟在2015年之后实现千年发展目标进行定位、与欧盟各成员国协商以增加援助有效性、就修改后的科托努协定与非加太国家进行协商。

国际合作与发展总司的总司长（相当于中国的副部长）直接领导该司日常管理事务。总司长有一个专门负责支持他的团队（Team），包括：总司长助理（Assistance to the Director - General）、内部效率审查处（Unit for Internal Audit Capability）、总协调处（Unit for General Coordination）、预算和公共财政金融管理处（Unit for Budget

Support and Public Finance Management)、处长副手（Seconded Head of Unit）、总部资源和使团人力资源中心（Directorate Resources and Centre of Gravity of Human Resources in Delegations）。总司长之外还有两位副总司长（相当于中国的部长助理）。这两位副总司长一位负责政策和援助领域之间的协调，还有一位负责援助地区之间的协调。这两位副总司长也各自都有一个团队负责支持他们的工作。其中在负责援助地区协调的副总司长下属团队中，与非洲直接相关的有：东部和南部非洲及非加太协调司长办公室（Directorate Eastern and Southern Africa and ACP Coordination）、西部和中部非洲协调司长办公室（Directorate Western and Central Africa）

在领导层之下，设有8个司（Directorate A\B\C\D\E\G\H\R），其中A司负责欧盟发展政策、B司负责社会发展援助、C司负责援助中的可持续增长与发展，R司是资源司。D司、E司、G司、H司这四个司按援助地区划分，其中D司负责对东部和南部非洲及非加太的援助事务，E司负责对西部和中部非洲的援助事务。这两个司的管理范围包括了除埃及外的整个非洲。H司负责对亚洲、中亚中东和太平洋地区的援助，其中中东包括埃及。

（二）欧盟对外行动总署（European External Action Service）

欧盟对外行动总署（简称EEAS）是一个全新的机构，于2011年12月1日开始运行。欧盟对外行动署是欧盟建立共同外交机构，进一步实现对外和安全政策一体化的重大举措。欧盟对外行动署既不属于欧盟委员会也不属于欧盟理事会，而是一个与这些机构平行的组织。欧盟对外行动署的机构由位于布鲁塞尔的总部机构和分布在世界各地的使团构成。其主要的职责是统筹欧盟对外关系事务，在援外事务上，属于欧盟委员会的国际合作与发展总司所制定的援外政策必须合乎欧盟对外行动署所确定的对外政策框架的规制。

欧盟对外行动署的总部机构非常庞大，负责领导全面工作的是高级代表,高级代表既是欧盟对外行动署的最高领导,又兼任欧盟委员会的副主席。以高级代表为核心的董事会(Corporate Board)对整个对外行动署进行领导。董事会由五个人组成,其中的总秘书长直接领导对外行动署下属的七个总司。在这七个总司中有两个司的业务与非洲有关。主要的是非洲总司(MD Africa),该总司专门负责对非洲的政策事务,另有一个北非中东阿拉伯半岛伊朗及伊拉克总司(MD North Africa, Middle East, Arabian Peninsula, Iran & Iraq),对北非的外交政策事务属于该总司管辖。非洲总司由一位总司长直接领导五个部门:负责非洲之角、东部和南部非洲、印度洋的部门,负责西部和中部非洲的部门,负责泛非洲事务的部门,以及另外两个参谋性质的部门。非洲总司具体负责欧盟对非洲的外交政策,其政策倾向强烈地影响着国际合作与发展署的援非政策。

(三)欧洲议会中的发展委员会

欧洲议会也是欧盟对非援助管理机构中不可忽视的一个部分。欧洲议会议员由各成员国公民直接选举出来,每届任期5年。议会下设20个委员会,其中发展委员会是针对援助事务的机构。该委员会负责对欧盟的援外事务进行研究,为议会做决定提供咨询服务,帮助议会在援外事务中正确发挥权力,进而发挥议会在欧盟对外援助政策中的影响力。截至2015年5月,发展委员会共有55名成员,来自不同的成员国,属于不同的党派。

发展委员会最重要的功能是审查有关欧盟发展援助的立法提案,其具体作用按照该法案所走的不同程序而有所不同。当立法程序只有"议会一读"时,发展委员会的作用如下:当提案由欧盟委员会送到议会后,议会将与发展援助相关的提案送到发展委员会。委员会则委托一名成员对该议案所涉及的问题进行研究,并提出报告。该报告先在发展委员会内部进行讨论,通过之后再提交议会讨论,该报告的起草人将在欧洲议会的全体会议上负责讲解报告并进行说明。当提案需"议会二读"时,发展委员会不仅要在"一读"时提出报告并讲解,还要在"二读"时重点考虑部长理事会对该提案的共同态度并就部长理事会的共同态度表达自己的态度(赞同、拒绝或修正)。

二、欧盟援非管理体制

欧盟援非的管理体制具有其独特性。在共同体层面,欧盟援非管理形成了分权化体制;在包括各成员国在内的欧盟整体范围内,则初步形成了共同治理的体制。

(一)欧盟援助管理的分权体制

从2001年1月1日起,发展总局和外部关系总局开始负责欧盟对外援助的政治方向与多年度计划,而欧洲援助合作办公室负责管理援助计划与项目的执行。具体而言,欧洲援助合作办公室的任务是:识别和准备项目、计划,准备财务决议,对项目、计划的监控与评估。可以说,该办公室的管理范围覆盖了整个援助的过程,从项目与计划的识别到项目结束之后的评估。欧洲援助合作办公室本身也是从2001年1月1日开始成立的,负责即将开始的管理机构改革事项。在欧洲援助合作办公室之上,还有一个"董事会"(Board),该董事会由欧盟委员会的委员们组成,当年是:C. Latte(对外关系委员)、欧盟总统、P. Nelson(发展与人道主义援助委员)、首席执行官、G. Overhung(扩大委员)、P. Gamy(贸易委员)及P. Soles Mira(经济和货币事务委员)。其中,欧盟总统对该董事会的战略方面进行负责,而首席执行官负责确保董事会通过的政治原则在办公室的行动中得到遵守,总统与首席执行官共同对办公室行动承担政治责任。董事会的职权还包括:批准办公室的年度工作计划和工作报告,批准办公室的年度预算计划(包括EDF的年度计划),批准年度评估计划等。办公室在欧盟内是一个总局级的机构,设有总局长一名,总局长对于该办公室负责的预算和EDF

拨款拥有决定权。欧洲援助合作办公室总部设在比利时的布鲁塞尔，下设工作单位若干。

以上构成了欧洲援助机构的上层权力机构，分权化改革在整个欧盟的外援管理改革中是一个非常关键的内容。分权化有自己的准则："能在受援国得到更好管理和决定的事就不要放到布鲁塞尔来做。"[1] 在2001年第一季度内，欧盟即形成了关于改革的具体准则："一是分权化应涉及到所有的规划；二是分权化应涉及所有项目周期的所有阶段；三是分权化要求足够的人力、物力的支持；四是总部将调整自己的角色，致力于协调、质量监督、管理控制、技术支持和操作改进。"[2] 另外，欧盟还对分权改革后的代表团职权进行了界定："一是尽管规划的最后责任仍然由外部关系总局或发展总局承担，但代表团对规划过程产生更为积极的影响；二是代表团将对项目的识别和评价负有直接的责任，同时，欧盟援助合作办公室将为各代表团提供工作方法和技术上的支持；三是对合约和财务执行负有直接责任；四是对技术援助的执行负有直接责任，总部必须为这一行为提供专业、技术的意见。"

在时间安排上，欧盟援助机构的权力分散化改革从2001年开始，按照计划在三年内完成，实际完成时间为四年。2001年向21个代表团下放了权力，分别为：欧洲（克罗地亚、俄罗斯）亚洲（印度尼西亚、泰国、中国）拉丁美洲（尼加拉瓜、玻利维亚、墨西哥、巴西、阿根廷）非加太（南非、塞内加尔、科特迪瓦、肯尼亚、马里、多米尼加共和国）地中海区域（埃及、摩洛哥、突尼斯、土耳其），第二批于2002年下放，共向27个代表团下放权力，

---

[1] Europe Aid. Annual Report 2001 on the EC Development Policy and the Implementation of the External Assistance. [Z]. 2002.

[2] Europe Aid. Annual Report 2003 on the EC Development Policy and the Implementation of the External Assistance in 2002. [Z]. 2003.

分别为：欧洲（阿尔巴尼亚、格鲁吉亚、哈萨克斯坦、乌克兰），地中海区域（阿尔及利亚、西岸、加沙地带、约旦、黎巴嫩、叙利亚），亚洲（孟加拉国、菲律宾、巴基斯坦、越南），拉丁美洲（哥伦比亚、秘鲁、乌拉圭、智利、委内瑞拉），非加太（布基纳法索、贝宁、喀麦隆、埃塞俄比亚、马达加斯加、尼日尔、几内亚、坦桑尼亚）。第三批下放于 2003 年进行，共向 28 个代表团放权，这一批主要是欧盟驻非加太国家的代表团，分别为：安哥拉、巴巴多斯、博茨瓦纳、布隆迪、中非共和国、刚果、刚果民主共和国、厄立特里亚、斐济、加蓬、加纳、几内亚比绍、圭亚那、牙买加、海地、莱索托、马拉维、毛里求斯、莫桑比克、纳米比亚、尼日利亚、乌干达、巴布利亚新几内亚、卢旺达、塞拉利昂、苏丹、乍得、津巴布韦。

为了成功地实施分权化改革，欧盟援助合作办公室做了大量的准备工作，在分权化改革基本结束后还组织了对改革成效的评估。2003 年欧盟援助合作办公室组织了一系列的试验以检验分权化对于欧盟对外援助的影响，还设置了一些指标对正在进行的分权化改革所造成的影响进行监测。到 2003 年底，一项委员会内部的评估报告认为，分权化改革导致了援助传递在质量和速度方面的提升，援助管理的责任已经转移到了代表团手中，而总部职员得以专注于监督与指导。[1] 在短短的 3 年多时间内，81% 的欧盟援助预算资金和 79% 的 EDF 资金、总额达 70 亿欧元的援助资金交由欧盟驻各国代表团管理。从 1997 年到 2003 年间，援助传递的速度提高了 58%。在分权化改革中，欧洲对外援助的职员总人数扩张了。2001 年为 21 个代表团新配置了 307 名员工，2002 年新增 418 人，到

---

[1] Europe Aid. Annual Report 2004 on the EC Development Policy and the Implementation of the External Assistance. [Z]. 2005.

2004年底,因权力下放而导致的人员增加接近1600人。[1] 这是一个巨大的增长,但与其他援助国相比,这个数字增长并不大。

分权化改革在新世纪的援助管理改革中居于核心的地位,其他方面的管理改革正是为了适应这种新的分权结构而展开的,而在改革结束之后,欧盟外援管理连续几年的微调也都是为了使财务程序、质量管理等方面更好地适应分权结构。

(二)欧盟援外治理模式

1. 欧盟治理模式

自欧洲一体化进程启动以来,学界就如何认识欧洲一体化这一全新政治现象进行了多角度的思考,政府间主义、功能主义与新功能主义、联邦主义等相继出现。然而这些理论都无法完全解释欧洲一体化这一现象。而自20世纪90年代以来,治理理论成为社会科学领域的新兴理论,并很快在政治学、经济学、管理学、国际政治等多个学科方面得到发展。从治理的角度来理解欧洲一体化,成为欧洲一体化研究者们的一条可行之道,并很快取得了丰硕成果。

不同学科都根据本学科的需要对治理的概念进行不同的界定,本文采用詹姆斯·罗西瑙对治理概念的界定:"治理与政府统治并非同义词。尽管两者都涉及目的性行为、目的导向的行为和规则体系的意义,但是政府统治意味着由正式权力和警察力量支持的活动,以保证其制定的政策能得到执行。治理则是由共同的目标所支持,该目标不一定出自合法的以及正式规定的职责,且不一定需要强制力量保证得到服从。换句话说,与统治相比,治理是一种内涵更为丰富的现象。它既包括政府机制,也包括非正式、非政府的机制,随着治理范围的扩大,各色人等和各类组织借助这些机制满足

---

[1] Europe Aid. Snnual Report 2004 on the EC Development Policy and the Implementation of the External Assistance. [Z]. 2005.

自己的需要、实现自己的愿望。"[1] 从罗西瑙的这一论述可以看到，治理的核心在于共同目标，既包括了正式的政府机制，也包括非正式的机制，而不仅仅指非正式的机制。

弗里茨·沙普夫认为，欧盟正在开创欧洲的新治理模式，即多层次治理模式，他进一步将欧盟的多层次治理模式划分为五种：相互调整、政府间协商、超国家方式、共同决策模式、公开协调方式。[2] 其中超国家方式和公共协调方式在欧盟援外领域得到了较为明显的体现。超国家方式具有如下特点：其一，成员国将一部分主权让渡到欧盟层面，且欧盟层面形成了一套完整的机构。其二，欧盟委员会代表整个欧盟的利益，具有立法创议的专属权，同时对于立法创议有修改权和撤销权。经由欧盟委员会创议且获得通过的欧盟法律对于欧盟各成员国的法律有优先权，且成员国无权再制定与欧盟相抵触的法律。同时，欧盟的法律不仅对成员国法律有约束力，对于成员国的公民也有着约束力，各成员国公民可以依据欧盟法律质疑成员国法院的司法管理。其三，欧盟理事会作为一个各成员国利益集中的机构，采用有效多数的表决机制后，单个成员国不再有否决权。其四，欧洲议会作为一个直选的、具有超国家性质的机构，其权力不断扩张，以至于在欧洲政治生活中占据了中心地位。其五，欧盟法院成为联盟的最高司法权威，有权对各成员国违背欧盟法律的行为予以惩罚，保证了欧洲层面上统一法律的实行。

公开协调方式是欧盟在新世纪后开发出来的新型治理模式。其产生背景来自两个方面，一是欧盟现有治理模式遭遇到合法性危机

---

[1] [美] 詹姆斯·N. 罗西瑙. 没有政府的治理 [M]. 张胜军, 刘小林, 等译. 南昌：江西人民出版社, 2001：5.

[2] Fritz W. Scarf: What have We Learn? —Problem - Solving Capacity of the Multilevel European Polity MPIFG. Working paper 01/4, July 2001, pp. 4 – 10. http：//www.imp - lifelong.mpg.DE/Pu/work pap/wp01 – 6/wp01 – 6. html.

与民主赤字的批评。二是欧洲经济社会的发展生成了新的各成员国的共同利益,迫切要求实现新的目标,欧盟在实现新的战略目标时需要成员国进一步让渡主权,而这部分主权则是成员国不愿让渡的,因此导致欧盟面临治理的困境。公开协调方式首先出现于就业政策领域。进入20世纪90年代后,欧洲各国失业率高企,1997年的欧洲理事会在卢森堡召开,启动卢森堡进程,在卢森堡进程中即出现了开放协调方式的主要内容。开放协调方式在之后的卡迪夫进程和科隆进程得到了进一步的发展。2000年欧盟对三年来的开放协调方式予以总结,于里斯本首脑峰会上其作为新的治理模式予以提出并作为里斯本战略的实施模式。根据里斯本首脑峰会的文件揭示,公共协调方式主要包括如下四个方面的要素。其一,提出短、中、长期的政策方针与目标并确定时间表。其二,确定适用于不同国家的指标,并以此作为实践的标准。其三,各成员国在此基础上制定本国相应的政策。其四,实行定期的相互监督、评估。[1] 公开协调方式很快在宏观经济政策、社会包容政策、养老金政策、信息社会政策、研究创新政策、教育政策等广泛的领域得到推广,欧盟的对外援助政策领域也受其影响。

2. 援外领域的欧盟治理模式

在援外领域,欧盟治理模式主要由两种方式构成,一是超国家方式,二是开放协调方式。

超国家方式在欧盟援外政策领域的运用主要表现在如下几个方面。首先,争取各成员国在援外政策领域的主权让渡,扩大共同体在援外政策领域的权限。在这方面,《马斯特里赫特条约》和《里斯本条约》取得了显著的进步。在此之前,由于各成员国不愿放

---

[1] European Council. Presidency Conclusions. Lisbon : European Council. 23 and 24 march 2000.

权,共同体只能凭借其在贸易政策领域已经取得的职权开展对外援助。于1993年11月1日生效的《马斯特里赫特条约》首次确立了欧盟在援外领域的权力。该条约第17章第130款U规定:"作为成员国相应政策的补充,共同体在发展合作领域的政策促进发展中国家特别是最不发达国家持续的经济和社会发展;将发展中国家逐渐纳入世界经济;消除发展中国家贫困现象"。该款X、Y规定:"共同体和成员国在发展合作领域对其政策和援助项目进行协调。""共同体和成员国在各自职权范围内同第三国和国际组织合作,共同体与第三国合作项目的内容可以由共同体和第三国协议的内容进行。"[1] 无论从该条约的内容实质来看,还是从围绕该条约产生的广泛讨论来看,该条约在欧盟援外领域都秉承了辅助性原则,即只有当成员国层面无法完成目标时,才能由共同体参与。因此,在该条约签订之后,欧盟与各成员国之间就援助分工的安排是:欧盟负责在区域和贸易合作领域的援助,而各成员国则负责财政、技术、人员合作等援助政策中的重要部分。但是,欧盟却获得了在援助政策领域的协调权。作为《欧洲宪法条约》替代品的《里斯本条约》于2009年底生效,该条约赋予了共同体在援助领域更大的职权,规定:"在分享权能的领域,各成员国只能在欧盟未实施或决定停止实施其权能时采取行动。"[2] 这也意味着,共同体已经从法律层面上获得了对各成员国在援外政策领域的领导权。其次,整合援外财政权的努力。欧盟共同体层面对外援助的财政来源主要由两部分构成:欧盟援助预算和欧洲发展基金。前者按照欧盟财政制度运行,而后者,则由各成员国掌握。欧洲发展基金具有政府间性质,虽然数额小于欧盟援助预算,但对于欧盟援助预算有着引导作用。

---

　　〔1〕史世伟. 欧洲联盟条约对发展政策的职权调整及其对成员国发展政策的影响[J]. 国际论坛,2001(10):14.

　　〔2〕Conciliated Version of the Treaty of Lisbon Article 2A.

欧盟委员会为了整合援外财政权，曾于 2003 年建议将用于非加太地区的援助资金纳入共同体预算之中，但由于各成员国反对而失败。最后，共同体相关机构的建立。在欧盟治理模式中，共同体治理模式的特点之一即在共同体层面成立机构，在欧盟援外政策领域的治理中，这一点表现为欧洲发展合作署的成立。

开放协调模式是自 20 世纪 90 年代末才逐渐从就业政策领域兴起的欧盟的新型治理模式，其在欧盟援外政策领域也得到了运用。在《马斯特里赫特条约》签订后，欧盟在援外领域仍然遵循辅助性原则，对于各成员国的援外政策影响较小，这直接制约了欧盟及其成员在援外领域的有效性。为了提高援外政策的质量，2005 年欧盟召开了几次高级别会议商议提高援外政策质量的对策。这些会议总结了欧盟援外政策质量不高的原因：认为欧盟及其成员国的对外援助还不是一种体系化的政策，各成员国都按照自己的援助政策与程序开展援助，各成员国的议会按照当年的财政预算来分配本国的对外援助数额，导致了援外政策的不可预测性。总之，欧盟将援外政策质量低的原因归结于援外政策领域的治理程度低下、各成员国各行其是、欧盟协调无力。而自欧盟成立之后，欧盟在援外领域还只能按照辅助性原则行事，法律并没有赋予欧盟特别的权能。因而，在其他领域早已得到广泛运用的开放协调模式顺理成章地进入了欧盟援外政策领域。

首先是 2005 年《欧洲发展共识》出台。这是欧盟援外史上一份非常重要的文件。在这份文件中，欧盟及其各成员国提出了一系列要求共同遵守的政策方针、目标、原则。一是关于欧盟及各成员国在对外援助领域所共同认可的政策目标（千年发展目标）。千年发展目标原本是 2000 年在联合国得到普遍赞同的关于国际发展的目标。欧盟及各成员国将这一目标确立为其对外援助政策的目标，同时也对具体的内容作出了欧洲式的解释。二是关于援助的价值取向。欧盟及各成员国从其所共同崇尚的价值出发，为其对外援助确立了相应的价值取向，要求无论是共同体层面还是各成员国层面，都必须在援外政策中体现出这些价值。三是关于对外援助的重点领域做出了限定。对外援助的领域是援外政策的重要组成部分。该文件在共同体与各成员国就援外领域的重点做出了统一的规划。

其次是国别战略文件与国家事实文件的出台。这是公开协调方式在欧盟援外治理中的又一运用。欧盟在与各受援国协商的基础上，针对各受援国的不同情况设计出了非常具体的关于该国发展战略的文件。从欧盟治理角度来看，其意义在于为欧盟各成员国对某个国家的援助政策提供了一个政策模板、标准。虽然该文件并不对各成员国的援助行为构成法律上的约束力，但提供了一个更为细致的规范。与该文件相应的，欧盟还准备了国家事实文件，这是欧盟对各受援国基本国情的研究结果，被认为是该国真实条件的反映，也是共同体及各成员国在制定对该国援助政策时应该参考的重要材料。

最后是援助分工合作的出现。2007年，《欧盟发展政策分工规范》出台，该文件要求在共同体和各成员国之间进行科学的援助分工，要求各成员国从本国的优势出发，将援助的重点部门控制在两个；要求与减贫相关的部门必须有至少一个欧盟国家的参与。从欧盟治理的角度来看，这一措施使得欧盟更为直接地对各成员国的援助政策施加了影响，更好地实现了治理。因为对外援助政策是成员国发展对外关系的重要工具，如何选择受援国对象、将何种领域作为援助的重点领域等问题无一不密切关系到该国的外交战略甚至国家发展战略。而欧盟所提倡的各成员国的分工合作则使欧盟能够从共同体层面按照欧盟的利益影响各成员国的援助政策。

三、欧盟援非管理方式

欧盟援非管理方式有两大内容引人注目，一是引入国家战略文件作为重要的管理工具,二是强调评估在管理中的运用。而这两种管理方式与其分权体制有着密切联系。

(一) 国家战略文件

分权化改革造成了一种新的援助管理方式,这一点在国家战略文件的性质与制定过程中都得到了清楚的表现。应当看到,国家战略文件的存在,本身就反映着实施分权化改革所带来的管理方式的变革。当援助的规划与管理权从布鲁塞尔下放到欧盟各驻外代表团时,为了保证援助的质量,布鲁塞尔有必要对代表团的规划、管理、实践等各种援外行为进行指导。但是这种指导必然是宏观意义上的,这就要求布鲁塞尔开发出新的指导工具,既能保证各代表团能真正发挥自主权,又能不背离总的原则并保证援助的质量。而规划是援助项目的纲领,其质量优劣直接决定援助项目的质量和所有援助项目的整体成效。因此布鲁塞尔将控制的重点放在援助规范上,是适应分权改革新形势而做的必然选择。

通过观察21世纪以来欧盟的年度外援报告可以看到,欧盟对于这一工具的运用也经历了必要的过程。在2000年5月,当诸项改革措施尚未启动时,欧盟对于国别战略文件的构想还比较简单,只是认为在对某一特定国家和地区的援助上应该有战略上的重点,而这些战略重点应该都整合为一个"战略框架"。[1] 随着分权化改革的迅速推进,这一工具也迅速地被开发出来。2001年,欧盟即启动了国家、地区战略文件的编制工作,所覆盖的范围有:非加太地区(ACP)、亚洲和拉美(ALA)、巴尔干地区(CARD)、地中海地区(MEDA)、东欧和中亚。这其中既有针对援助国家的战略文件,又有针对地区的发展战略文件。为了保证文件的质量,在文

---

[1] Europe aid. Report on the Implementation of the European Commission's External Assistance. Assistance [Z]. 2000.

件制定过程中欧盟与其成员国、受援国、其他多边或双边援助者、公民社会代表保持了充分的沟通。到 2002 年底，欧盟共完成 102 份国家战略文件和 16 份地区战略文件，覆盖了近 160 个国家和 8 个地区。国别战略文件作为一种长远规划文件，为布鲁塞尔对拥有较大自主权的各代表团实施管理提供了有效的工具。这些文件争取将欧盟的对外援助政策与各受援国、地区的特点相结合，清楚地指出欧盟对各受援国的援助重点，这为代表团实施对特定国家的援助提供了明确的标准。分权之后的代表团虽然在援外规划上拥有更大的自主权，但这种自主权是以国家和地区战略文件为其规范的。

不仅国家战略文件本身意味着布鲁塞尔与各代表团间的一种分权与新型管理关系，该文件的形成过程同样也体现了分权化改革后布鲁塞尔与代表团之间的新型合作关系。为了确保各代表团援助规划的质量，援助合作办公室于 2001 年 1 月建立了一个专门的机构对此进行管理，即内部服务质量支持小组（IQSG）。该小组由人数不多的各类专家组成，其任务主要是对国家和地区战略文件草稿审查以保证代表团的项目规划能达到最基本的水平，保证规划与援助的目标相一致。除了预加入工具之外，该小组的工作对象覆盖所有的欧盟对外援助。

国别和地区战略文件的编写过程中，各国代表团发挥着重要作用。他们长期驻扎在受援国，对于受援国的国情与发展最新动态了解更为丰富，分权化改革使其得以按照自己的经验知识规划最合适的援助战略。IQSG 全程参与了文件的制定。在文件起草的阶段，IQSG 就对多达 110 份战略文件草稿进行了审阅并提出评价意见。其评价的标准依据是部长理事会通过的关于国家战略文件的共同框架。IQSG 另外也提出了一些评价的细化标准："一、对（受援国）发展潜力、需求、障碍的质量评估；二、该分析与共同体反应战略之间的一致性，欧盟的介入是否应对了中期发展挑战；三、减贫目标与欧盟的其他政策目标之间的一致性;四、政策的集中性,以及与其他援助者特别是欧盟各成员国的协调;五、援助给予的条件;六、用以监测(受援国)在减贫和经济增长方面进步的指标的定义;七、援助资源在国家间分配与在部门间分配的一致性;八、欧盟的发展援助政策与其他政策间的一致性。"[1] 从这些对 CSP 文件评估的标准来看,IQSG 并没有提出具体的援助战略,而只是列出了一个合格的战略文件所必须考虑到的因素。

由于部长理事会对国家、地区战略提出了共同框架,为了保证这些共同框架在文件编写过程中得到贯彻,IQSG 还制定了相应的操作准则。另外,为了提高代表团人员的文件制作能力,还专门组织了专题研讨会,并建立了内联网,使各代表团在文件编写过程中能实现资源共享。

当战略文件制定完毕并进入实施阶段后,如何保证代表团在援助实践中遵守战略文件的规定,在执行中对战略进行改进,是很重要的工作。IQSG 启动了中期评价(MTR)以执行这一任务。MTR 是 CSP 的继续,是对于 CSP 的改进非常重要的一步。MTR 设置了四条标准以促进各代表团对于 CSP 的改进工作:"一、考察该国的战略文件是否跟上该国的形势变化,包括国内外的事件;二、考察欧盟新的倡议与政策对于受援国的影响乃至对于国际社会的影响有多大;三、考察对于该国的援助经验在多大程度上得到了学习并反应在新战略之中;四、考察战略文件的质量是否得到了持续的提高,特别是第一代战略文件中薄弱的地方是否得到改进。"[2] 为了加强政策整合,IQSG 还将与 CSP、MTR 有关的政策、承诺列成清

---

〔1〕 Europe Aid. Annual Report 2001 on the EC Development Policy and the Implementation of the External Assistance [Z]. 2002.

〔2〕 Europe Aid. Annual Report 2004 on the EC Development Policy and the Implementation of the External Assistance [Z]. 2005.

单以供代表团参考。对于 MTR 进程中的能力培养，IQSG 开发出了训练模块以提高总部人员和非加太地区代表团人员的相关能力，另外还举办了相关的研讨会以加深认识。

关于战略文件的评估做出并送达代表团之后，IQSG 开始关注其中的整改意见是否得到了贯彻。IQSG 曾对 12 个国家做过跟踪研究，以考察其整改意见是否得到了落实，研究表明，63% 的评估意见在 CSP 的修改中得到了体现。

（二）"评估至上"文化

欧盟援助机构在启动分权化改革时就估计到了，这项改革将给欧盟的援助机构带来深远的变化并形成一种新的文化。从以后的走势来看，这种新的文化即是"评估至上"的文化。注重对援助结果、影响的监督与评估，是新世纪之后欧盟援助管理的一大转变，欧盟提出要"为结果管理、依靠结果管理"，并树立起"评估至上"的理念。[1] 而这种转变，与分权化改革是分不开的。在分权化改革之前，权力集中于布鲁塞尔的援助管理机构，这些机构被各种具体事务所困扰，没有可能腾出时间精力来对援助项目和计划进行全面而细致的监督与评估。而分权化改革之后，援助项目的设计和运作权力都交给了各代表团。这样一来，在布鲁塞尔的援助管理人员就从繁杂的项目运作事务中脱身，这正是注重评估的文化形成的必要条件。21 世纪后，与分权化改革同时展开的是监督和评估系统的极大扩充。于 2013 年发布的《欧盟发展合作的评估政策》指出，欧盟的评估共有三种类型：代表团自己进行的日常监控、由外部专家组进行的监控、由总部的评估单位（evaluation unit）所进行的评估。其中第一种是代表团为了维持正常管理、保证项目得以正常进行而做的监控，其主要目的是服务于自身。另外，其信息也

---

[1] European External Action Service. Evaluation Matters [Z]. 2014.

对由外部专家进行的监控、由总部援助单位所进行的单个项目评估有参考作用。

这一种评估即上文所说的由总部的援助单位所进行的自上而下的评估。这一类型的评估是欧盟整个援助体系中最重要的，对于欧盟援助管理的影响也最大。这一种评估由两类组成。第一类是战略型评估，包括：负责对具有战略意义的总体性事务进行的评估，比如某些与其他援助方共同实施的援助项目，这种评估结果供高级管理人员在总体事务的战略决策问题上参考使用；对区域性的、行业性的援助进行的评估，这种评估结果供高级或者一般管理人员在援助计划战略决策上使用。第二类评估同样也包括两种，第一种是针对欧盟在某一国家的某一行业的援助行为进行的评估，另外一种是针对某个具体项目的评估，这两种评估都是服务于项目的具体操作人员，即代表团的项目负责人，帮助他们提高在项目规划方面的能力。

在评估工作中，利益相关者比较多，按照其权力结构可以分为两类，第一类是位于总部的人员，这类人员如下：对外关系委员（包括对外关系代表或副总统、扩大委员、发展委员、人道主义援助委员）。委员们对由对外援助合作办公室的评估单位提交的五年战略评估规划进行讨论并予以批准，之后，根据发展委员所提供的年度报告来监督评估单位对战略评估执行的状况与结果。委员们是评估参与人员中级别最高的，这表明了评估工作在欧盟对外援助中的重要性。欧盟援助合作办公室和欧盟对外关系总署的高级官员是仅次于委员的评估参与者。他们在评估工作中的职责是：督促评估，并保证高质量的评估结果得到采用，对评估框架文件的设计与实施进行监督，并保证评估框架文件与其他方面工作文件的一致性。他们的这些工作有助于加强一种重视证据的决策文化。评估单位是评估工作中非常重要的机构，其职责很多。首先，他们负责制定评估的政策，并制定评估的具体计划与管理措施，在评估过程中对评估工作的客观、效力等进行监督，负责将评估报告交给对外关系的委员们，并与欧盟对外关系总署、扩大总署、人道主义援助总署等部门就评估工作进行交流、协调。其次，评估单位负责开发并推广评估的方法与工具以保证高质量的评估，对评估人员进行必要的培训，对执行复杂项目的评估人员提供方法上的支持，对评估通讯人员网络进行管理与节制。再次，对于评估中非常关键的战略评估，评估单位要直接进行管理，通过与欧盟对外关系总署、代表团等部门协商之后准备战略评估的计划，管理并对战略管理给予最后批准，宣传并保证战略评估的后续工作。最后，负责与评估过程中涉及的各类内部的、外部的利益相关者进行协调。评估单位的地位非常重要，是整个评估工作的主要管理者。在总部，与评估工作相关的还有欧盟对外关系总署（EEAS）。

评估工作的第二类人员则分布在各代表团。代表团负责对评估中第二大类型的第二种，即针对具体项目、计划进行评估。这类评估的计划与管理都由代表团负责，在代表团的工作规划中必须含有相应的评估工作计划，并保证其在受援国的每一个行动都得到评估，在评估中所学到的经验应当及时地纳入到援助项目、计划的设计之中。对每一个项目、计划的评估中，还有一位评估管理员，负责对评估工作进行宣传，并从评估结果中提取出有价值的经验学习点，在较为复杂的项目评估中，往往还会安排一位助理评估管理员。

分权化改革后，变化最为明显的是监控系统的设置。1993 年时，欧盟在针对原苏东地区的援助工作中设置了监控系统，不过那时的监控工作是临时性的、局部性的。新世纪后，分权化改革提出了加强总部对代表团工作管理的需求，监控系统在 2000 年也被创造出来。这类监控即结果导向的监控（results-based monitoring），2000 年开始启用，2001 年进行测试，2002 年其监控范围从原来的亚洲和拉美、地中海区域、非加太地区和巴尔干地区扩张到覆盖全球范围。该系统雇佣外部专家组成小组定期进行监控。专家对项目点进行时期不长的访问，通过一种半标准的评分表格就援助项目的效率、效果、影响、相关性和可持续性等方面进行评价。专家们以小组的形式展开活动，对相关文件进行分析并与项目的利益相关代表（包括项目的最终受益人）进行访谈。从 2000 年开始到 2010 年，该系统共提供了 12 000 多份报告。ROM 系统是欧盟评估系统中的组成单元，在如下几个方面发挥了作用：其提供的报告中含有对项目执行状况的评价和改进建议，这对于代表团的项目管理者有反馈、启示作用；其提供的报告中含有对欧盟援助状况的统计概述，这对于欧盟援外政策在宏观上的改进具有启示意义；其定量和定性的研究对于援助项目的规划与提高有着积极作用。

因为分权化改革后大部分的援助项目、计划的制定、执行权、财务权已经下放到各代表团，因此总部主要负责从战略的高度对援助全局进行管理。这表现在评估工作的分工上就是：对评估工作的规划和监督、战略性评估由总部的评估单位进行，而针对具体项目的评估则交由代表团自行开展。ROM 系统主要依靠外部专家开展评估工作，具有较强的客观性，其与由援助总部主导的评估工作是相互补充的，都服务于分权改革后总部加强对各代表团管理的需要。

第三节　中欧援非管理比较

中国和欧盟在对非援助领域的管理上既有共同点又有不同之处。共同点在于双方的援非管理都是以某个机构为主同时多部门参与的综合管理体系，这也是由援助行为的综合性所决定的。不同之处在于机构规格、法制化程度、分权化程度等三个方面。

一、中欧援非管理机构的比较

中国与欧盟对非援助管理的共同处在于双方的管理机构都是以某个机构为主管单位，同时包括许多其他部门，形成了一个综合的援外体系。中国的援外主管单位是商务部援外司。在商务部内部，另有三个事业单位分管不同类型的援助，分别为商务部培训中心、中国国际经济技术交流中心和商务部国际经济技术合作局，同时中国驻各受援国大使馆的经济商务参赞处也对所在国的援助事务负责。在商务部之外，还有外交部、财政部、卫生部、教育部、农业部、中国人民银行、中国进出口银行等多个部门参与援外事务。欧盟直接参与管理援助的部门远多于我国，如对外关系总司、欧洲援助合作办公室、人道主义援助办公室、欧盟驻受援国使团等。其中，以欧洲援助合作办公室作为对外援助事务管理的主要机构。这种一个机构为主、多个机构参与的综合援助管理体系产生的原因是援助事务本身的特点所决定的。援助既是一种对外行为，其一举一动都影响着国际关系，因而外交主管部门必须参与；援助是一种资源的对外转移，这种资源外延的内容有多少种，就会牵涉到多少个部门，比如教育援助一定需要教育部门的参与，医疗援助需要卫生部门的参与等等。因此，援助行为本身的特性决定了中欧双方在援助机构设置上的共同点。

中欧援非管理机构存在较大的差异。首先就是欧盟对非援助管理机构的级别要高于中国。1956 年中国对外贸易部之下设技术合作局、成套设备局和对外经济联络部。这三个部都是对外援助的机构。对非援助的事务在这三个机构内部。1961 年成立对外联络总局，专门负责管理对外援助事务，这是一个副部级的机构，与之前相比，地位有所上升。1964 年撤销对外联络总局，成立对外经济联络委员会，1970 年对外经济联络委员会改为对外联络部，对非援助的事务分别由几个局承担。这时中国对外援助管理的机构（连同其内部的对非援助管理的机构）达到新中国成立以来最高级别。从1982年开始，中国对外援助的管理机构从部降低到司局级，而且一直到现在仍然是司局级的单位。

相比之下，欧盟对非援助的管理机构在级别设置上比中国更高。自1957年欧盟开始向非加太国家提供援助之时设立的发展总司就是一个总司级的机构。1992年又将人道主义事务划出另成立局级机构欧共体人道主义援助局负责管理。1995年新成立的总司级单位DGIB负责管理对地中海区域、拉美、亚洲地区的援助事务。1998年成立对外关系共同服务署，2001年改为欧洲援助合作署（总司级单位）。至此，欧盟的对外援助事务由很多机构共同管理，且每一个管理机构的级别都属于总司级（相当于中国行政级别中的部级）。这是中国和欧盟援非管理机构规格的差异。

二、中欧援非管理体制的比较

欧盟援非管理的法制化程度远高于中国。《罗马条约》是欧共体形成过程中一个非常重要的法律文件，其中第四部分"海外国家和领地与共同体的关系"对欧盟对非加太地区的援助进行了规定。以法律的形式建立起了共同体联系制度。其主要的内容如下：其一，对援外的对象进行了规定，其联系的对象国都是未获独立的殖民地。其二，规定了援助的原则：对等互惠原则。其三，规定了援助的工具：海外国家和领地开发基金，并对该基金的资金来源、资助项目的分配原则、项目确认的程序以及各成员国决策的程序等事项作了明确的规定。其四，对援助的期限进行了规定。[1]

欧盟对非援助的第二个重要法律文件是《欧洲联盟条约》。该

---

[1] 伍贻康. 欧洲共同体与第三世界的经济关系 [M]. 北京：经济科学出版社，1989：11-13.

条约成立了欧盟，确立了欧盟的法律人格。在该条约第 130 条 U 款对欧盟对外援助的目标进行了规定：促进发展中国家，特别是条件最差的发展中国家的经济持续发展，促进发展中国家平稳地与世界经济结合，促进发展中国家减贫，同时援助应有助于民主、自由、人权、法治等基本目标的发展和巩固。该条约还规定了欧盟援助政策的决策程序，欧盟与各成员国在援助政策领域的权限划分与合作机制。

《阿姆斯特丹条约》在欧盟援外政策决策程序的民主化上做出了贡献，将共同决策程序运用于援助政策的决策上。

《欧洲宪法条约》在法、荷两国遭到否决后，作为欧洲宪法替代的《里斯本条约》于 2009 年 1 月 1 日生效。在《里斯本条约》这样一部具有宪法替代作用的重要法律文件中，也包括了对欧盟对外援助的规定，以规范欧盟与各成员国在援外政策上的关系。该条约第 5 部分第三节的 208 条（Article 208 of Section Ⅲ of Part Ⅴ of the FEU Treaty）提出互补性原则。第 209 条对欧盟与成员国的权限分工进行了规定，指出制定援外计划的预算案是欧盟议会和部长理事会的专属权利，在无损成员国现有的在国际组织中的协议权利前提下，欧盟有权就援助事务与各国和国际组织签约。第 210 条提出了协调性条款，规定欧盟委员会有权提出加强协调的倡议。第 211 条倡议欧盟及各成员国与各国及发展援助国际组织开展合作。[1]

由此可见，欧盟高度重视对非援助的法制化。与之相比，中国对非援助的法制化程度较低，主要以部门法规和条例的形式建立援外制度。按照制度所规范对象的不同，我国对外援助制度可以分为对外援助资金管理、对外援助项目管理、对外援助人员管理等三方

---

[1] Icon Scrivener, "The Eu's Common Development Cooperation Policy", in Jan Orbit ed., Europe's Global Role: External Policies of the European Union, Burlington: Ash gate Publishing Limited, 2008, p. 68.

面的制度。

1998年财政部颁布了《对外援助支出预算资金管理办法》，规定援外资金由财政部按预决算制管理，坚持专款专用、单独核算、单独管理原则，援外主管部门须建立援外资金财务管理和会计核算制度，规定援外资金支出范围，援外主管部门应按财政部的相关规定编制当年援外预算草案并报财政部，援外主管部门应在财年结束后4个月内做出决算，财政部有权检查援外主管部门预算执行情况。

在对外援助项目管理方面，我国也出台了部门规章。在援外物资管理方面，1998年国家商检局与对外贸易经济合作部制定《对外援助物资检验管理办法（试行）》，2004年商务部制定《对外援助物资项目实施企业资格认定办法》，2006年颁布《对外援助物资项目管理暂行办法》。在援外成套项目管理方面，1998年出台《对外援助工程质量检验评定及验收办法》，2004年出台《对外援助成套项目施工任务实施企业资格认定办法》，2006年商务部颁布《对外援助成套项目安全生产管理办法（试行）》《对外援助成套项目考察设计评标办法》《商务部关于对外援助项目评标结果公示和质疑处理的规定（试行）》，2008年商务部出台《对外援助成套项目管理办法（试行）》《对外援助成套项目施工监理取费标准内部暂行规定》。通过这一系列的部门规章，对援外成套项目的方方面面都建立了制度。关于对外援助人员管理方面也出台了相应的条例。2004年商务部颁布《援外青年志愿者选派和管理暂行办法》。在援外部门制度建立方面最新的成果是2014年8月商务部出台的《对外援助管理办法（草案）》（修改意见稿），这是一个关于援助的综合性制度。总的来看，我国援外领域的法制化建设自1998年以来有了很大的加强，但与欧盟相比，立法的级别和效力都不及欧盟。

中国和欧盟都在非洲各受援国有大使馆（或使团），各使团中都有专门的人员负责对所在国的援助事务进行管理，然而中欧各自对使团在援外管理中的赋权程度不一样。2000年以后，欧盟积极推行援外管理领域的权力下放，以很快的速度在三年之内将大量的援助管理权限下放到其驻各受援国使团中，并在整个工作机制中都做了改革以适应这种新的援助体制安排。而中国驻非使馆在援助事务上的权限和资源配备上都较少。中国驻非洲各国大使馆中都有经济商务参赞处，在该处中一般有1-2名工作人员负责管理、协调中国对该国的援助事务，在援助任务多的国家比如埃塞俄比亚则有3名工作人员负责援助事务。其任务有：发挥常驻受援国的优势，深入了解受援国的情况，进而对援助该国的方案与计划提出建议；监督、检查援外任务的实施情况、援外工程质量和工程进度；推动援外工作与贸易、经济合作相结合。

三、中欧援非管理方式的比较

无论是中国援助者还是欧盟援助者，都非常重视对于援助的管理，并都已引入项目式管理方法，这是双方管理方式的相同之处，然而欧盟在管理方式上所运用的工具种类与发展程度，较之中国则更为成熟，这是双方管理方式的不同之处。

管理在援助中的重要作用越来越得到各国援助者的重视，中国和欧盟也不例外。中欧都积极探索并运用新的管理技术和管理方式，以此提高援助管理的水平，进而提高援助的效率。虽然中国自20世纪就已经开始有按项目对援非任务进行分类管理的经验，然而那时仅仅在局部援外事务上进行了尝试。进入21世纪以来，中国援助者才逐渐开始对所有的援外事务进行了项目分类，以项目为单位管理援外诸多事务，并按照项目的不同类型进行管理。而欧盟面对更为庞大复杂的援助任务，同样采纳了项目管理的方式。欧盟在非洲的援助任务是由大大小小的援助项目构成，共同体的管理，也基本围绕着项目的运作进行：从项目的开发到项目的设计、项目的监督、项目的评估等构成了共同体管理人员的主要工作内容。项目管理是二战后兴起的重大新型管理技术，在许多领域得到了广泛的运用。援助是一项对管理水平有着高度要求的获得，因此中欧自然在其援助中采用了项目管理这一新的管理技术。

中欧在管理方式上也存在差异。欧盟在管理工具上更为丰富，国家战略文件是欧盟重要的新型管理工具。该工具超越了传统的从面上制定援助原则、政策的局限，将抽象的援助原则与宏观的援助政策结合受援国的具体国情进行了具体的细化。国家战略文件的编制与运用为共同体的管理提供了切实可行的标准，身处援助现场的使团工作人员，他们担负着具体项目开发设计的任务。国家战略文件为他们的开发设计行为提供了明确的标准和规范。宏观的政策理念通过国家战略文件落实到了具体的某个受援国，理念与实践之间建立起了可靠的联系。而中国的援非管理目前还处于初步探索阶段。在对项目管理方式的运用上，中国同样仅仅初步引入了项目管理方式，而欧盟则开始了更深入的探索。欧盟确立了"评估至上"的管理理念，建立了类型齐全的监督评估方式，建立了周密的评估体系，这些都保证了欧盟的项目得到了更为严密的管理。应该看到，欧盟的国家战略文件和评估体系的建立都得益于其分权化的体制。欧盟自21世纪开始，大规模将权力从管理总部下放到位于受援国的使团，总部与使团之间实现了重新分工，总部得以从日常项目的设计与管理中脱身，集中精力于总体规划、监督评估等事务。而中国的援助体系中，驻外使馆的权限有限及人数相对较少，制约了管理方式方法的创新。

第六章
中欧援非成效比较

无论是援非理念还是政策、管理，所有工作的最终落脚点以及检验其优劣的标准都在于对非援助的成效。关于援非的成效可以从两个方面来考察，一是对非援助给非洲发展带来何种变化，二是对非援助给援助方带来何种变化。鉴于援非的本来意义即帮助非洲发展，本书选择前者作为标准，即关注中国与欧盟对非洲的援助分别给非洲的发展带来了何种影响。

第一节 中国援非的成效

中国对非洲开展援助已有六十多年的历史，在关于中国援非的文献中，大多侧重于对中国援非的特点、原则、历史等内容的研究，而关于中国援非的成效问题却涉及不多。中国援非具有其独特的模式，理念、政策与西方都有很大区别，而这种模式的正确性与合理性也只有通过其对于非洲的发展所产生的积极影响才能予以表现，援助理念与援助政策的优越性归根结底也是要靠援助的实践成效来予以揭示。为数不多的关于中国援非成效的研究主要都关注我国所获得的收益大小，而发展援助最主要的目标应当是促进受援国的发展，因而本文对于中国援非成效的分析集中关注作为受援方的非洲的经济发展方面。通过对中国援助非洲成效的分析,进一步证实中国援非模式的合理性与有效性。

一、中国援非模式对非洲经济发展的成效

(一)中国援助促进了非洲经济基础设施的建设

作为一个后发地区,非洲的经济发展离不开资本的投入。20世纪40年代,哈罗德—多马模型证实了资本积累对于经济发展的重要作用,认为储蓄率是决定经济发展的关键因素。[1] 1953年,美国发展经济学家罗格纳·纳克斯提出"贫困的恶性循环论",认为一些发展中国家陷入了"低收入—低储蓄能力—资本形成不足—低生产率—低收入"的恶性循环之中,并进而提出要通过大量增加储蓄、扩大投资以促进经济发展,摆脱贫困。[2] 20世纪60年代,罗斯托在《经济成长的阶段》中认为人类社会的发展可以划分为五个阶段,其中最重要的是起飞阶段,而要实现经济的起飞,则必须首先提高生产性投资率,积累率应达到10%。[3] 由此可见,资本的形成对于发展中国家的经济进步具有非常重要的作用。而事实上,非洲却始终面临资本缺乏的问题。近年来的国际金融危机更是使非洲的形势雪上加霜。非洲开发银行认为,为了恢复到金融危机之前的增长率,非洲需要至少500亿美元来填补其投资—储蓄缺口;而如果要实现联合国提出的千年发展目标,则非洲必须保持7%的经济增长率,这需要1170亿美元的投资。

中国的援助缓解了非洲发展进程中资本不足的问题,截止到2010年,我国对非援助总额约444亿元,大约实施了900个经济基础设施和公共设施项目。在资金借贷方面,我国对非借贷已超过世

---

[1] 张培刚,赵建华. 发展经济学 [M]. 北京:北京大学出版社,2009:34 - 35.
[2] 秦宪文. 发展经济学 [M]. 北京:经济科学出版社,2006:10 - 15.
[3] 赵邦宏. 发展经济学 [M]. 北京:北京大学出版社,2009:83 - 88.

界银行，以 2006 年为例，我国向非洲提供的贷款援助金额是经合组织对非援助总额的 3 倍。我国对非洲的经济基础设施援建是对非援助的典型。目前在非洲大陆仅有南非的经济基础设施建设基本完善，而其余地方则十分落后，这已经成为制约非洲经济发展的瓶颈。据统计，非洲内陆国家的运输成本占总生产成本的 20% - 40%，而发达国家的这一比例通常只有 10%。非洲发电量很低，有大约 1/4 的人用不上电，非洲各国也充分认识到了经济基础设施的重要性，在非洲发展新伙伴计划中，经济基础设施的建设被列为优先内容。在 2009 年召开的第 12 届非盟峰会上，"非洲基础设施"成为了会议的主题。这些都说明了经济基础设施对非洲的重要性。中国对非洲的基础设施援助取得了不小的成就，已经成为了非洲经济基础设施建设中最大的融资方。20 世纪 60、70 年代，我国就援建了举世瞩目的坦赞铁路，长 1860 公里，被誉为"自由之路"，同时还援建了贝莱特温—布劳公路，长 967 公里，促进了索马里的交通事业建设。在 80、90 年代又援建了毛利塔利亚友谊港、毛里求斯航站楼、埃塞俄比亚奥瓦公路等大型项目。到 2011 年底，我国共为 51 个非洲国家援建了 270 个经济基础设施项目，占援非总额的 25%，其中交通基础设施 140 个、电力设施 60 个、通讯设施 70 个。我国对非基础设施的援助成效也可从非洲人的评价中得到反映。非盟委员会主席让·平指出："中国在非洲基础设施的改善中起到了很大的作用。"埃塞俄比亚总理梅莱斯也认为，中国对非洲的基础设施建设参与起到了根本性和变革性的作用。我国对非基础设施建设的援助也引起了西方人的关注。2008 年世界银行发布《建设桥梁：中国在撒哈拉以南非洲国家基础设施建设融资中不断增加的作用》，对我国援非基础设施的成效做了正面的评价，认为中国承诺援建的十个水利项目可将撒哈拉以南的水力发电能力提高 30%，中国已经修建并继续维修的 1350 公里铁路和即将新建的

1600 公里铁路对于非洲现有的 5 万公里铁路网是一大贡献。

（二）中国援助促进非洲工业发展

我国在 2011 年发布的对外援助白皮书中公布，截至 2009 年底，我国对外援助成套项目总数为 2025 个，其中对工业的援助项目占了 635 个，超过了总数的 30%。这一数据表明工业援助在我国对外援助中的地位。实现工业化是非洲长期以来的目标，在独立年之后，非洲各国即先后开启了大规模的工业化运动。我国自 20 世纪 50 年代末开始对非洲进行援助以来，帮助非洲实现其工业化就一直是我国援助的重点，我国对非工业援助的范围包括：轻工、纺织、机械、化工、冶金、电子、建材、能源等多个领域，对于非洲的工业化起步起到了重要的推动作用。以我国对卢旺达的援助为其中典型。1972 年 10 月，中卢政府签订经济技术合作协议，1975 年 7 月，商定建设卢旺达马叙塞水泥厂，经过十年勘探、设计和试运营，到 1984 年投产，产能为年产 5 万吨水泥。1994 年卢旺达发生内战，国内基础设施百废待兴，对于水泥的需求很大。2001 年水泥厂扩大其产量，达到年产 10 万吨。两年之后，卢旺达对水泥的需求再次超过该水泥厂产量，开始大量从外国进口水泥，2008 年即进口 11.6 万吨。2008 年该水泥厂与中国江苏鹏飞集团签署新的生产设备合同，2011 年其产能扩大到年产 30 万吨。我国援建卢旺达的水泥厂是该国唯一的水泥厂，也是该国最大的工业企业，不仅满足了其国内水泥市场的需求，同时还向周边国家出口为卢旺达赢得宝贵的外汇，成为卢旺达财政收入的重要支柱。

我国对非洲的工业援助在 80 年代之前占据主要地位，特别是在 20 世纪 70 年代，工业项目占据了对非援助主要的位置。而 80 年代之后随着非洲私有化的开始，我国对非工业援助逐渐减少。但是这并不意味着我国就放弃了对非洲工业化的参与与支持，相反，我国调整了援助思路，将援助与对非贸易、投资结合起来，以援助促进对非投资、贸易,更加有力地促进了非洲工业化的发展。我国对非援助从以下几个方面促进了我国企业对非工业的投资。首先,我国政府大力援助非洲的经济基础设施,改善了非洲的投资环境,为我国企业对非制造业的投资创造了良好的条件。其次,有意对非投资的企业通过承接我国政府的援非项目而熟悉非洲环境,为接下来的投资做好准备。现在活跃在非洲的中国企业有不少就是以前的援助承建单位,如中国土木建设集团就是之前的铁道部援外办,中国路桥集团公司的前身是交通部援外办。最后,对外援助为我国企业投资非洲、参与非洲工业化进程提供了很好的软环境。我国政府在改革开放之后在非洲重点建设了一大批社会公共设施,这些设施直接面向民生,且社会影响力大,很好地加强了非洲人民对我国的好感,这在客观上是为我国的企业履行社会责任。我国对非洲人力资源的培养,为我国的企业也准备了一个非常丰富而全面的人才网络。

援助促进了我国企业对非工业的投资,而投资则强有力地推动了非洲的工业化。截至2009年底,中国在非投资中采矿业占29.2%、制造业占22%、建筑业占15.8%、金融业13.9%。其中,制造业的比重远远超过我国对外投资制造业比重(6%),也超过发达国家对非洲制造业的投资比重。特别是2006年以来,我国在赞比亚、阿尔及利亚、埃及、埃塞俄比亚、毛里求斯、尼日利亚等国建设了"经贸合作区",制造业在经贸合作区内集中发展,有力推动了非洲的工业化。

(三)中国援助促进非洲农业的发展

农业是非洲发展战略的重要内容。在历史上,非洲由于片面强调工业化而忽视了农业的基础地位,结果导致了70年代的农业危机,这一危机不仅打击了非洲的农业,更深刻影响了非洲的整体发展状况。因此在我国的援非战略布局中,对非农业的援助具有非常重要的地位。我国对非农业援助的形式主要有：援建农场，建立农技示范中心、农技推广站，兴修农田水利工程，赠送各种农业设备和物资，派遣农业专家到非洲进行技术指导，为非洲受援国培训农业人才等等。截至 2006 年底，我国共援助非洲 137 个农业成套项目，占援非成套项目总数的 18%。

20 世纪 60 年代，为了帮助刚刚取得政治独立的非洲国家发展农业，实现经济独立，我国对几内亚、马里、坦桑尼亚、刚果、索马里、毛里塔尼亚等国家开展了农业援助，援建了一批农场、农技站和农技示范中心。到 70 年代，我国的农业援助扩大到大部分非洲国家。这一时期援建了不少大型的项目，如坦桑尼亚姆巴拉利农场和鲁伏农场、索马里费诺利农场、乌干达奇奔巴农场等，这类项目有近 90 个，总种植面积超过 4 万公顷。这一时期的非洲正处于严重的农业危机之中，我国的农业援助对于缓解非洲的农业危机具有重要的作用。其中，援建坦桑尼亚的姆巴拉利农场是典型的例子。该农场位于坦桑尼亚南部的姆贝亚省，于 1977 年建成投产，是规模较大的综合性机械化农场。该农场采取农牧副业综合经营，初建场时造田 3530 公顷，还建设有总装机容量达 320 千瓦的水电站，配置有农机修理车间、碾米车间、养鸡场、养猪场、养牛场。该农场机械化程度很高，从耕地播种到农田改造等作业基本使用机械，农场共装备拖拉机 50 台、自动联合收割机 24 台、汽车 13 辆。进入技术合作之后的八年内，累计种植水稻 2.1 万公顷，总产稻谷 15.19 万吨，该农场每年生产的大米供给占了坦桑尼亚全国大米市场的 1/4。农场除农业外还经营饲养业和副业，在 1977 年到 1983 年的六年之间，供应 1200 头猪、60 头牛、牛奶 35 万公升、鸡蛋 60 万个和大量肉鸡。农场中的小型发电站年均发电 160 万度，供应农场需要之余自办砖厂，年产砖 50 万 – 100 万块。除了生产以上大批物资之外，该农场还承担培训坦桑尼亚人力资源的作用，中方专家采取边干边学的方式在生产实践中培训当地员工，经过中方专家多年的培养，坦方人员最终能独立承担全部技术任务。姆巴拉利农场获得了坦桑尼亚人民的高度赞扬，他们认为："农场为坦桑尼亚农业发展做出了榜样，不仅是粮食生产的基地，也是一所培养人才的学校。"[1]

改革开放之后，特别是进入 90 年代后，我国对外援助的方式体制发生了重要的变化，对非农业的援助方式方法也得到了重新调整。调整的基本趋势是，认为单纯的援助难以真正改变非洲农业落后的面貌，同时由于我国也是一个发展中国家，自身农业发展的任务也非常重，因此对非农业援助应当与对非农业经贸相结合，走互利合作的道路。这一新的对非农业援助模式取得了很好的成效。下面以对莫桑比克的农业援助为例进行说明。莫桑比克人口 2600 万，可耕地面积约 3600 万公顷，约占国土面积的 45%，和许多非洲国家一样，其绝大部分土地都没被开发利用。莫桑比克是个粮食危机严重的国家，小麦消费几乎全靠进口，大米年需求量 60 万吨，其中 30 万吨由本国供给，另外 30 万吨从国际市场进口。2007 年，中国湖北省政府、湖北省农垦局与莫桑比克加扎省签订农业合作协议，决定在加扎省援建友谊农场。加扎省分两期划拨 1300 公顷土地供友谊农场使用，使用期为 50 年。这一年种植了水稻、小麦、棉花、蔬菜等 46 亩。由于当地气候和土壤适宜水稻生长，农场的水稻试生产获得成功，平均亩产达到 590 公斤。湖北农垦局经过三年的试验种植后，取得了很好的成果。2011 年，我国民营企业万宝粮油公司全面承接该项目。此后三年，万宝公司累计投入 1 亿美元，兴建农田水利、装备机械。到 2014 年，该公司已在莫桑比克

---

[1] 石林. 当代中国的对外经济合作 [M]. 北京：中国社会科学出版社，1991：230 - 233.

开发了1万公顷土地,建成了该国最大的农场。按照该公司的规划,将在2014年到2015年种植季播种1.2万公顷土地,收获大米6到8万吨供应莫桑比克和周边国家需求。[1] 同时,该公司将以其2万公顷农场带动当地农民开发8万公顷土地,从根本上解决莫桑比克的粮食危机。莫桑比克的案例充分反映了新时期我国对非农业援助的成效。

二、中国援非模式对非洲社会发展的成效

中国援助在一定程度上提高了非洲的医疗健康水平。非洲的医疗健康状况不容乐观,严重制约着非洲的发展。从20世纪90年代开始,艾滋病在非洲各国蔓延,并从此成为了困扰非洲的重大健康问题和社会问题。艾滋病降低了健康资本存量,使得非洲许多国家人均寿命下降,摧毁了人们的精神、士气。此外,由于许多老师感染艾滋病,使得非洲的教育事业受到打击,进一步破坏了其人力资源开发的能力。除艾滋病之外,还有其他传染病和热带病也在威胁着非洲人的健康,如非洲每年大约有100万儿童死于疟疾,死于疟疾的人数占总死亡人数的90%,2002年,全世界死于传染病和寄生虫病的人中有50%在非洲,2004年,全世界死于霍乱的人中有99%在非洲,而且非洲缺少医药的情况也非常严重。

中国的对非医疗援助,取得了一定的成效。从1963年开始我国向非洲派出医疗队,派遣医疗人员近1.5万名。非洲的医生奇缺,30多个非洲国家平均每万人才有一个医生。我国的医疗队对非洲的医疗卫生事业做出了巨大的贡献。我国援非医疗队不仅直接诊治病人,在对受援国的医疗医学体制改进也卓有成效。我国应突尼斯政府要求在该国援建一所针灸中心,该中心由中国医生与突尼斯护士、工勤人员组成。该中心于1994年成立,在1996年到1998

---

[1] 李春华. 喜看滩涂变粮仓[N]. 人民日报, 2014-05-29 (3).

年间，共诊治病人 20 530 人次。除了诊治病人之外，还举办针灸培训班，学员都是医生，经过正规的学习考试之后取得针灸专科的医生证书。在中国援非医疗队的影响下，一些非洲受援国的大学也开设了针灸课程。2000 年，几内亚科纳克里大学医学院将针灸康复列入必修课之中，之后，马达加斯加国家公共卫生学院也设立了针灸专业班。中国援非医疗队的第三大贡献是提高了非洲受援国的医护水平。这一工作的意义更为深远，影响也更为重大。我国的医疗队虽然从未停止向非洲的派遣，可人数与非洲的需求相比终究是有限的，因此只有加强培训当地的医护人员才能更为有力地改善非洲的医疗水平。我国医疗队在受援国医院开办培训班，撰写专业教材、制定教学计划，培养医务人员。根据卫生部国际合作司提供的数据，截至 2003 年，我国共为非洲培养医务人员 3000 多名，临床带教数万人次。[1]

中国的援助提高了非洲的教育水平。非洲的教育状况也是国际社会较为关注的问题。非洲的文盲率非常高，中小学教育受重视程度不够。而非洲将教育资源不成比例地投入高等教育之后，其科技人才并没有成比例地上升。非洲人才流失国际会议的研究表明，1985 – 1990 年间非洲花费 12 亿美元培育出来的 6 万多名人才流失到西方各国。之后非洲每年向外流失人才约 2 万多名，这对于人才本就极度匮乏的非洲无疑是雪上加霜。

在人力资源培养方面，我国为非洲培育人才 1.2 万名。中国对非洲人力资源的援助主要通过这样一些渠道输出。从援助方式上来看，技术合作、人力资源开发合作、援外医疗队、援外志愿者等都直接改善了非洲的人力资源状况。其中，技术合作一般是在成套项

---

〔1〕 卫生部国际合作司. 加强实施新战略，改革援助非洲医疗工作——记中国援外医疗队派出 40 周年 [J]. 西亚非洲，2003 (5)：16.

目援助过程中就地对非洲当地技术人员进行培训，人力资源开发合作则是为非洲举办的官员培训、专业技术培训、学历学位教育，而医疗援助与志愿者都是直接从我国派遣人员服务于非洲的医疗和其他事业，是对非洲人力资源的直接补充。这几种援助形式都改善了非洲人力资源不足的状况。从 20 世纪 60 年代开始，我国就资助非洲学生来华学习，并帮助其建设学校、提供各种教学设备，同时我国还向非洲派遣老师。在中非合作论坛之后我国对非教育援助的力度更大，援建更多的小学、增加政府奖学金和来华学习名额、派遣更多的老师去非洲。截至 2012 年底，我国共为非洲培训人员 4 万名，为非洲国家提供 3 万多个政府奖学金名额，并从 2012 年开始，计划三年内为非洲培养 3 万名人才，提供 18 000 个政府奖学金名额。埃塞俄比亚的例子非常典型。2001 年开始，埃塞俄比亚政府推出大规模的能力建设战略，职业技术教育的发展是该战略中的一部分。经过几年的发展，该战略在人才培养数量上达到了目标，然而在教学的质量上却仍然有限，不能满足经济发展的需要，同时，由于埃塞俄比亚政府的教育资金主要向小学教育倾斜，用于职业教育的有限，这又导致了职业教育事业发展的局限性。为了改善其工作，2007 年我国政府应邀在其首都亚的斯亚贝巴援建了该国第一所大专职业技术学院——亚的斯亚贝巴职业教育学院。该校于 2009 年初投入运营，将招收 3000 多名学生，课程主要包括施工技术、建筑学、工程学、电子学、电子工程、计算机、纺织等。这一学校的建立是对埃塞俄比亚政府发展战略的有力支持。

中国援助者通过技术合作提高了非洲人力资源的技术水平。中国专家对非洲当地的工人采取"传、帮、带"的教学方式，由专家带领工人完成任务，在这过程中边教边工作，另外还开设了技术课，对设备的原理、操作等进行讲解。同时还采取了"先骨干、后一般"的培养步骤，取得了很好的效果。我国援非项目施工的工人大多是从当地招募,其中大部分人没有任何相关技术,因此做好当地人员的培训工作首先是为了保证援建项目的完成,但同时也起到了加快非洲人力资本形成的推进作用。坦赞铁路是一项巨大的援建工程,为了保证工程的顺利进行,我国认真做好当地人员的培训工作。在五年的时间内,为坦桑尼亚和赞比亚培养了1.2万名技术工人,其中600多名成为坦赞铁路局的业务骨干。在援建马耳他干船坞项目中,我方专家为其培养了300多名建港工人,占当地施工人员的一半。非洲很多国家原先没有自己的建筑队,而随着我国援建工程建设,也培养出了当地的第一批施工队。[1]

第二节 欧盟援非的成效

欧盟对非援助有着独特的模式,该模式对非洲发展的成效是复杂的,对非洲社会层面的发展起到了积极的推动作用,而在非洲政治层面的发展则存在一定消极作用。

一、欧盟援助模式对非洲社会发展的成效

欧盟援助将联合国千年发展目标纳入其援非目标体系中,而千年发展目标八项目标中有四项属于教育和医疗领域,分别是:普及小学教育、降低儿童死亡率、改善产妇保健、与艾滋病毒/艾滋病和疟疾及其他疾病做斗争。欧盟对非援助有很大部分投向医疗、教育等领域,也产生了良好的成效,较为有效地促进了非洲实现千年发展目标。

图15显示了在欧盟援助下,撒哈拉以南非洲整体和8个非洲

---

〔1〕 石林. 当代中国的对外经济合作 [M]. 北京:中国社会科学出版社, 1991: 230-238.

国家 2000 年与 2007 年小学入学率的对比情况。这 8 国国家是接受欧盟教育援助较多的国家，被欧盟评估挑选为样本，在欧盟的报告中，博茨瓦纳缺少 2007 年的数据，索马里缺少 2000 年的数据。可以看到，撒哈拉以南非洲各国的小学入学率呈上升的趋势，在其余 6 国之中，有 5 个国家的小学入学率从 2000 年到 2007 年都得到了提升，仅有乌干达入学率增速从超过 120% 到低于 120%，仍然保持在较高水平。普及小学教育在联合国千年发展目标八项指标中排在第二位，仅次于消灭极端贫穷和饥饿之后，是国际社会所公认的重要发展事项。欧盟援助对此保持了高度的关注，产生的成效也是明显的。从撒哈拉以南非洲的整体情况看，在欧盟的有力援助之下，其小学入学率从 2000 年的 80% 上升到 2007 年的 96%，这是一个显著的进步。而从几个样本国家来看，仍有索马里、尼日尔和布基纳法索等国的小学入学率仍处于较低水平。这也反映了对非洲普及小学教育的援助任重道远。

医疗健康领域是社会发展的重要内容，在联合国千年发展目标的八个指标中，有三项属于该领域。欧盟的援助对非洲的医疗健康领域同样产生了积极的成效。图 16、图 17 和表 9 分别显示了在降低非洲产妇死亡率、降低婴儿死亡率、抗击三大传染病方面，欧盟援助所产生的成效。

图 16 显示了欧盟援助在降低非洲产妇死亡率方面的成效。可以看到，在这 9 个样本国家中，有 7 个呈下降趋势，仅布基纳法索和刚果（金）变化不显著。虽然在欧盟援助之下，这几个国家的状况得到了一定程度的改善，但无论是从降低的幅度与降低后的水平来看，欧盟援助的成效都是有限的。

图 16 显示了欧盟援助在降低非洲婴儿死亡率方面的成效。可以看到，8 个样本国的情况都得到了一定程度的改善。然而，这种改善同样是有限的，从 2005 年到 2008 年这四年间的降幅不明显。

表9显示了欧盟援助在抗击非洲三大传染病方面的成效。艾滋病、疟疾、肺结核每年造成数百万的非洲人口死亡,已经成为阻碍非洲发展的重大障碍。从表格显示的情况来看,欧盟为改善这一状况作出了有力的贡献。也可以看到,欧盟援助对于这三种传染病的抗击成效各有不同,对于艾滋病和肺结核的抗击力度比较大,达标率也比较高,而对于疟疾的抗击力度与达标率则较低。

总之,欧盟援助对于非洲社会领域的发展所产生的成效是积极而明显的,对于非洲实现千年发展目标起到了重要的促进作用。

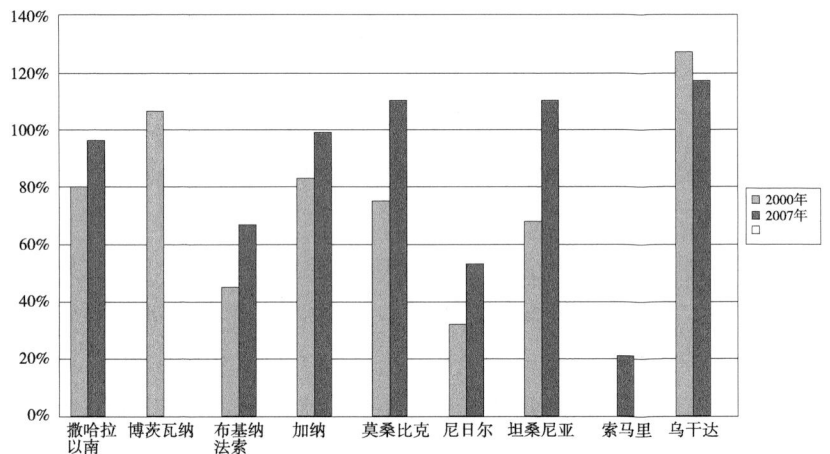

图15 欧盟对撒哈拉以南非洲及八国提高小学入学率的援助成效

资料来源:作者根据欧盟教育援助评估报告整理制作,博茨瓦纳无2007年数据,索马里无2000年数据。

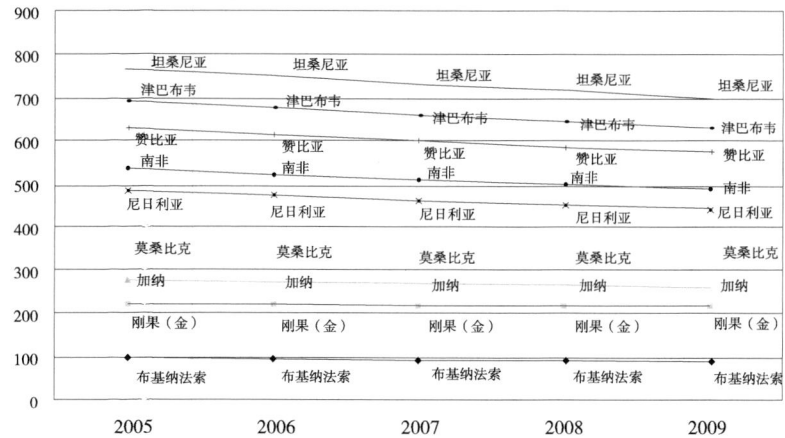

图 16　欧盟对非洲九国降低产妇死亡率的援助成效

资料来源：作者根据欧盟 Thematic evaluation of the European Commission support to the health sector 整理制作。

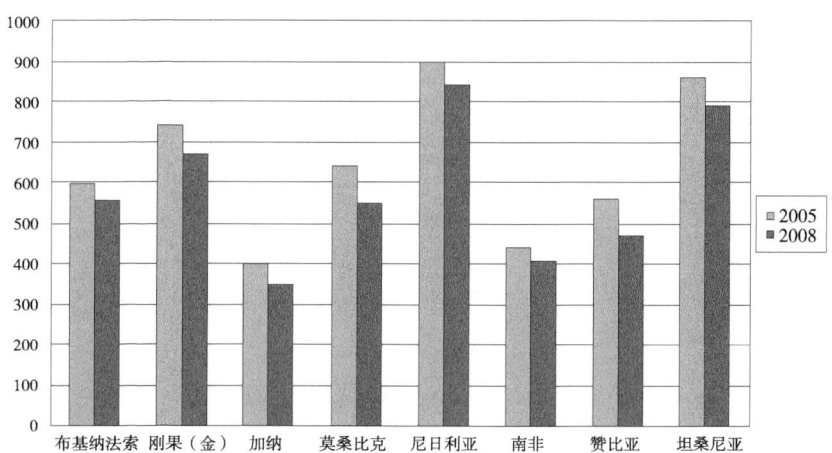

图 17　欧盟对非洲八国降低婴幼儿死亡率的援助成效

资料来源：作者根据欧盟评估报告 Thematic evaluation of the European Commission support to the health sector 整理制作。

表9 欧盟以多边方式（全球基金）对非洲三大传染病
（艾滋病、肺结核、疟疾）的援助成效

	采取的行动	达标率
HIV 抗逆转录病毒治疗	110 万人接受治疗	93%
HIV 检测与辅导	1600 万人接受检测与辅导	101%
HIV 母婴传播阻断	10 万 HIV 携带者孕妇接受训练	64%
肺结核 DOTS 治疗	80 万人接受治疗	86%
蚊帐	发放 3500 万张	63%
抗疟疾治疗	3700 万人接受治疗	43%

资料来源：作者根据欧盟评估报告 Thematic evaluation of the European Commission support to the health sector 整理制作。

二、欧盟援助模式对非洲政治发展的成效

欧盟援助给非洲政治发展带来的成效是复杂的，既有启蒙与促进的积极成效，也有消极的后果。

欧盟援助对非洲政治发展的积极作用主要体现在政治思想启蒙方面。欧盟在援助中贯彻了各种欧洲所崇尚的理念，比如人权、民主、平等等，虽然由于不适应非洲的实际情况而未能达到预期目标，但产生了另外一种效果，即为非洲实现了政治思想上的启蒙。马克思主义认为，社会的变革往往从思想开始。非洲自独立之后即开始其现代化进程，这是一个从传统向现代转变的过程，没有思想上的改变是不可想象的。与早期欧洲的现代化相比，非洲的现代化进程具有一种优势，即有欧洲的经验可以借鉴。援助既是一种经济上的关系，更是一种思想文化上的传输过程。欧盟在长期的对非援助过程中不遗余力地灌输其政治启蒙思想，从客观上起到了加快思想传播的作用。在全球化时代，欧盟的援助充当了加速文化全球化

的工具,将各种国际社会的新理念传播到非洲,使非洲的发展能立足于开放的而非封闭的起点。很显然,非洲正在艰难地消化,以从中吸收对其有益之处。比如在非盟的许多文件中就可以看到欧盟所大力提倡的人权、民主等概念,这反映了欧盟多年的援助在思想上的传播效力。

欧盟援助对非洲政治发展的消极影响主要体现在,不符合非洲实情的民主移植反而造成了非洲向部族政治的倒退以及由此而来的政治不稳定。冷战之后,其对非援助增加了越来越多的政治内容。这不仅表现在其援助往往附加政治条件,也表现在其许多援助就是直接对非洲政治建设的援助,而这些政治性援助的方向可以归结为促进非洲民主化。在欧盟的援助下,非洲大部分国家都迅速地实现了向欧式民主的转型。

欧盟对非洲的民主援助并没有如其援助之初所期望的那样达到应有的目标,相反,这些脱离非洲实际情况的民主移植到非洲以后给非洲带来了负面影响,接受民主援助后非洲出现了政治退化。贺文萍认为,20世纪民主大潮席卷非洲后,带来了明显的部族政治形态,表现在以下三个方面:政党部族化、部族国家化和国家空心化。[1] 在欧盟以援助推动非洲进行民主改革的过程中,多党制是重要的内容,在20世纪90年代,有许多的非洲国家选择多党制。而多党制在非洲并没有带来好的效果。因为历史原因,非洲社会的发展比较缓慢,许多部族甚至氏族广泛地存在,而作为现代政党成立基础的阶级却发育得十分迟缓。在许多非洲国家,社会结构的划分不是以阶级或阶层为标准,而是以部族为界。在这样的社会机构上形成的政党无不是一个或几个部族的利益代表,政党的纲领主张都是围绕其所代表的部族利益展开的。20世纪60年代的独立浪潮

---

[1] 贺文萍. 论非洲民主的制约因素 [J]. 西亚非洲,2005 (2):26 – 31.

之后，有不少的非洲国家实行一党制，好处在于可以抑制部族的分离倾向而促成国家的建设。而民主改革后，大部分非洲国家都实行了多党制，一国之内党派林立，各自代表大小不等的部族利益。政党之间的争斗实质是各部族之间的争斗，这是非洲政治发展过程中的逆流。其二，欧盟对非民主援助造成了非洲部族国家化的现象。在20世纪60年代，非洲政治发展的一大趋势就是刚刚摆脱宗主国控制的各地开始出现许多部族组成同一个国家。而20世纪90年代，非洲政治发展的趋势却向相反的方向变化，一个国家之内的不同部族纷纷要求独立建国。许多部族宣布其拥有自决权，部族分离主义愈演愈烈，给非洲带来了很大的混乱。其三，民主援助造成了非洲国家内部冲突的加剧。多党制的贸然推行重新引发了非洲的部族主义，使原本就处于艰难建构阶段的国家雪上加霜。人们对国家的认同度大为降低，而对部族的认同则越来越深刻。部族之间的冲突也随之加剧，各种武装冲突频频出现，国家机构在这些冲突之中名存实亡。军队干政的现象也随着部族之争而出现，成为非洲政治的新特征。整个过程是这样的：多党制激活了部族主义，部族主义引发了部族冲突，当部族冲突升级到一定地步后，军队不得不出来干预，当军队反复干政之后会形成一定的制度，这又将严重地制约民主的发展。整个非洲即陷入这样的恶性循环之中。军队干政的恶劣影响不止于对民主的破坏，还将进一步加剧部族冲突和破坏社会经济基础。军队干政不可避免地政党化，而非洲的政党即是服务于部族利益，因此军队也实际上沦为了部族的斗争工具。这一点表现在非洲军队的派系划分上，即军队的派系依部族而划分，这与非洲政党的划分在实质上相同。由于军队的发达而导致军费开支的上升，掌权者为了巩固其执政地位不得不扩大军队建制，划拨大量款项给军队。这对本来就贫穷的非洲造成了巨大的财政压力。

由于欧盟长期对非洲自主性重视不够，导致了欧盟援助一定程度上弱化了非洲政府管理能力，这表现在如下几个方面。

首先，对受援国自主性强调不足的欧盟援助弱化了非洲各国政府与其纳税人之间的天然联系。欧盟对非洲大量的援助使得非洲的政府得以从外部获取财政支持，从而疏远了与本国纳税人的关系。中产阶级的发育对于非洲的发展来说是非常重要的，无论是促进经济的发展还是维护社会的稳定，中产阶级都是不可或缺的。在一个健康运行的经济社会中，中产阶级纳税，政府则以其公共服务作为回报。二者之间因税收而建立起紧密的关系，中产阶级因纳税而对政府的服务拥有发言权，而政府因接受中产阶级的纳税而具有认真倾听其需求并提供服务的责任。这是一种良性的关系，政府在长期的服务中逐渐增强了其服务能力，而中产阶级则在其发展过程中逐渐学会了如何让政府听到自己的呼声并提供自己发展所需的公共物品。欧盟大量外援的输入切断了这种政府与中产阶级之间的天然联系。自此，非洲的政府在财政上可以依靠欧盟的援助而运行，无需本国中产阶级的纳税。这一改变对于非洲的发展来说是灾难性的。非洲各受援国政府因为减少了对本国中产阶级纳税的需求，所以对于其发展的呼声关注减少，同时因为财政上的充足而没有足够的动力培育本国中产阶级。对于非洲的中产阶级而言，纳税上的压力减轻并没有带来很大的好处，因为政府的扶持及其各种发展所必需的公共服务大为减少，因此欧盟的援助阻碍了非洲中产阶级的发展。

其次，缺乏对受援国自主性关注的欧盟援助降低了非洲受援国政府的执政能力。欧盟的援助中包含了对非洲各国发展战略的设计规划，非洲在接受援助时将这些发展战略也一并接受。非洲的发展方向不是由非洲本国政府根据本国实情研制出来，而是由欧盟的援助机构制定，这种国家发展战略假手于人的做法使得非洲政府的执政能力不断减弱。虽然欧盟意识到了对非援助效率低下的问题，并试图通过加强非洲政府在援助项目中的主导权以增强援助的效率。

然而这种对"所有权"的强调在实践中却仍然没有奏效,欧盟仍然主导者非洲的发展进程,只不过主导的方式更为隐蔽。非洲政府的治理能力依旧停滞不前。

第三节 中欧援非成效比较

一、中欧援非的经济成效比较

中欧援非模式对非洲经济发展带来成效的不同之处在于,中国援助的成效是在非洲既定经济制度与体制之下对生产力的积累,而欧盟除了在生产力层面起到促进作用外,还对非洲的经济制度与体制造成了一定的影响。中国援助者对非洲经济发展的参与都是在既定的非洲经济制度和体制之内开展,而对于这些制度与体制极少进行改变。对非洲经济基础设施的援助是中国援助的重点,包括铁路、公路、桥梁、发电站、车站、供水系统、电信设施等各项设施,且对于非洲工农业的援助同样发挥了重要作用。在工业方面,我国自 20 世纪 50 年代末开始对非洲进行援助以来,帮助非洲实现其工业化就一直是我国援助的重点,我国对非工业援助的范围包括:轻工、纺织、机械、化工、冶金、电子、建材、能源等多个领域,对于非洲的工业化起步起到了重要的推动作用。在农业方面,我国援建农场,建立农技示范中心、农技推广站,兴修农田水利工程,赠送各种农业设备和物资,派遣农业专家到非洲进行技术指导,为非洲受援国培训农业人才等等。截至 2006 年底,我国援助非洲共 137 个农业成套项目,这些项目都在促进非洲农业生产力发展方面起到了积极作用。欧盟则不仅对非洲经济基础设施、产业发展等直接关系到生产力发展的领域进行援助,还努力按照市场经济的要求对非洲各国的经济体制进行援助。从实践的成效来看,欧盟的这些努力基本实现了其目标，即在非洲各国初步建立起了市场经济体制。总之，中国援助给非洲带来的经济成效集中在生产力层面，而欧盟援助带来的成效则是综合性的，包括了生产力和生产关系两个层面。

二、中欧援非的社会成效比较

在医疗方面，中国援助的成效是为非洲提供了一般性的医疗服务，而欧盟则是在几个特定领域做出其贡献。中国帮助非洲建设了综合性医院、流动医院、保健医院、专科诊疗中心等医疗设施，捐助了大量的药品和医疗器械，派遣了大量医疗专家到非洲工作，为非洲培养了许多医卫工作者，中国医疗资源对非洲的输入在一定程度上减轻了非洲健康方面资源不足的问题。从中国的这些援非成就中可以看到，中国援助对非洲医疗的成效分散在医疗健康的各个问题上。而欧盟的援助成效则集中在如下几个问题：产妇健康、婴幼儿保健、饮水卫生、艾滋病、疟疾、肺结核等。

在教育方面，中国援助的成效集中体现在两个方面，提高非洲技术教育的水平和改善非洲教育的基础设施质量。前者体现在中国提供成套项目援助时培养的大量技术人才，以培训班形式对非洲的技术人员和官员进行的培训，资助许多非洲留学生来华接受教育，后者则体现为中国在非洲援建了从大学到小学的各类学校。而欧盟援助的成效则集中体现在这样几个方面：提高非洲小学教育质量、提高非洲女性知识水平、加强非洲公民教育水平。

三、中欧援非的政治成效比较

中欧援非模式对非洲政治发展带来的成效具有较大差异。中国援助给非洲政治发展带来的成效更多的是间接的作用，即通过促进其经济发展、社会发展为政治发展创造良好的条件。这样的成效并非空洞的。对于非洲这样的后发国家而言，政治的发展当然是发展的目标之一，然而政治的发展必须建立在坚实的经济发展成果基础上，离开了经济水平这一基础，政治的发展难以实现、巩固。本质上而言，非洲的政治发展是一个经济发展问题。中国近七十年来对非洲经济的贡献为非洲政治发展逐步夯实基础、准备条件。欧盟援助对非洲政治发展带来的成效则是直接而复杂的。欧盟不仅直接对非洲诸多的政治领域进行全方位的援助，还在对非经济、社会的援助中贯彻其政治理念，由此深刻影响了非洲的政治发展进程。这样的影响既有其积极的一面，即加快了欧洲政治思想在非洲的传播，然而其产生的负面效应也不容忽视。由于欧盟的政治援助没有很好地考虑非洲发展的实际情况，过多地强调欧洲政治模式的普世性，从而导致了非洲政局不稳、政治部族化、冲突加剧等乱象。

结　语

中欧对非援助各有其不同的历史轨迹，在此基础上形成了各有特色的理念、政策、管理风格，对非洲发展的成效也有所不同。孰优孰劣难以简单判断，因此援助的理想模式应当是两种援助模式在相互取长补短基础上的相互借鉴。中欧双方在援助理念、政策、管理等内容上各自具有其优点与不足，既有共同之处又有不同之处。关于双方不同之处，既有可以相互学习求同的地方，也有截然对立的地方；而双方共同之处，则体现了援助的共同规律。具体分析如下：

首先是援助目标。中国援非的目标是推动非洲实现自主发展。这一目标包含了中国对于发展规律和国际新秩序的理解。中国根据自身自近代以来的发展经验，将政治、经济的独立自主视为发展中的首要价值，是实现发展的必不可少的前提与保障，并认为独立自主同样应当是非洲实现发展所珍视的价值。欧盟援非以可持续语境下的减贫为其最高目标。欧盟对减贫目标的定义不同于联合国千年发展目标中关于减贫的定义，而是为其加了一个具有欧盟特色的定语"可持续语境下的"，而可持续语境即民主、法治、良治等要素。欧盟的援非目标同样包含了其对于发展规律的把握。欧盟基于欧洲发展的经验认为，市场、民主、自由、法治、良治等是实现发展的核心要素，也是人类发展大势所趋的目标，更是非洲摆脱困境实现发展的必经之路。发展是一个宏大而复杂的问题，世界各国、各地区对于发展都有自身的独特理解，这种理解影响了其对非洲发展的认识和如何帮助非洲实现发展的认识。更为重要的不是比较何种发展援助目标更正确，而是实现相异观点之间的相互学习与融合。

其次是援助动机。中欧援非都含有实现自身利益的动机，中国对非洲援助是为了实现本国利益，而欧盟共同体对非洲援助则是为了实现欧盟国家集团的共同利益。以援助实现本国、本集团的利益，在这一点上，中国与欧盟是相同的。由于中国与欧盟各自的利益有很大的差别，导致了中欧在援非的具体动机上有很大的不同。而在不同的时期，又出现了不同的动机。中国在1975年之前，援非的动机主要是实现本国的政治利益、安全利益，在1975年之后，援非的动机主要是实现本国的经济利益、政治利益，其中经济利益居于首要地位。自1957年以来欧盟的援非动机则侧重于对本集团政治利益、安全利益的维护，并在一定程度上存在追求权力的动机。

最后是援助原则。在援非的原则上，中国与欧盟表现出了较大的差异性，即是否在援助中附加政治条件。欧盟强调要将民主、法治、人权、自由等政治条件作为对非援助的条件，而中国坚持不在援助中附加政治条件。中国援助者认为，非洲选择何种政治发展道路、政治体制、政治机构等纯粹是非洲各国人民自己的事务，其他国家不能以援助为手段对其施加干涉。而欧盟认为，民主、法治、人权、自由等政治理念及相关的政治制度应当是非洲各国必须遵循的原则，只有实现这些标准才能真正实现非洲的发展，因此欧盟坚持在援非中附加政治条件。

在援助领域方面，中国和欧盟差异很大。中国对非洲的援助领域范围非常广泛，然而政治领域却是其"禁区"，极少涉足。这是因为中国外交信奉不干涉他国内政原则，因此在援助领域的选择上表现谨慎，尽量不将援助资源投向非洲的政治领域，以避免由此造成对非洲各国内政的干涉。欧盟在援非领域上则高调介入非洲各国的政治领域，欧盟对于非洲各国政治生活的援助广泛而全面，人权、女性、选举、公民社会、地方分权、立法、司法、行政、安全、政治一体化等无不是欧盟援非的领域。不仅在纯政治建设的领域，就是对于经济发展的援助，欧盟也高度关注其中涉及的政治问题，比如在预算援助中，欧盟就强调非洲受援国地方议会对于预算的参与等。

从援非政策的一致性和协调性来看，中欧既有共性也有差异。共性在于，中欧双方都承认实现提高政策一致性和协调性程度是正确的方向，并在这两个方面进行了探索。双方的差异则表现在如下两个方面：一方面，中欧建立政策一致性的范围方向不同，中国主要致力于在援助政策与对外经贸政策之间建立密切联系。而欧盟则以援助政策与安全政策之间的一致性为中心，在援助政策与环保、移民等广泛的政策之间建立联系。其次，中欧在政策一致性和协调性方面的发展程度不同，欧盟具有更高的自觉性、发展更为成熟。在援非政策的一致性程度方面。欧盟不仅从理论上高度自觉地开展了对政策一致性的研究，在政策上也将其作为一个改进援非工作的着力点，在政策一致性的发展程度上达到了很高的水平。目前，欧盟的援非政策与欧盟外交政策、安全政策、环境政策、贸易政策、投资政策、移民政策、科技政策等广泛的政策领域达到了较高水平的融合与一致。相比之下，我国援非政策在政策一致性方面相对较为滞后，仅与外交政策、对外投资政策、货物贸易政策等政策领域实现了初步的融合与一致，与服务贸易、金融等政策领域的融合则还处在探索阶段。另一方面是援非政策的协调性。欧盟由于其作为后现代国家的特点，高度重视政策的协调，以至于援非政策成为了欧洲一体化的重要推动力。同时，欧盟与其他双边、多边援助者之间的合作紧密。中国在政策协调方面则发展不足，中国在改革开放前极少参与国际多边援助，在改革开放之后的参与水平逐步提升，但仍然有很大的发展空间，对于国际援助体制的影响力也仍需扩大。

在援助管理模式上，中欧各有特色。其一，从机构设置上来看，欧盟援非管理机构的规格高、规模大，而中国援非管理机构的规格较低、规模较小。机构规格与规模上的差距反映了欧盟对于援非的重视程度比中国要高，这导致了欧盟有更多的人力、物力资源可供使用，所能造成的影响更大，而中国则相形见绌。其二，从援助体制来看。欧盟援非管理的民主化领先于中国。这表现在如下几个方面。首先是立法机关对于援非事务的参与。欧盟的立法机关在援非预算与重大决策问题上很大的决定权，而中国的人民代表大会则无法真正做到对援非预算的参与，对于援非重大问题的决策决定权也很小。其次是公民参与的程度。欧盟公民通过组成各种公民组织参与援非事务，其程度之深、影响之大，明显高于中国。最后是分权化程度，欧盟高于中国。欧盟历来重视驻外使团在援助事务中的作用，自 2000 年开始又实施了分权化改革，加强了驻外使团的援外资源配备，扩大了驻外使团的自主权，这有效地提高了欧盟援外管理的行政效率。相比之下，中国驻外大使馆援外管理人员无论从资源配备还是管理权能方面来说都较低。欧盟援非管理体制的法治化高于中国。欧盟对外援助的许多内容都由重要的法律文件所规定，其中甚至包括了《里斯本条约》这样具有宪法替代作用的法律文件。欧盟不仅在援助的立法层次上高，立法的内容也非常周密，从决策到执行，从理念到主要政策，都由法律作出了详细的规定。相比之下，中国援非管理的法治化水平还处于初级阶段。长期以来，中国援外管理主要依靠部门法规和条例进行管理，直到 2014 年 12 月，才出台了第一部关于对外援助的法律《对外援助管理办法》。

  中欧援非各有长短,两种模式之间的相互借鉴才成形成理想的援助模式。对于中国援助而言,在坚持其合理之处的前提下向欧盟学习,才能成为国际援助领域普遍认可的典范。

参考文献

第一部分　中文文献

一、专著和论文集

［1］周弘. 中国援外 60 年［M］. 北京：社会科学文献出版社，2013.

［2］刘鸿武，黄梅波. 中国对外援助与国际责任的战略研究［M］. 北京：中国社会科学出版社，2013.

［3］张海冰. 发展引导型援助：中国对非洲援助模式研究［M］. 上海：上海人民出版社，2013.

［4］张永蓬. 国际发展合作与非洲：中国与西方援助非洲比较研究［M］. 北京：社会科学文献出版社，2012.

［5］谢庆奎. 中国援外培训［M］. 北京：北京大学出版社，2013.

［6］胡永举，邱欣. 非洲交通基础设施建设及中国参与策略［M］. 杭州：浙江人民出版社，2014.

［7］黄占华. 宁夏医疗队在贝宁［M］. 银川：宁夏人民出版社，2013.

［8］杨新建. 栉风沐雨四十年（河北援外医疗 40 周年纪念文集）［M］. 北京：学苑出版社，2013.

［9］魏雪梅. 冷战后中美对非洲援助比较研究［M］. 北京：中国社会科学出版社，2013.

［10］张铁珊. 友谊之路：援建坦赞铁路纪实［M］. 北京：中国对外经济贸易出版社，1999.

［11］石林. 当代中国的对外经济合作［M］. 北京：中国社会科学出版社，1989.

［12］周弘. 对外援助与国际关系［M］. 北京：中国社会科学出版社，2002.

[13] 杨逢珉.《洛美协定》下的欧盟与非加太国家关系 [M]. 上海：上海人民出版社，2006.

[14] 姚桂梅. 洛美协定 [M]. 北京：中国大百科全书出版社，1995.

[15] 伍贻康. 欧洲共同体与第三世界的经济关系 [M]. 北京：经济科学出版社，1989.

[16] 周弘，贝娅特·科勒-科赫. 欧盟治理模式 [M]. 北京：中国社会科学出版社，2008.

[17] 苏欲晓. 欧盟的对外关系 [M]. 厦门：鹭江出版社，2006.

[18] 郑启荣. 全球视野下的欧盟共同外交和安全政策 [M]. 北京：世界知识出版社，2008.

[19] 李小云，唐丽霞，武晋. 国际发展援助概论 [M]. 北京：社会科学文献出版社，2009.

[20] 经济合作与发展组织—发展援助委员会绩效管理合作编著组. 发展绩效管理——行动原则与经验集萃 [M]. 财政部财政科学研究所《发展绩效管理》翻译组，译. 北京：经济管理出版社，2006.

[21] 张光. 日本对外援助政策研究 [M]. 天津：天津人民出版社，1996.

[22] 丁韶彬. 大国对外援助 [M]. 北京：社会科学文献出版社，2010.

[23] 胡鞍钢. 援助与发展 [M]. 北京：清华大学出版社，2005.

[24] 曲星. 中国外交五十年 [M]. 江苏：江苏人民出版社，2000.

[25] 艾周昌，沐涛. 中非关系史 [M]. 上海：华东师范大学出版社，1996.

[26] 陈公元. 21 世纪中非关系发展战略报告 [M]. 北京：中国非洲问题研究会，2000.

[27] 刘杰. 机制化生存：中国和平崛起的战略抉择 [M]. 北京：时事出版社，2004.

[28] 陈敦德. 探路在 1964：周恩来飞往非洲 [M]. 北京：解放军文艺出版社，2005.

[29] 吉佩定. 中非友好合作五十年 [M]. 北京：世界知识出版社，2000.

[30] 刘鸿武，罗建波. 中非发展合作理论、战略与政策研究 [M]. 北京：中国社会科学出版社，2011.

［31］陆苗耕，黄舍骄，林怡. 同心若金——中非友好关系的辉煌历程［M］. 北京：世界知识出版社，2006.

［32］艾周昌，沐涛. 中非关系史［M］. 上海：华东师范大学出版社，1996.

［33］中华人民共和国外交部，中共中央文献研究室. 周恩来外交文选［M］. 北京：中央文献出版社，1990.

［34］徐济明，谈世中. 当代非洲政治变革［M］. 北京：经济科学出版社，1998.

［35］罗建波. 非洲一体化与中非关系［M］. 北京：社会科学文献出版社，2006.

［36］孟庆栽，殷勤. 非洲国家经济发展与改革［M］. 北京：时事出版社，1992.

［37］安春英. 非洲的贫困与反贫困问题研究［M］. 北京：中国社会科学出版社，2010.

［38］贺文萍. 非洲国家民主化进程研究［M］. 北京：时事出版社，2005.

［39］何芳川，宁骚. 非洲通史［M］. 上海：华东师范大学出版社，1995.

［40］樊勇明. 西方国际政治经济学［M］. 上海：上海人民出版社，2001.

［41］刘金质. 冷战史［M］. 北京：世界知识出版社，2003.

［42］刘鸣. 国际体系：历史演进与理论的解读［M］. 北京：中共中央党校出版社，2006.

［43］倪世雄. 当代西方国际关系理论［M］. 上海：复旦大学出版社，2001.

［44］秦亚青. 霸权体系与国际冲突［M］. 上海：上海人民出版社，1999.

［45］时殷弘. 现当代国际关系史［M］. 北京：中国人民大学出版社，2006.

［46］宋新宁，陈岳：国际政治学概论［M］. 北京：中国人民大学出版社，2000.

［47］阎学通，孙学峰. 国际关系研究实用方法［M］. 北京：人民出版社，2001.

［48］朱文莉. 国际政治经济学［M］. 北京：北京大学出版社，2004.

［49］邢悦，詹奕嘉. 国际关系：理论、历史与现实［M］. 上海：复旦大学出版社，2008.

[50] 庞中英. 全球治理与世界秩序 [M]. 北京：北京大学出版社，2012.

[51] 周天勇. 发展经济学教程 [M]. 北京：中国财政经济出版社，2002.

[52] 张培刚. 发展经济学教程 [M]. 北京：经济科学出版社，2001.

二、学位论文

[1] 蒋华杰. 冷战时期中国对非洲国家的援助研究（1960 - 1978）[D]. 上海：华东师范大学，2014.

[2] 陈默. 中国援助的非洲模式及其对非洲发展影响的研究 [D]. 上海：上海外国语大学，2014.

[3] 王玉红. 和合发展：中国对非洲援助研究 [D]. 长春：吉林大学，2012.

[4] 程伟华. 中国对非洲智力援助：理论、成效与对策 [D]. 南京：南京农业大学，2012.

[5] 艾法姆. 中国对非洲的援助：中国对尼日利亚基础设施建设援助案例分析 [D]. 长春：吉林大学，2011.

[6] 沈喜彭. 中国援建坦赞铁路：决策、实施与影响 [D]. 上海：华东师范大学，2009.

[7] 张郁慧. 中国对外援助研究 [D]. 北京：中共中央党校，2006.

[8] 衣梦霏. 中国援非对中非贸易的影响 [D]. 大连：东北财经大学，2012.

[8] 雷妮达. 对非洲的发展援助：中国的方式 [D]. 长春：吉林大学，2009.

[9] 高嵩. 毛泽东对外援助思想研究 [D]. 沈阳：东北大学，2008.

[10] 王新影. 欧盟对外援助与欧洲一体化 [D]. 北京：中国社会科学院研究生院，2010.

[11] 张鹏. 对外援助的"欧洲模式"——以欧盟援助西巴尔干为例（1991 - 2010）[D]. 北京：中国社会科学院研究生院，2010.

[12] 戴瑞. 欧盟对非洲援助政策的调整 [D]. 上海：复旦大学，2013.

[13] 郑雯. 欧盟对北非的民主促进：动力、进程与效果 [D]. 金华：浙江师范大学，2014.

[14] 李伟涛. 中国与欧盟对非洲援助比较研究 [D]. 武汉：华中师范大学，2011.

[15] 谢铿. 中欧对非援助——在分歧中寻求合作 [D]. 上海：复旦大

学，2012.

[16] 高希杰. "政策一致性"视野下的欧盟对非援助研究[D]. 上海：华东师范大学，2011.

[17] 周杰. 欧盟官方发展援助政策演变及有效性研究[D]. 上海：华东理工大学，2013.

[18] 杨亚清. 21世纪初欧盟对非洲援助研究[D]. 北京：中共中央党校，2009.

[19] 刘太伟. 冷战后欧盟对非洲援助政策的调整[D]. 上海：上海师范大学，2007.

[20] 蒋京峰. 欧盟对非洲援助简述[D]. 武汉：华中科技大学，2006.

三、期刊刊载论文

[1] 李丹. 新理念、新模式：中国参与国际发展的贡献[J]. 厦门大学学报：哲学社会科学版，2014（4）.

[2] 李丹. 新中国成立以来承担国际责任的历史考察[J]. 中共贵州省委党校学报，2013（3）.

[3] 李丹，陈友庚. 对外援助与我国境外经贸合作区建设[J]. 开放导报，2015（1）.

[4] 李丹，刘明合. 艰难探索：60年来中国发展观的历史演进[J]. 中国浦东干部学院学报，2012（2）.

[5] 李丹. 和谐世界：全球化时代世界秩序的新发展新要求新境界[J]. 福建论坛：人文社会科学版，2010（1）.

[6] 李丹. 中国特色社会主义与和谐世界：全球化的内外应因之策[J]. 中共天津市委党校学报，2009（3）.

[7] 王显军，姜晓林，徐爱强. 应对埃博拉病毒——中国在行动[J]. 山东大学学报：医学版，2015（1）.

[8] 胡兵，丁祥平，邓富华. 中国对非援助能否推动对非投资[J]. 当代经济研究，2015（1）.

[9] 王丽娟. 21世纪中国对非援助的必要性及对策[J]. 当代世界与社会主义，2014（3）.

［10］徐继峰，罗江月，贾焰．中日对非洲农业援助比较［J］．世界农业，2014（6）．

［11］蒋晓晓．中非卫生合作的特点：基于刚果民主共和国的案例研究［J］．中国卫生政策研究，2014（3）．

［12］黄超．千年发展目标塑造中的全球发展共识性与大国主导性［J］．国际展望，2014（4）．

［13］周海金．中国对喀麦隆的医疗援助：内容与成效调研［J］．国际论坛，2014（1）．

［14］文少彪，王畅．全球治理视角下的中国对非洲医疗援助［J］．国际关系研究，2014（1）．

［15］赖钰麟．民间组织从事对外援助：以中国扶贫基金会援助非洲为例［J］．国际论坛，2013（1）．

［16］薛琳．周恩来对外援助思想研究——以新中国对亚非国家援助为中心的考察［J］．党史研究与教学，2013（3）．

［17］王琪，贾守雄．支援马达加斯加医疗工作实践与思考［J］．中国卫生产业，2013（33）．

［18］周玉渊，唐翀．欧盟对非援助协调新变化及对中国的启示［J］．教学与研究，2013（7）．

［19］周光宏．开展教育援外工作推进高校国际化进程［J］．中国高等教育，2013（11）．

［20］蒋华杰．农技援非（1971–1983）：中国援非模式与成效的个案研究［J］．外交评论，2013（1）．

［21］王胜文．中国援助非洲基础设施建设的经验与展望［J］．国际经济合作，2012（12）．

［22］胡建梅，黄梅波．中国政府对外优惠贷款的现状与前景［J］．国际论坛，2012（1）．

［23］胡美，刘鸿武．中国援非五十年与中国南南合作理念的成长［J］．国际问题研究，2012（1）．

［24］薛琳．周恩来推动援建坦赞铁路［J］．党的文献，2012（3）．

[25] 张严冰，黄莺. 中国和西方在对外援助理念上的差异性辨析［J］. 现代国际关系，2012（2）.

[26] 张鹏. 外援条件性：中欧认知差异与共识可能［J］. 国际论坛，2012（2）.

[27] 张海冰. 中国对非洲发展援助的阶段性特征分析［J］. 上海商学院学报，2011（9）.

[28] 郑崧. 有效援助议程下的中国对非教育援助［J］. 比较教育研究，2011（12）.

[29] 王新影. 欧盟与中国对非援助政策比较研究［J］. 亚非纵横，2011（1）.

[30] 徐继峰，秦路. 中国援助非洲农业技术示范中心可持续发展建议［J］. 世界农业，2011（12）.

[31] 贺文萍. 从"援助有效性"到"发展有效性"：援助理念的演变及中国经验的作用［J］. 西亚非洲，2011（9）.

[32] 周弘. 中国援外六十年的回顾与展望［J］. 外交评论，2010（5）.

[33] 张浚. 不附加政治条件的援助：中国对非援助政策的形成［J］. 外交评论. 2010（5）.

[34] 张汉林，袁佳，孔洋. 中国对非洲 ODA 与 FDI 关联度研究［J］. 世界经济研究，2010（11）.

[35] 吴燕妮. 欧盟发展援助政策的有效性问题及其解决［J］. 欧洲研究，2010（3）.

[36] 熊文驰. 人权、援助与发展问题——以非洲国家为例［J］. 世界经济与政治论坛，2010（8）.

[37] 金玲. 对非援助：中国与欧盟能否经验共享［J］. 国际问题研究，2010（1）.

[38] 张春. 医疗外交与软实力培育——以中国援非医疗队为例［J］. 现代国际关系，2010（3）.

[39] 熊厚. 中国对外多边援助的理念与实践［J］. 外交评论，2010（5）.

[40] 胡美，刘鸿武. 意识形态先行还是民生改善优先——冷战后西方"民主

援非"与中国"民生援非"政策之比较 [J]. 世界经济与政治论坛, 2009 (10).

[41] 周弘. 中国对外援助与改革开放30年 [J]. 世界经济与政治论坛, 2008 (11).

[42] 黄梅波. 中国对外援助：现状和趋势 [J]. 国际经济合作, 2007 (6).

[43] 黄梅波, 胡建梅. 中国对外援助管理体系的形成和发展 [J]. 国际经济合作, 2009 (5).

[44] 李安山. 论中非合作的原则与面临的困境 [J]. 上海师范大学学报, 2011 (6).

[45] 李安山. 中国援外医疗队的历史、规模及其影响 [J]. 外交评论, 2009 (1).

[46] 李安山. 全球化过程中的南南合作：中国对非援助的理念和行动 [J]. 时代财富, 2008 (9).

[47] 李安山. 论中国对非洲政策的调适与转变 [J]. 西亚非洲, 2006 (8).

[48] 李安山. 全球化视野中的非洲：发展、援助与合作——兼谈中非合作中的几个问题 [J]. 西亚非洲, 2007 (7).

[49] 贺文萍. 中国援助非洲：发展特点、作用及面临的挑战 [J]. 西亚非洲, 2010 (7).

[50] 贾文华：欧盟官方发展援助变革的实证考察 [J]. 欧洲研究, 2009 (1).

[51] 张海冰. 论中国援外不附加政治条件原则的理论基础及现实意义 [J]. 当代亚太. 2009 (6).

[52] 张海冰. 关于中国对非援助能源导向的观点分析 [J]. 世界经济研究, 2007 (10).

[53] 刘丽云. 试析欧盟发展政策的新特点、新取向和新功能 [J]. 欧洲研究, 2009 (1).

[54] 刘丽云. 国际政治学理论视角下的对外援助 [J]. 教学与研究, 2005 (10).

[55] 刘丽云. 欧盟对外发展援助政策的变化及其原因探析 [J]. 欧洲问题研

究论坛，2003（2）．

［56］张永蓬．欧盟对非援助评析［J］．西亚非洲，2003（6）．

［57］张宏明．中国对非援助政策的沿革及其在中非关系中的作用［J］．亚非纵横，2006（4）．

［58］［南非］马丁·戴维斯．中国对非洲的援助政策及评价［J］．世界经济与政治论坛，2008（9）．

［59］王玉萍．欧盟对外发展援助政策和共同外交与安全政策关系探析［J］．当代世界与社会主义，2006（2）．

［60］王玉萍．欧盟对外发展援助的原动力［J］．烟台大学学报：哲学社会科学版，2006（2）．

［61］单宁．"欧盟对外援助"的国际政治学研究综述［J］．高校社科动态，2005（10）．

［62］张浚．欧盟的"软力量"：欧盟发挥国际影响的方式［J］．欧洲研究，2007（3）．

［63］刘国柱．罗斯托的发展援助理论评析［J］．河北师范大学学报：哲学社会科学版，2006（11）．

［64］史世伟．欧洲联盟条约对发展政策的职权调整及其对成员国发展政策的影响［J］．国际论坛，2001（10）．

［65］魏红．我国对外援助方式改革的经验与问题［J］．国际经济合作，1999（5）．

［66］外经贸部对外援助司．中国对外援助方式简介［J］．世界机电经贸信息，1997.Z3．

［67］邢厚媛．以援外改革为契机加速实现实业化国际化［J］．国际经济合作，1996（2）．

［68］李承为．我国对外援助的新形式［J］．国际经济合作，1987（12）．

［69］房乐宪：欧盟对外关系中的"政治条件性"［J］．世界经济与政治论坛，1999（10）．

四、译著

[1] [美] 黛博拉·布罗蒂加姆. 龙的礼物 [M]. 沈晓雷, 高明秀, 译. 北京: 社会科学文献出版社, 2012.

[2] [美] 杰弗里·萨克斯. 贫穷的终结 [M]. 邹光, 译. 上海: 上海人民出版社, 2007.

[3] [赞比亚] 丹比萨·莫约. 援助的死亡 [M]. 王涛, 杨惠, 等译. 北京: 世界知识出版社, 2010.

[4] [美] 乔纳森·格伦尼. 良药还是砒霜? 援助并非多多益善——非洲援助之惑 [M]. 周玉峰, 译. 北京: 民主与建设出版社, 2015.

[5] [法] 让·雅克·加巴. 南北合作困局 [M]. 李洪峰, 译. 北京: 社会科学文献出版社, 2010.

[6] [印度] 阿比吉特·班纳吉, [法] 埃斯特·迪弗洛. 贫穷的本质: 我们为什么摆脱不了贫穷 [M]. 景芳, 译. 北京: 中信出版社, 2013.

[7] [加拿大] 莱斯特·B. 皮尔森等. 开发援助中的伙伴关系 [M]. 厦门大学南洋研究所编译组, 译. 北京: 商务印书馆, 1975.

[8] [美] 罗伯特·沃尔特斯. 美苏援助对比分析 [M]. 陈源, 范坝, 译. 北京: 商务印书馆, 1974.

[9] [埃及] 哈桑·塞利姆. 发展援助政策和援助机构概况 [M]. 国际经济合作研究所, 译. 北京: 中国对外经济贸易出版社, 1987.

[10] 欧共体官方出版局编. 欧共体基础法 [M]. 苏明忠, 译. 北京: 国际文化出版公司, 1992.

[11] [美] W. 罗斯托. 经济增长的阶段——非共产党宣言 [M]. 郭熙保, 王松茂, 译. 北京: 中国社会科学出版社, 2001.

[12] [美] 查尔斯·P. 金德尔伯格. 世界经济霸权 1500–1990 [M]. 高祖贵, 译. 北京: 商务印书馆, 2003.

[13] [美] 罗伯特·阿克塞尔罗德. 合作的进化 [M]. 吴坚忠, 译. 上海: 上海世纪出版集团, 2007.

[14] [英] 威廉·托多夫. 非洲政府与政治 [M]. 肖宏宇, 译. 北京: 北京大学出版社, 2007.

[15] [美] 索尔·科恩. 地缘政治学——国际关系的地理学 [M]. 严春松, 译. 上海：上海社会科学院出版社, 2011.

[16] [美] 罗伯特·吉尔平. 国际关系政治经济学 [M]. 杨宇光, 等译. 上海：上海人民出版社, 2006.

[17] [美] 罗伯特·基欧汉. 霸权之后——世界政治经济中的合作与纷争 [M]. 苏长河, 信强, 何曜, 译. 上海：上海人民出版社, 2006.

[18] [美] 小约瑟夫·奈. 理解国际冲突——理论与历史 [M]. 张小明, 译. 上海：上海人民出版社, 2005.

[19] 尤利·德沃伊斯特. 欧洲一体化进程：欧盟的决策与对外关系 [M]. 王浦劬, 门镜, 译. 北京：中国人民大学出版社, 2007.

[20] [印] 阿马蒂亚·森. 以自由看待发展 [M]. 于真, 等译. 北京：中国人民大学出版社, 2002.

第二部分 英文文献

一、著作

[1] Powers, M., Mohan, G., and Tan–Mullins, M. China's Resource Diplomacy in Africa: Powering Development? [M]. Basingstoke: Palgrave Macmillan, 2012.

[2] Cheru, F. and Cyril, O. (Eds). The Rise of China and India in Africa [M]. London: Zed Books, 2010.

[3] Deborah Birmingham. The Dragon's Gift: The Real Story of China in Africa [M]. Oxford: Oxford University Press, 2010.

[4] Holden, Patrick. In Search of Structural Power: EU Aid Policy as a Global Political Instrument [M]. Farmhand; Burlington: Ash gate Publishing Limited, 2009.

[5] Robert I. Rom berg. China into Africa: Trade, Aid, and Influence [M]. Washington, D. C.: Bookings Institution Press, 2008.

[6] Easterly, Wiiam (ed.). Reinventing Foreign Aid [M]. Cambridge etc: the MIT Press, 2008.

[7] Car bone, Mauricio. The European Union and International Development: The Politics of Foreign Aid [M]. London; New York: Out led, 2007.

[8] Bedridden, Roger C. . Does Foreign Aid Really Work? [M]. Oxford: Oxford University Press, 2007.

[9] Chris Alden. China in Africa [M]. London/Network: Herd books, 2007.

[10] Therese Bro Lin, The EU and its Policies on Development Cooperation [M]. Sweden, Carlsbad: Swedish Agency for Development Evaluation, 2007.

[11] Robert Caldera. The Trouble with Africa——Why Foreign Aid Dockworker [M]. Yale University Press, 2006.

[12] Mahavira, Balsam (ed.). Theory and Practice of Foreign Aid [M]. Amsterdam etc: Else bier, 2007.

[13] Hoe bank, Foul and Olav Stoke, eds. . Perspectives on European Development Cooperation Policy and Performance of Individual Donor Countries and the EU [M]. London; New York: Out led, 2005.

[14] Arts, Karin and Anna K. Dickson. EU Development Cooperation from Model to Symbol [M]. Manchester; New York: Manchester University Press, 2004.

[15] Microgroove – Sacks, Carol ed. . The European Union and Developing Countries: the Challenges of Globalization [M]. New York: Pal grave, 1999.

[16] Deborah Birmingham. Chinese Aid and African Deve Revolution [M]. London: Macmillan Press Ltd, 1998.

[17] Cox, A. and J. Chapman. The European Community External Cooperation Programmes: Policies, Management and Distribution [M]. London; Brussels: Overseas Development Institute and European Commission, 1999.

[18] Stoke, Olav ed. , Aid and Political Conditioning [M]. London; Portland, Ore. : Frank Ass Publications, 1995.

[19] Gasser, Robert. Does Aid Work? [M]. Oxford: Oxford University Press, 1993.

[20] Amarillo, En co. The European Community and the Developing Countries [M]. Cambridge: Cambridge University Press, 1993.

[21] Stephen, Browne. Foreign Aid in Practice [M]. New York: New York Uni-

versity Press, 1990.

[22] Stoke, Olav ed. . Western Middle Powers and Global Poverty: the Determinants of the Aid Policies of Canada, Denmark, the Netherlands, Norway, and Sweden [M]. Coronet Books, 1989.

[23] Warren Einstein, Thomas H. Henri. Soviet and Chinese aid to African nations [M]. New York, N. Y. : Pregnant Pub, 1980.

[24] Wolfgang Barter. The Economic Aid from The People's Republic of China to Developing and Socialist Countries [M]. Hamburg: Institute of Asian Affairs, 1989.

[25] Microgroove – Switched, C. Europe and Africa: from Association to Partnership [M]. London: Saxon House/Backfield, 1978.

[26] Bailey, Martin. Freedom Railway. China and Tanzania – Zambia Link [M]. London: Rex Callings Ltd Press, 1976.

[27] Hutchinson, Alan. China's African Revolution [M]. London: Hutchinson, 1975.

[28] Goblet, Denis and Michael Hudson. The Myth of Foreign Aid: The Hidden Agenda of the Development Reports [M]. New York: International Documentation North America, 1971.

二、期刊论文

[1] Wright, Joseph. How Foreign Aid Can Foster Democratization in Authoritarian Regimes [J]. American Journal of Political Science, 2009 (Vol. 53, No. 3).

[2] ZhangZhongXiang. China's Model of Aiding Africa and Its Implications [J]. International Review, 2008 (5).

[3] Corine, J. and Helen Over Sleeve. Recent Evolution in EU Development Aid: More Europe, More Aid, Less Development? [J]. Saudis Diploma, LIX: 4, 2007.

[4] Holden, P. The European Community's MEDA Aid Program: A Strategic Instrument of Civilian Power? [J]. The European Foreign Affairs Review, 8: 3,

2003.

[5] Esquire, S. The European Union as a Diplomatic Actor [J]. Leicester University Discussion Paper 71, 2000.

[6] Morris say, D. Development Finds Its Feet in the New Council Configuration [J]. The Courier ACP – EU, No. 198, May – June, 2003.

[7] Corine, J. EU Development Policy Integration and the Monterrey Process: A Leading and Benevolent Identity? [J]. European Foreign Affairs Review 8: 3, 395 – 415, 2003.

[8] Anger, Sabine, C. Good Governance and European Aid [J]. European Union Politics, Volume1 (3), 2000.

[9] Alden. Leveraging the Dragon: Toward "An Africa That Can Say No" [J]. South African Institute of International Affairs, 2005 (2).

[10] Knack, Stephen. Does Foreign Aid Promote Democracy? [J]. International Studies Quarterly, 2004 (Vol. 48, No. 1).

[11] Bromine. Review: A History of Chinese Overseas in Africa [J]. Canadian Journal of African Studies, 2002 (36).

[12] S. I bi Ar jay. Globalization and Africa [J]. Journal of African Agronomist, Solos, AERC Supplementary, 2003 (1).

[13] David Lemon. The European is the World Largest Donor of Humanitarian and Development Aid [J]. European Affairs, November 2002.

[14] Short, C. Aid That Doesn't Help [J]. Financial Times, 23 June, 2000.

[15] Ginsberg, Roy H. Conceptualizing the European Union as an International Actor: Narrowing the Theoretical Capability – Expectations Gap [J]. Journal of Common Market Studies, Vol. 37, No. 3, September 1999.

[16] Burnside, C. and David Dollar. Aid, Policies, and Growth [J]. American Economic Review, 90, 4.

[17] Michael S. Michael, Cable van Marrow. Tied to Capital or untied Foreign Aid [J]. Review of Development Economics, 1998 (1).

[18] Amarillo, E. and M. Oriels. EC Aid to Associated Countries: Distribution and

Determinants [J]. Underhandedness Ar ch iv, Vol. 128, No. 2, 1992.

[19] Schlesinger, Arthur Jr. The Dynamics of World Power: A Documentary History of United States Foreign Policy, 1945 – 1973. Vol. I, Part I, Western Europe [J]. New York: Chelsea House, 1983.

[20] Hoffman, S., Obstinate or Obsolete? the Fate of the Nation State and the Case of Western Europe [J]. Daedalus, 95/3, 1966.

[21] Monster, H. A Political Theory of Foreign Aid [J]. American Political Science Review 56, 2 (June 1962).

三、报告

[1] European Commission. Annual Report 2011 The African Peace Facility 2011.

[2] European Commission. Increasing the Impact of EU Development Policy: an Agenda for Change 2011.

[3] Europe Aid. Delivering on Democracy 2011.

[4] European Commission. Scientific and Technological Cooperation between Africa and the European Union : Past Achievement and Future Prospects 2009.

[5] European Commission. Annual Report, Various Years.

[6] European Commission. The European Consensus on Development 2006.

第三部分 参考网站

1. 中华人民共和国商务部网站，http://www.offbeat.gov.c/.
2. 中国外交部网站：http://www.rcmp.gov.c/.
3. 中非合作论坛网 http://www.focal.org/.
4. 中国南南合作网 http://www.ecdc.net.cn/.
5. 欧盟官网：HTTP://europa.eu/.
6. 英国国际发展部：https://www.gov.uk/government/organisations/department-for-international-development.
7. 法国外交部：http://www.diplomatie.gouv.fr/en/french-foreign-policy-1/development-assistance/.
8. 德国联邦经济合作及发展部：http://www.bmz.de/en/index.html.

9. 经济合作与发展组织：http://www.oecd.org.
10. 联合国开发计划署：http://www.pound.org.
11. 世界银行：http://www.worldbank.org.